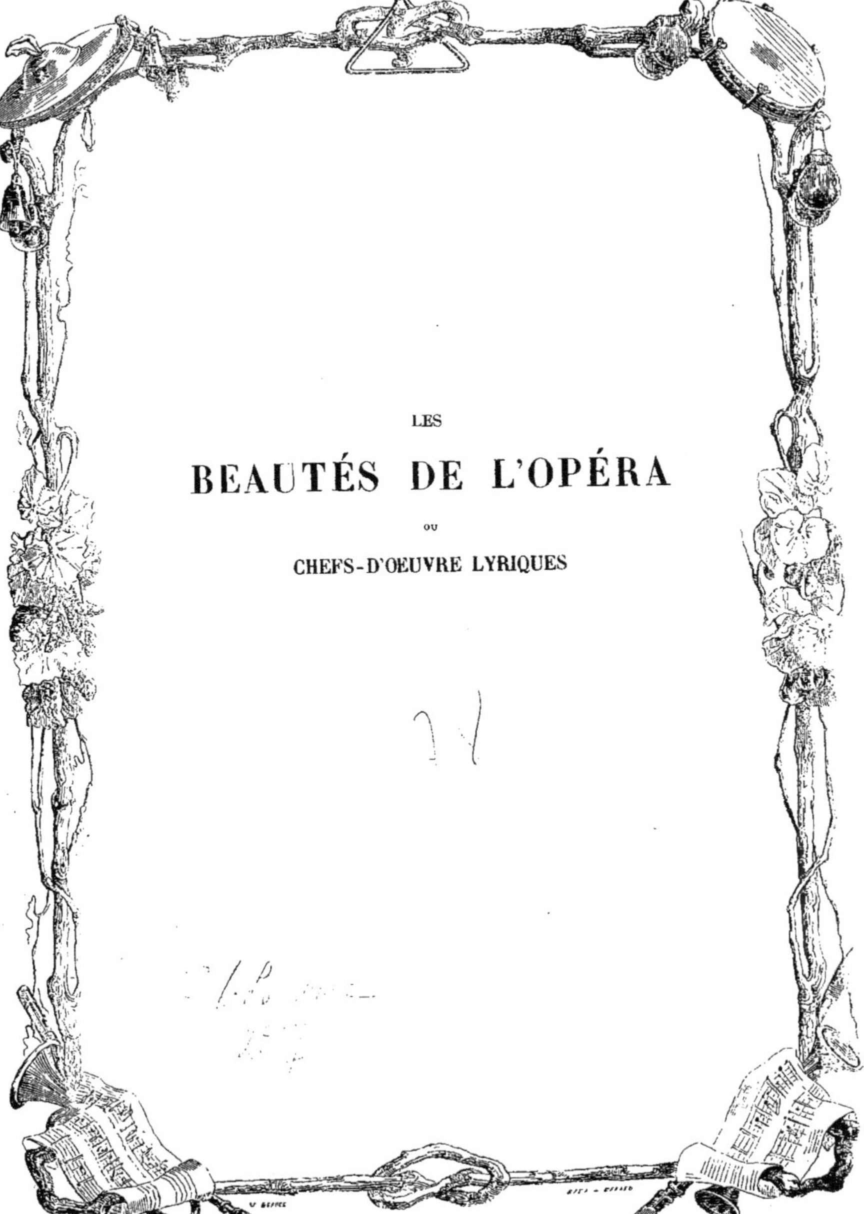

LES

BEAUTÉS DE L'OPÉRA

OU

CHEFS-D'OEUVRE LYRIQUES

TYPOGRAPHIE
LACRAMPE ET Cᵉ
RUE DAMIETTE, 2

BEAUTÉS DE L'OPÉRA

ou

CHEFS-D'OEUVRE LYRIQUES

ILLUSTRÉS

PAR LES PREMIERS ARTISTES DE PARIS ET DE LONDRES

SOUS LA DIRECTION DE GIRALDON

AVEC UN TEXTE EXPLICATIF

RÉDIGÉ PAR

THÉOPHILE GAUTIER, JULES JANIN ET PHILARÈTE CHASLES

PARIS

SOULIÉ, ÉDITEUR, RUE DE SEINE, 49

1845

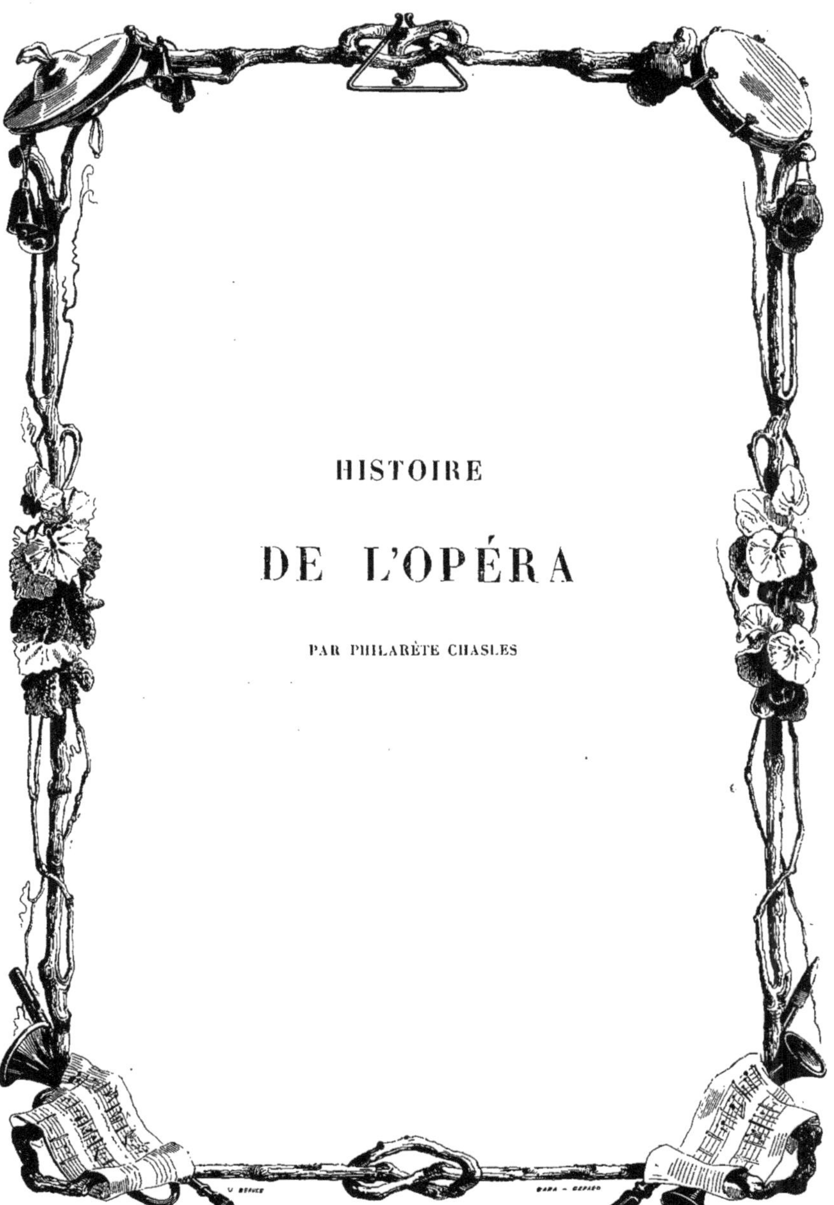

HISTOIRE

DE L'OPÉRA

PAR PHILARÈTE CHASLES

HISTOIRE DE L'OPÉRA.

MAZARIN ET ANNE D'AUTRICHE. — NAISSANCE DE L'OPÉRA EN ITALIE.

Vers le milieu du dix-septième siècle, un cardinal italien, homme de lettres, doué de beaucoup de grâce et d'esprit, voulait plaire à une reine dont les goûts étaient raffinés, et qui, sans cultiver les arts, les aimait passionnément. On voit qu'il s'agit de Mazarin et d'Anne d'Autriche.

Cet Italien et cette Espagnole introduisirent en France l'opéra, qui triomphait depuis longtemps en Italie; l'Espagne, en le créant dès le seizième siècle, l'avait déguisé sous le nom de *Loa*, lui donnant le caractère de sa nationalité forte et sauvage. Il fallut au ministre beaucoup d'argent et de temps pour dépayser les musiciens de Florence et de Naples, les décorateurs de Venise et de Rome, et les danseurs milanais; enfin la colonie passa les Alpes. Armée des partitions à la mode, elle joua d'abord devant la reine, rue du Petit-Bourbon, *la Finta pazza*, opéra bouffe dont la musique est de Strozzi. On y fit assez peu d'attention. Deux années après, toujours avec l'argent du cardinal, elle monta une pièce à machines, *Orfeo e Euridice*, qui plut davantage au public et à la cour, et annonça ce que l'opéra pouvait un jour devenir.

Enfin, en 1650, le vieux Corneille, auquel le terrible Richelieu avait accordé peu de faveur, reçut de Mazarin, esprit plus fin et plus élégamment cultivé que son maître, l'ordre de composer pour le nouveau théâtre un grand drame à machines. Corneille se soumit et écrivit *Andromède*. Les machines étouffèrent la musique et le poëme; on n'admira que l'art des décorateurs italiens; — la gueule du monstre s'ouvrait d'elle-même par des ressorts invisibles; les flots de la mer bondissaient en mugissant; le soleil se levait radieux, et les chars ailés traversaient rapidement les nuages; tous ces mécanismes ingénieux, perfectionnés depuis deux siècles par la dextérité italienne, donnèrent à la France l'idée d'un spectacle nouveau et charmant.

La France devait arriver, comme l'Italie, à l'adoration de l'opéra. Un peuple qui a cultivé les arts, et joui tour à tour des prestiges de la peinture, de la musique, du drame, de la danse, ne peut manquer de réunir un jour tous ces plaisirs, — « pour en faire un plaisir unique, » comme le dit si bien Voltaire.

Les Grecs, nos maîtres en fait de goût, y avaient réussi à merveille ; sur leur théâtre, où rien n'est confondu, les enchantements de tous les arts trouvent leur place harmonieuse. La tragédie plane sur la scène et la domine; le chant lyrique appelle et nécessite la musique; la danse vient se mêler à l'ensemble et ne l'usurpe pas. C'est le chef-d'œuvre de l'harmonie, de la sagesse et de la volupté, que le théâtre grec.

Les Romains imitèrent le théâtre hellénique, comme ils imitaient tous les arts de la Grèce, avec plus de patient labeur que de goût naturel. Le fond du génie romain, qui se composait de l'agriculture et de la discipline, admettait avec peine ces doux et délicats plaisirs. Un gladiateur mourant, un cirque rempli de bêtes féroces et de chairs pantelantes, voilà leurs délices. Ce dilettante, qui s'appelait Néron, prenait sa lyre quand Rome brûlait, montait sur un édifice élevé, et, du sein de cette mer de flammes, trouvant la scène digne de lui, commençait à chanter l'incendie de Troie : telle fut du moins la croyance populaire, et les historiens l'ont acceptée.

Rome n'eut donc pas d'Opéra ; elle eut le Cirque. — Byzance n'en eut pas ; elle eut l'Hippodrome.

A l'Italie splendide et sensuelle du quinzième et du seizième siècle, il était réservé de suivre les traces de la Grèce et de créer l'opéra moderne. Elle se montra, comme en tout, moins austère et moins pure ; mais elle apporta dans cette création brillante son génie particulier, sa facilité et sa verve. On vit naître, sous le règne de Médicis, un spectacle opulent et singulier, où toutes les féeries se donnèrent rendez-vous ; la religion en fut exclue, l'amour y régna sous les formes les plus délicates et les plus enivrantes. On ne s'occupa ni de règles ni d'histoire. Réalité, profondeur, philosophie, majesté de l'antique poésie, — il n'en fut question ; les muses austères furent à jamais bannies. — Machiavel saurait nous dire pourquoi.

A Florence ou à Rome, un amphithéâtre s'ouvrait, tapissé de fleurs naturelles, étincelant de marbres ; le velours et la soie, l'or et les diamants resplendissaient sous les portiques ; les cristaux des lustres, les miroirs de Venise à mille facettes, répétaient les arabesques curieuses et les membres nus des statues d'albâtre. Nous n'imaginons jamais, nous, modernes, qu'une foule vulgaire, un cirque grossier, une rampe souillée, un parterre de tous les jours. C'était alors une fête rare et attendue, à laquelle suffisaient à peine trois années d'un revenu de prince ; les altesses rivales se ruinaient sans remords à de si beaux jeux. On appelait les meilleurs peintres ; on convoquait les plus belles danseuses ; on faisait largesse aux musiciens célèbres ; on se disputait les poëtes. Pour créer ce plaisir des plaisirs, cette volupté suprême, Tasse et Politien, Vinci et Bramante n'étaient pas de trop ; les princesses y accouraient, et les cardinaux y étaient nombreux.

Ainsi est né l'*Opéra*, — le « grand œuvre, » — l'union de toutes les œuvres, car tel est le mot latin que les Italiens modernes ont altéré pour désigner ce genre de théâtre qui leur appartient en propre. Leurs grands poëtes tragiques sont rares, et leurs poëtes comiques insuffisants; on ne peut leur refuser l'opéra moderne, qui émane d'eux seuls. Toute l'Europe, le monde entier, l'ont applaudi et adopté; il a prospéré depuis trois siècles; vous le retrouvez à Odessa comme à Naples, à Boston comme à Dublin; il fait les délices de toutes les latitudes et du monde civilisé.

Malgré de si belles destinées, on ne peut guère lui consacrer une sérieuse histoire. Il est capricieux de sa nature, comme l'Arioste son compatriote; je ne vois ni règles possibles ni critiques supportables pour cette région de la chimère. Comment emprunter le style de Longin ou la plume de Boileau pour deviser sur ce pays des mensonges, où l'on danse en chantant, où l'on chante en tuant, où le vrai cesse d'être possible, où l'extase et le rêve amusent splendidement les peuples qui ont beaucoup vécu;—vieillards magnifiques qui appellent un soir tous les arts et toutes les voluptés dans leurs palais, pour les bercer et les endormir?

Quinault, esprit délicat, a bien compris le caractère de ce théâtre. Le type de son œuvre, ce fut le fantastique et doux génie qui, prenant l'essor à travers les mers et les villes, les forêts et les royaumes, les espaces et les mondes, les éclaire tous de son sourire, — l'Arioste. Il n'y a pas de grands intérêts à traiter en opéra, si ce n'est pour rire. Que Timoléon tue son frère en gazouillant une ariette, comme chez Métastase, et que les querelles de la république romaine soient discutées par une voix de basse, un ténor, un baryton et un soprano, réunis dans un quatuor; — cela est absurde. Donnez à l'opéra toute la passion que vous voudrez; les plus odieux des crimes lui conviennent comme les plus ravissants plaisirs; jamais de raisonnement, je vous prie.

Le grand tort des Français est de raisonner partout. Ils ont fait des opéras didactiques; ils en ont fait sur l'histoire naturelle; ils en ont souffert de philosophiques. *Tarare*, étrange erreur de Beaumarchais, est destiné à prouver que les hommes sont égaux, et Tarare le démontre en dansant sur ces mauvaises paroles que répète un chœur de paysans :

> Tous nos amours sont pour nos foins,
> Notre soin pour nos pâturages.

ESSAIS D'OPÉRA AU MOYEN AGE. — MASQUES. — TRIOMPHES. — FÊTES POPULAIRES.

Il y avait eu, pendant le moyen âge, beaucoup d'essais épars, ébauches d'opéra, qui tendaient à combiner la musique et la danse, ou la poésie et la peinture, ou la danse et la musique. Les nations gothiques avaient créé leurs *masques*, *mascarades* et *triomphes*; — c'étaient surtout des plaisirs de cours et de princes. Les grands personnages y jouaient, en chantant et en dansant, des allégories à la mode du jour, des inventions facétieuses, des souvenirs de l'histoire et de la fable; tout était bon, pourvu que l'on pût *baller, caroler* et faire l'amour au son de la musique, dans des salles magnifiquement décorées, en se couvrant de beaux costumes.

La France ne fut pas la dernière à se distinguer dans ce genre d'opéra royal et princier; la cour de Bourgogne et celle du Louvre donnèrent le dispendieux exemple de ces bizarres amusements. Tantôt une jeune sauvagesse toute couverte de plumes entrait dans la salle en sortant des flots, tenant un rebec et chantant à pleine voix les louanges d'Apollon et des Muses; les Satyres l'assaillaient; Apollon descendait du ciel pour la défendre, et le docteur ès lois Aristote l'emmenait triomphalement dans son chariot, attelé de douze cygnes. Tantôt un groupe de chasseurs éthiopiens, barbouillés de noir et ayant à leur tête monseigneur le duc d'Anjou, rencontrait par hasard un groupe de nymphes dont l'une représentait la Vérité, l'autre la Chasteté, une troisième la Foi catholique, — toutes vêtues en amazone. Les chasseurs dansaient un pas de guerre; la Vérité, la Chasteté et la Foi remportaient un triomphe éclatant.

Du temps d'Isabeau de Bavière, ces représentations théâtrales étaient devenues d'effroyables bacchanales.

Le peuple s'en mêlait aussi. On peut voir, dans le journal d'un greffier de l'hôtel de ville sous Louis XI, comment Paris, en de certaines solennités, se transformait en véritable salle d'opéra. La musique faisait retentir les échos de nos vieux carrefours; les ballets étaient organisés dans les places publiques; place du Ponceau, de jeunes et belles sirènes versaient le vin et l'hypocras aux bourgeois; leur costume passerait aujourd'hui pour peu décent, même un jour de fête. Du haut d'échafauds dressés et décorés avec splendeur, représentant des arcs de triomphe, des

cathédrales et surtout des forteresses , tous les personnages allégo-
riques saluaient les rois et les princes qui faisaient leur entrée dans
la bonne ville ; un orchestre caché dans les flancs du monument ac-
compagnait leurs refrains ; de jeunes « Galloises » dansaient en rond
au pied de la citadelle, et de jolies comparses, passant la tête par les
créneaux, jetaient sur les arrivants « fleurettes et eaux de senteurs. »

La trace des coutumes populaires est si longue à s'effacer , que,
sous Louis XIII, Buckingham, venant chercher la jeune Henriette de
France, que Charles Ier d'Angleterre prenait pour femme, trouva la
route de Paris à Amiens jonchée de fleurs, couverte de musiciens et de
danseuses ; — partout le même genre de décorations et de fêtes que
nous appelons *ballets*, et les Anglais *masques*. Milton, dans sa jeunesse, composa, pour les habitants du château dont il était l'hôte, ce
bel opéra symbolique intitulé *Comus* [1], — chef-d'œuvre gothique , —
opéra mêlé de danse.

— LE PREMIER OPÉRA. — ORPHÉE. — LES PASTORALES. —
LOUIS XIV. — LE MARQUIS DE SOURDEAC.

Au moyen âge, tout cela était d'un luxe excessif, mais barbare,
même en Italie. Le quinzième siècle ouvrit l'époque de la renaissance, et les fils de cette contrée prédestinée, étudiant de nouveau les
anciens, se mirent à les adorer ; un des rénovateurs fervents de l'an-
tiquité grecque, Ange Politien, poëte remarquable , composa, à l'in-
star des Grecs, *Orphée*, premier opéra moderne, qui fut représenté
devant Laurent de Médicis.

Cette imitation de l'antique ne pouvait être complète ; l'idée religieuse, sur laquelle avait reposé le théâtre grec, était absente.
Politien avait voulu créer une œuvre gracieuse et sévère, musicale et
poétique ; il avait réussi ; mais sa création se détourna bientôt de son

[1] *Comus*, a Mask.

origine et inclina vers l'amour, le luxe et la volupté ; elle suivait la pente naturelle des habitudes italiennes. Les drames bergeresques, peintures raffinées de mœurs impossibles, toutes mêlées de chants et de danses, quelques-uns véritables opéras, firent ensuite irruption en Italie, de là en Europe ; on distingue encore aujourd'hui dans cette foule trois ou quatre œuvres lyriques, d'une grâce exquise : « Phyllis de Sciros, Aminte, le Pasteur fidèle, » — œuvres bizarres, métaphysiques et voluptueuses, — mais élégantes et ingénieuses, que l'Europe entière imita.

Machines, décorations, duos, trios, quatuors, déjà tout s'y trouvait; l'opéra était inventé. Il ne restait plus qu'à perfectionner ce vaste ensemble, lorsque Mazarin appela l'opéra en France, où il devait prospérer.

Le succès de l'opéra se décida lentement parmi nous ; il ne prit pas feu dès le premier moment, comme on l'a vu. Heureusement, le jeune roi Louis XIV avait de la grâce, le cœur haut, les goûts magnifiques, et un extrême penchant à la galanterie. Ce théâtre pompeux le charma ; il dansait volontiers dans les ballets, intermèdes adaptés aux drames musicaux et qui en remplissaient les entr'actes. Protecteur de la troupe italienne, après avoir commandé à son poëte Benserade un ballet épique et mythologique intitulé *Cassandre*, il y dansa en personne, l'an 1651 , au palais Cardinal ; la fortune de la troupe italienne fut assurée désormais.

Alors se présenta, comme dans toutes les grandes circonstances, un enthousiaste de la nouveauté qui s'annonçait. C'était un membre de la vieille maison de Rieux, qui avait des châteaux en Normandie, beaucoup de fortune, le besoin de la dépenser, et le génie de la mécanique en même temps que celui de la magnificence. Il s'appelait le marquis de Sourdeac. Ce gentilhomme remplit son château de machinistes, de peintres, de charpentiers, de serruriers, de décorateurs; il travailla longtemps pour imiter de son mieux le ciel, la mer, les montagnes, les forêts, le tonnerre, les éclairs; — et quand il fut content de son œuvre, il appela à lui Corneille, son compatriote. Le do-

cile vieillard composa la *Toison d'or* pour les machines du marquis, —
comme il avait écrit *Andromède* pour les danseurs de Mazarin.

La troupe du Marais, que l'on paya fort cher, vint chanter et jouer
la *Toison d'or* au château de Neubourg ; toute la province, c'est-à-dire
les gentilshommes et une partie de la cour, se rendirent à l'invitation du
généreux marquis de Sourdeac, qui logea et entretint pendant deux mois
entiers plus de mille personnes, donna plusieurs représentations de son
chef-d'œuvre, et finit par en faire cadeau à la troupe du Marais ; celle-ci
revint le jouer à Paris ; et Paris d'applaudir. — Le marquis était ruiné ; —
mais l'opéra était créé.

L'OPÉRA DEPUIS 1669. — QUINAULT. — LULLY. — ÉPOQUE DE L'OPÉRA.

Une fois ruiné, le marquis de Sourdeac s'associa au maître de musique de la reine, Cambert, et à un abbé *Perrin*, celui qui a traduit
ridiculement Virgile. Les trois associés obtinrent, en 1669, le privilége
d'une « Académie royale de musique, » qu'ils établirent rue Guénégaud :
ils y firent représenter *Pomone* et les *Peines et les Plaisirs de l'amour*, qui
eurent grand succès. Un intrigant italien, homme d'esprit, grand musicien, ancien marmiton, profitant de l'ineptie de Perrin et de sa brouille
avec le marquis, sollicita le privilége, évinça le pauvre abbé, et, s'alliant
à Viganoni, machiniste de son pays et bon architecte, fit reconstruire, rue
de Vaugirard, une fort belle salle pour l'opéra.

Le marquis meurt. Quinault débute avec Lully par les *Fêtes de l'A-
mour et de Bacchus*. Bientôt, Molière étant mort, la salle du Palais-Royal
fut concédée à Lully et à l'Académie royale de musique. Il faut reconnaître Lully comme créateur musical de l'opéra, dont le marquis de
Sourdeac avait créé les décorations et les machines. Les symphonistes français, peu exercés, avaient alors la tête dure ; Lully les disciplinait à coups
de violon, si la chronique est vraie, et l'on prétend que ce terrible général, pour faire marcher une armée qui ne serait aujourd'hui que le plus
petit bataillon de nos immenses orchestres, détruisit soixante-quinze instruments et endommagea douze têtes.

Quinault, trompé par lui en matière d'intérêt, fournit au nouveau théâtre des drames intéressants; œuvres toujours mélodieuses, souvent passionnées, remarquables par l'habile emploi de la langue française, et dont Boileau n'a pas assez compris le mérite.

Depuis cette époque, Paris ne put vivre sans opéra. L'opéra a traversé la famine de 1701, la banqueroute de 1730, les troubles parlementaires de 1768, la révolution de 1789, l'invasion ennemie de 1815 et les journées de juillet 1830; il survivra probablement à d'autres chances. Il a pris plusieurs nuances et revêtu plusieurs caractères, — chaque époque diverse de notre histoire lui a laissé son empreinte.

Sous Mazarin, on entrevoit son berceau ; — tout chez lui est italien, les ballets, les danseurs, les chanteurs et les machinistes.

Louis XIV lui impose ensuite son style de magnificence mythologique.

De la Régence date sa vraie gloire. Au souffle voluptueux du fils de la Palatine, il devient ce que nous l'avons vu; et c'est en définitive son ère éclatante et spéciale, la phase qui lui convient le mieux. Ce règne de volupté continue comme un triomphe jusqu'en 1789. Alors de terribles machinistes entrent en scène; on n'entend plus le coup de sifflet du décorateur, et l'opéra languit.

Bonaparte empereur recommence Louis XIV; l'opéra remonte aussitôt vers la sévérité pompeuse du grand règne, et l'exagère quelquefois.

Enfin, avec la révolution de 1830, l'opéra redevient populaire, fantasque et varié. Il retourne à son origine, et c'est ce qu'il peut faire de mieux; cette fusion de tous les arts et au profit de la volupté ne comporte rien de sévère.

Les annales de ce lieu de féerie se partagent donc chez nous en quatre époques :

L'époque de Louis XIV;

La Régence;

L'Empire;

Et l'époque présente.

VRAI CARACTÈRE DE L'OPÉRA. — SES TRANSFORMATIONS.

En 1763, sous la régence du duc d'Orléans, le feu prit à la salle de l'Opéra, et la consuma tout entière. Le régent le fit reconstruire avec magni-

G.

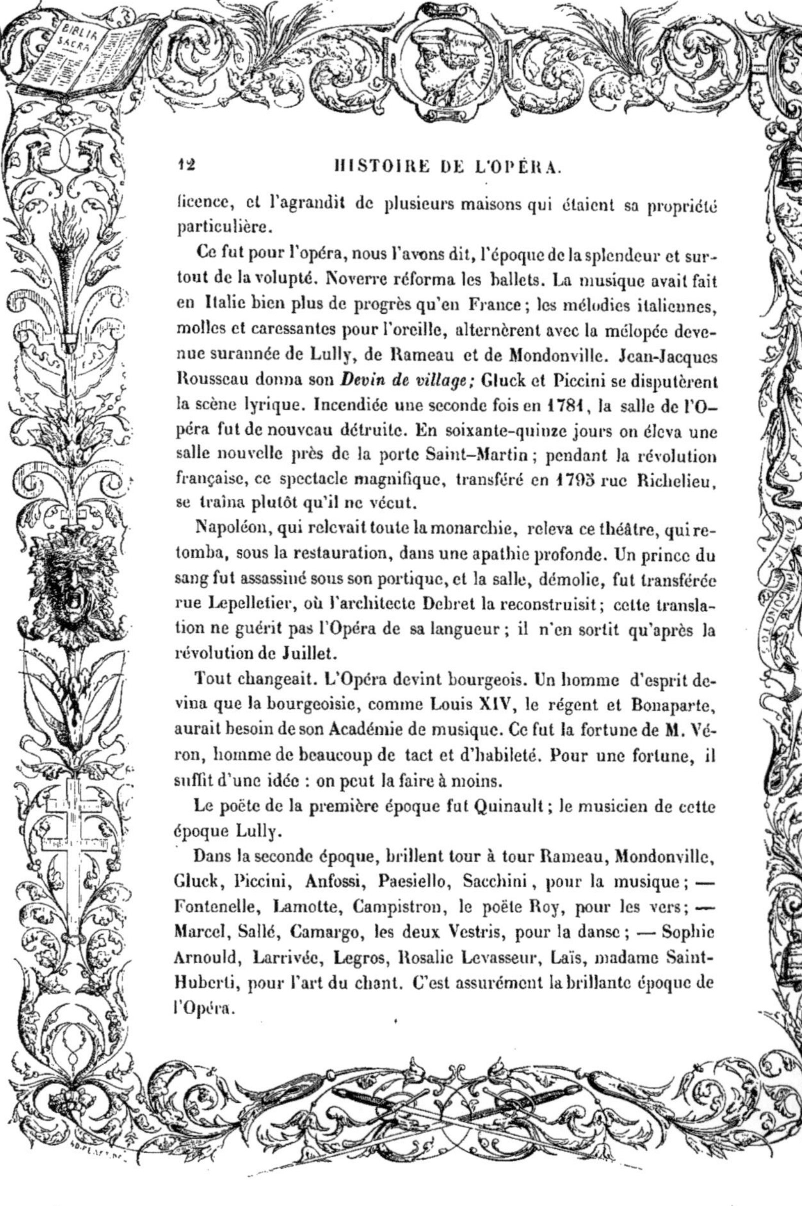

licence, et l'agrandit de plusieurs maisons qui étaient sa propriété particulière.

Ce fut pour l'opéra, nous l'avons dit, l'époque de la splendeur et surtout de la volupté. Noverre réforma les ballets. La musique avait fait en Italie bien plus de progrès qu'en France ; les mélodies italiennes, molles et caressantes pour l'oreille, alternèrent avec la mélopée devenue surannée de Lully, de Rameau et de Mondonville. Jean-Jacques Rousseau donna son *Devin de village;* Gluck et Piccini se disputèrent la scène lyrique. Incendiée une seconde fois en 1781, la salle de l'Opéra fut de nouveau détruite. En soixante-quinze jours on éleva une salle nouvelle près de la porte Saint-Martin ; pendant la révolution française, ce spectacle magnifique, transféré en 1793 rue Richelieu, se traîna plutôt qu'il ne vécut.

Napoléon, qui relevait toute la monarchie, releva ce théâtre, qui retomba, sous la restauration, dans une apathie profonde. Un prince du sang fut assassiné sous son portique, et la salle, démolie, fut transférée rue Lepelletier, où l'architecte Debret la reconstruisit ; cette translation ne guérit pas l'Opéra de sa langueur ; il n'en sortit qu'après la révolution de Juillet.

Tout changeait. L'Opéra devint bourgeois. Un homme d'esprit devina que la bourgeoisie, comme Louis XIV, le régent et Bonaparte, aurait besoin de son Académie de musique. Ce fut la fortune de M. Véron, homme de beaucoup de tact et d'habileté. Pour une fortune, il suffit d'une idée : on peut la faire à moins.

Le poëte de la première époque fut Quinault ; le musicien de cette époque Lully.

Dans la seconde époque, brillent tour à tour Rameau, Mondonville, Gluck, Piccini, Anfossi, Paesiello, Sacchini, pour la musique ; — Fontenelle, Lamotte, Campistron, le poëte Roy, pour les vers ; — Marcel, Sallé, Camargo, les deux Vestris, pour la danse ; — Sophie Arnould, Larrivée, Legros, Rosalie Levasseur, Laïs, madame Saint-Huberti, pour l'art du chant. C'est assurément la brillante époque de l'Opéra.

Sous l'Empire, M. Jouy, Esménard ; — Spontini, Lesueur, Kreutzer, Catel, Persuis, en firent la gloire. Les grands et légitimes succès de ce temps appartinrent à M. Jouy et à Spontini. *La Vestale, Fernand Cortez, les Bayadères et le Triomphe de Trajan* déployèrent une magnificence intelligente, quelquefois passionnée. Entre tous les poëmes lyriques, le mieux entendu, depuis Quinault, le plus grave, le plus fécond, si ce n'est en spectacles variés, du moins en émotions tendres, le mieux disposé, le mieux écrit, est assurément la Vestale de M. Jouy.

Les deux seules partitions de *Fernand Cortez* et de *la Vestale* assignent à Spontini une place élevée parmi les grands maîtres.

Madame Branchu, Dérivis, Nourrit père, furent alors les principales étoiles du chant ; Gardel, mademoiselle Bigottini, brillèrent parmi les danseurs. C'est là l'époque solennelle et sévère, comme l'ère de Louis XIV était l'ère mythologique, et celle du régent et de Louis XV l'époque galante.

L'Opéra, sous l'Empire, abusa de la sévérité et de l'héroïsme, tout en accroissant la magnificence de son spectacle ; il serait difficile de supporter aujourd'hui l'ennui splendide du poëme des *Bardes* ou la majesté processionnelle du *Triomphe de Trajan*.

La nôtre est fort mêlée ; — bourgeoise, satanique, poétique, et même, par malheur, quelquefois historique. A cette dernière époque appartient le tendre et pathétique souvenir de ce chanteur gracieux et expressif, Adolphe Nourrit. Qui ne se rappelle, parmi nous, cette voix pure et vibrante, cette âme passionnée, et cette mort fatale ? — Rossini et Meyerbeer, Fromenthal, Halévy et Auber ; — MM. Scribe, Germain Delavigne, Théophile Gautier, de Saint-Georges, ont contribué à son éclat présent. Tel qu'il est, c'est le plus splendide théâtre du monde.

BUDGET DE L'OPÉRA SOUS LOUIS XIV. — PERSONNEL DE L'OPÉRA. — LES
COULISSES DE L'OPÉRA. — MARCELLO.

Louis **XIV** avait écrit de sa main le budget de ce théâtre, dans son
ordonnance du 11 janvier 1713. Le budget, à cette époque, s'élevait
au chiffre modeste de *soixante-sept mille cinquante livres*, tout compris. C'est ce que gagne, de nos jours, un seul artiste aimé du public.

« Voici, dit un spirituel écrivain moderne, de quelle façon économique
était composé le personnel chantant, dansant et administratif du théâtre.
Je vous prie de croire que je n'imagine absolument rien, et que toutes les
sommes que je vais vous citer sont historiques.

Les trois basses-tailles gagnaient ensemble trois mille sept cents livres :
la première *quinze cents*, la seconde *douze cents*, et la troisième *mille*.

Les trois haute-contre étaient payées le même prix.

Deux tailles étaient payées *douze cents* livres les deux.

Il y avait six actrices pour les rôles, gagnant ensemble *six mille cent*
livres : la première *quinze cents* livres, la seconde *douze cents*, la troisième *mille*, la quatrième *neuf cents*, la cinquième *huit cents*, et la
sixième *sept cents ;*

Vingt-deux choristes à *huit cents* livres ;

Deux pages à *deux cents ;*

Et douze filles à *quatre cents*.

Les danseurs étaient au nombre de douze ; leurs appointements réunis
formaient un total de *huit mille quatre cents* livres :

Deux avaient *mille* livres ;

Quatre étaient à *huit cents* livres ;

Quatre à *six cents ;*

Et les deux autres à *quatre cents*.

Les dix danseuses gagnaient ensemble *cinq mille quatre cents* livres :

Les deux premières danseuses étaient à *neuf cents* livres;

Les quatre deuxièmes danseuses à *cinq cents ;*

Les quatre dernières à *quatre cents*.

L'orchestre coûtait *vingt mille cinquante livres*, dont *mille* pour le
batteur de mesure.

Enfin il y avait :

Un maître de salle de danse à *cinq cents* livres ;

Un compositeur de ballets à *quinze cents ;*
Un dessinateur à *douze cents ;*
Deux machinistes à *six cents ;*
Et un maître tailleur à *huit cents.*
Total, *soixante-sept mille cinquante* livres.

Ce fut encore le roi qui s'occupa de la question des droits d'auteur ; et il faut reconnaître qu'il fut plus généreux envers les auteurs qu'envers les artistes. D'après le tarif fait par Louis XIV, un opéra était payé deux cents livres pendant les dix premières représentations, et cent livres pendant les représentations suivantes. La même proportion existait pour le ballet, qui était payé cent vingt livres d'abord, et soixante livres ensuite.

Le 10 décembre 1717, le roi accorda aux directeurs de l'Opéra la permission de donner des bals masqués à partir du 1er janvier 1718. L'inspection de ces bals, ainsi que celle des représentations, fut accordée au sieur Destouche. Quelques années plus tard, les appointements des artistes furent un peu augmentés.

En 1738, Chassé, l'un des premiers sujets de l'Opéra, et l'un des trois plus rétribués, avait pour appointements trois mille livres, plus mille livres à titre de gratification ordinaire, douze cents livres à Pâques à titre de gratification extraordinaire, et deux cents livres d'indemnité pour pain, vin et entretien de chaussure.

Cette indemnité, pour pain, vin et entretien de chaussure, était réservée aux sujets hors de ligne. Neuf seulement en jouissaient en 1738 ; c'étaient *les feux* du temps.

Mademoiselle Chartier, premier sujet du chant, avait les mêmes appointements que Chassé, mais seulement six cents livres de gratification extraordinaire à Pâques. Elle jouissait, du reste, de l'indemnité de deux cents livres pour pain, vin et entretien de chaussure. »

L'Opéra coûte à l'État à peu près soixante fois ce qu'il coûtait alors. Dans l'origine, le personnel tout entier se composait de soixante personnes ; sous Louis XIV il s'éleva jusqu'à cent soixante ; il est aujourd'hui de plus de sept cent quatre-vingts personnes.

Quant aux détails intimes, aux mœurs secrètes de ce royaume de féeries, je n'ai pas à les expliquer ici, toutes curieuses qu'elles soient. Vu de près et observé dans les coulisses, un théâtre d'opéra est toujours peuplé des mêmes passions et se ressemble dans tous les pays ; si vous lisez les

Mémoires de l'Italien Gozzi, ceux d'Iffland et d'Hoffman, ceux de Cibber et de Garrick, vous retrouvez partout les mêmes rivalités de femmes, les mêmes mœurs déguisées diversement, de jeunes danseuses de quarante-cinq ans, de jeunes diplomates de soixante, mêlés et confondus dans cet aimable dédale de petits scandales, qui se disent amoureux et ne sont guère que commerciaux, — voluptés plus amusantes peut-être à voir qu'à partager.

Récemment, une lueur vive et spirituelle est venue éclairer ce labyrinthe des petits mystères de notre Opéra moderne, et le résultat le plus clair de ce piquant traité, c'est que le diadème de coton de notre époque bourgeoise recouvre absolument les mêmes habitudes décrites il y a quelque deux cents ans par un grand compositeur, homme d'esprit, Marcello de Venise, qui faisait de la musique admirable et de charmante prose ; son petit volume, *il Teatro alla moda*, est devenu très-rare. Venise, de son temps, se targuait de moins de décence ; on se haïssait plus rudement, on s'aimait plus lestement ; toute espèce de liberté était plus vive ; la demi-vertu et le demi-vice, dont le dix-neuvième siècle aime aujourd'hui l'équivoque, n'existaient pas encore.

Je ne sais si le lecteur n'eût pas désiré une dissertation plus savante et plus esthétique sur l'Opéra. Mais est-il bien légitime d'appliquer l'histoire et la critique aux beaux-arts? A peine deux ou trois hommes, Winckelman et Diderot, Hazlitt et Lessing ont-ils parlé convenablement de la peinture, de la sculpture et de la musique ; les paroles ici sont toujours froides et impuissantes. Quels mots employer pour reproduire la volupté et l'inspiration? La musique surtout leur échappe ; prestige en même temps que science, elle ébranle l'âme à travers les sens ; tout pédantisme l'épouvante. Burney et Delaborde passèrent leur vie à voyager pour recueillir les matériaux nécessaires aux annales de l'art qu'ils aimaient; ils écrivirent des ouvrages qu'on ne lit plus, et qu'à peine on consulte quelquefois.

Théories et histoires des beaux-arts sont donc la plupart du temps insuffisantes ; il y a peu d'histoires de théâtre que l'on puisse lire.

Quant à l'histoire systématique de l'Opéra, elle serait absurde ; ce sont des plaisirs vifs et charmants qu'il faut goûter, et non décrire.

NOTICE

SUR LES HUGUENOTS

OPÉRA EN CINQ ACTES

PAROLES DE M. EUGÈNE SCRIBE

MUSIQUE DE M. MEYERBEER

VALENTINE.

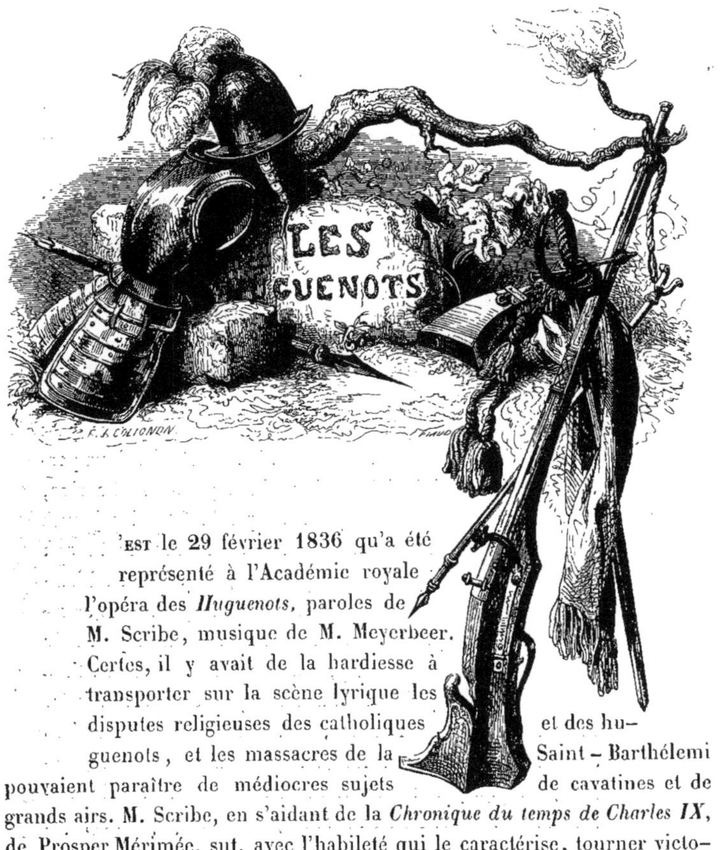

'EST le 29 février 1836 qu'a été
représenté à l'Académie royale
l'opéra des *Huguenots,* paroles de
M. Scribe, musique de M. Meyerbeer.
Certes, il y avait de la hardiesse à
transporter sur la scène lyrique les
disputes religieuses des catholiques et des huguenots, et les massacres de la Saint – Barthélemi
pouvaient paraître de médiocres sujets de cavatines et de
grands airs. M. Scribe, en s'aidant de la *Chronique du temps de Charles IX,*
de Prosper Mérimée, sut, avec l'habileté qui le caractérise, tourner victorieusement les difficultés du sujet. Meyerbeer, grâce à sa position d'israélite,
put conserver son impartialité entre les deux partis, et faire chanter également bien les partisans du pape et ceux de Luther.

Adolphe Nourrit, au jeu si dramatique, symbolisait le protestantisme sous
le nom de Raoul de Nangis; le catholicisme était représenté, sous les traits

1.

de Valentine, par la belle et regrettable Cornélie Falcon, dont l'héritage a été recueilli par madame Nathan-Treillet, qui, certes, y avait plus d'un titre.

Au lever du rideau, de jeunes seigneurs jouent aux dés, au bilboquet, dans une salle du château du comte de Nevers, en Touraine; il y a là Tavannes, de Cossé, de Retz, Thoré, Méru, la fleur des gentilshommes catholiques; ils chantent, rient, et dans un joyeux chœur, s'excitent à profiter de la jeunesse qui s'envole et du temps qui ne revient plus. Cependant la fête n'est pas complète : on attend encore un convive, le jeune Raoul de Nangis, huguenot, mais recommandé par le roi, qui vient de faire sa paix avec l'amiral Coligny, et veut voir régner entre les deux partis une paix qui doit, hélas! durer bien peu. Raoul arrive, le festin commence, et, pour égayer la fête, les jeunes étourdis conviennent de raconter leurs bonnes fortunes : ce sera Raoul qui parlera le premier; il paiera sa bienvenue avec l'histoire de ses amours; il le peut sans compromettre celle qu'il aime, car il ne la connaît pas. Près des vieilles tours d'Amboise, il a rencontré dans une litière une noble dame qu'insultait une troupe d'étudiants avinés. Prendre le parti de la belle, mettre en fuite les grossiers agresseurs, a été pour Raoul l'affaire d'un moment; depuis, il ne l'a plus revue. Il vante la beauté de son inconnue dans une délicieuse romance, devenue populaire, qui commence ainsi :

Plus blanche que la blanche hermine,
Plus pure qu'un jour de printemps.

Ses nouveaux amis, damnés libertins, se moquent un peu de sa tendresse respectueuse et de sa passion huguenote, et portent des santés au succès de ses amours. Pendant ce joyeux tumulte apparaît, sur le seuil de la porte, une figure hétéroclite, d'un aspect farouche et surprenant : c'est Marcel, l'écuyer, le serviteur de Raoul, espèce de fanatique dans le genre du puritain Carr, si énergiquement dessiné par Victor Hugo dans son drame de *Cromwell*, ne chantant que des psaumes et ne parlant que par versets de la Bible. Marcel s'étonne et s'indigne de voir son maître dans le camp des Philistins, buvant le vin de l'abomination, écoutant les chansons des Madianites et des Amalécites; aussi, en manière de contre-poison, se met-il à chanter dans un coin le choral de Luther. Le contraste de cette musique solennelle et sévère avec les refrains joyeux des seigneurs catholiques frappe l'âme de Raoul, qui repose plein le verre qu'il allait vider. « Quelle est cette chanson sauvage et funèbre? demande le comte de Nevers. — C'est le cantique composé par Luther pour nous protéger à l'instant du péril, répond Raoul.—Eh! mais, dit Cossé en regardant Marcel plus attentivement, je ne me trompe pas, tu es le soldat qui, au siége de La Rochelle, me fit cette large blessure? C'était de bonne guerre, je ne t'en garde pas rancune. Allons, bois avec moi. — Je ne bois pas, répond le farouche sectaire. — Si tu ne bois pas, chante, s'écrie toute la troupe; et Marcel entonne l'air huguenot si connu :

A bas les couvents maudits!
Les moines à terre !

Pendant qu'il achève le second couplet, entre
un valet de pied qui vient annoncer au comte de Nevers
qu'une dame désire lui parler : « Encore quelque désespoir d'amour ! Depuis que l'on sait que je vais me marier, je
n'y puis suffire. Si c'est madame d'Entrague, la jeune comtesse,
ou madame de Raincy, je n'y vais pas. — Je ne l'ai jamais
vue ici, » répond le valet. Le comte de Nevers demande
pardon à ses amis de les quitter dans un si beau
moment, et il va recevoir la dame
mystérieuse. Tavannes, plus curieux
que les autres, soulève le rideau
et regarde. Elle est charmante,

elle est divine. Raoul s'approche à son tour. O ciel! il a
reconnu la dame de ses pensées! L'ingrate! la perfide! elle
dédaigne son amour loyal! c'est de Nevers, un pareil fou,
qu'elle ose lui préférer! — Les jeunes seigneurs, témoins du
désespoir de Raoul, l'engagent gaiement à la résignation :

> Lorsque les belles
> Sont infidèles,
> Faisons comme elles,
> Consolons-nous !

Mais le désolé gentilhomme ne veut rien entendre : sa douleur se change en indignation, lorsqu'il aperçoit l'inconnue, qui passe au fond des jardins, reconduite par son
heureux rival : « Je veux lui parler, s'écrie-t-il, lui dire à

quel point je la hais ! » On le retient cependant au nom de
l'hospitalité.

Le comte de Nevers rentre aussitôt; il est rêveur, préoccupé. La visite qu'il vient de recevoir n'était pas aussi flatteuse qu'on le suppose : il lui faut renoncer au mariage qu'il avait prémédité. C'est sa fiancée elle-même, fille d'honneur de la reine Marguerite de Valois, qui, de l'avis de cette princesse, est venue le supplier de lui rendre sa parole. En chevalier généreux, le comte n'a pas cru devoir s'y refuser; mais, au fond du cœur, il enrage. Il tâche néanmoins de dissimuler son dépit, et fait bonne contenance devant les compliments de ses amis, qui le félicitent sur sa nouvelle conquête. Ces compliments inopportuns augmentent la fureur de Raoul, qui les regarde comme une injure personnelle, et s'apprête à en demander raison, lorsque paraît un page, se disant chargé d'une missive pour l'un des gentilshommes présents : « C'est une lettre de la part d'une noble dame que je ne puis nommer, mais sage et belle à faire envie aux rois! ajoute le messager. — Donne, lui dit nonchalamment le comte de Nevers. — Êtes-vous sir Raoul de Nangis? c'est à lui que ce billet s'adresse. » Surprise générale. Raoul, non moins étonné que les autres, ouvre la lettre et lit à demi-voix : « Dans « un instant on viendra vous chercher; si vous êtes brave, lais- « sez-vous bander les yeux et conduire en silence. » — « Il peut m'en coûter cher, mais n'importe, j'irai... Voyez, messieurs, dit le jeune et courageux huguenot, en présentant le billet aux gentilshommes qui l'entourent. — Grand Dieu! s'écrie-t-on; l'écriture de Marguerite de Valois, son cachet, sa devise! La reine le fait appeler! il est aimé d'elle!.... » Alors les offres de service, les assurances d'amitié, les protestations de dévouement viennent fondre de toutes parts sur Raoul, qui n'a rien entendu des exclamations précédentes, et ne sait à quoi attribuer les obséquieux hommages dont on l'accable. Il en est encore tout étourdi, quand des hommes masqués se présentent et lui font signe de les suivre.

Le deuxième acte se passe dans le parc de Chenonceaux, à quelques lieues d'Amboise. Le château, hardiment jeté sur le Cher, se dessine au fond en perspective. La rivière, après avoir bouillonné sous les arches, vient serpenter capricieusement jusqu'au milieu du théâtre, et disparaît sous des massifs d'arbres verts. Un large escalier latéral, conduisant du château dans les jardins, complète cette magnifique décoration, l'une des plus ravissantes qui se puisse voir à l'Opéra. — Le jour est à son midi. Marguerite de Valois, entourée de ses dames d'honneur, achève sa toilette sous un frais pavillon de verdure. Urbain, son page, le messager du premier acte, tient encore le miroir devant elle. Dans un air délicieux, la jeune et belle fiancée du roi de Navarre, représentée par madame Dorus-Gras, cette voix si pure et si fraîche, chante le printemps et l'amour, tout ce qui est jeune et beau. Que lui importent les huguenots, et les papistes, et leurs querelles sanglantes, elle ne songe qu'à éterniser ses fêtes, à varier ses plaisirs. — Le soleil est brûlant, l'atmosphère embrasée ; les eaux du Cher, en cet endroit retiré du parc, sont limpides et invitantes. Marguerite ordonne à ses femmes d'aller tout préparer pour le bain.

A peine se sont-elles éloignées, que l'on voit accourir une charmante enfant tout en émoi. C'est la plus jeune et la plus jolie des demoiselles d'honneur de la reine, Valentine de Saint-Bris, la mystérieuse beauté entrevue chez le comte de Nevers. Marguerite de Valois, qui l'a prise en vive affection, lui demande avec empressement le résultat de sa démarche auprès du comte. « Il a promis sur l'honneur de refuser ma main, dit Valentine. — Alors, rassure-toi, bientôt tu pourras épouser celui que ton cœur a choisi. — Hélas ! non, le ciel proscrit cette alliance : nos cultes sont différents. — Qu'importe ? ne suis-je pas, moi-même, fiancée au roi de Navarre, l'un des chefs protestants ? Je veux que ton mariage et le mien soient célébrés ensemble.—Et mon père ?... — J'ai sa parole, il consentira. — Mais Raoul ?... — Il va venir, et vous serez unis. » En effet, c'est pour lui offrir la main de Valentine, qui n'a pu le voir sans l'aimer et qu'il accuse d'ingratitude, que la reine a fait secrètement appeler Raoul. « Oh ! madame, je n'oserai jamais lui parler, dit la naïve enfant. — Eh bien, je m'en charge, moi, répond gaiement Marguerite. » Et elle oublie un instant cette négociation amoureuse pour présider à la toilette de ses femmes, qui viennent se disposer au bain. Plusieurs d'entre elles, déjà toutes prêtes, arrivent en peignoirs de gaze, et, avant de se plonger dans l'eau, folâtrent et dansent, se poursuivent et forment différents groupes, que la reine contemple en souriant, nonchalamment étendue sur un banc de gazon. D'autres jeunes filles disparaissent derrière les bouquets d'arbres, et bientôt on les voit se baigner dans le Cher. — Leurs gracieux ébats sont interrompus par la subite arrivée d'Urbain, qui tombe comme Actéon au milieu de ces nymphes effarouchées. Le malin page annonce à Marguerite, non sans jeter autour de lui des regards indiscrets, que Raoul vient d'entrer au château et qu'on le lui amène. Ces mots redoublent l'effroi des pudiques baigneuses, qui se blottissent auprès de leur maîtresse en jetant des cris de biches aux abois; mais, en voyant venir Raoul les yeux bandés, elles se rassurent un peu, si bien même que la reine est obligée de leur faire signe de s'éloigner.

Restée seule avec le jeune protestant, Marguerite lui permet de se découvrir la vue.

... O ciel! où suis-je?
De mes yeux éblouis n'est-ce point un prestige?

s'écrie Raoul, qui ne connaît pas la princesse, et demeure frappé de sa beauté toute royale. Puis, se croyant en bonne fortune, et voulant se venger, par cette conquète, du dédain de Valentine, il offre, dans un charmant duo, son amour, son bras, sa vie, à la coquette reine de Navarre, qui se divertit fort de la méprise, et demande à ce galant chevalier s'il est prêt à lui obéir en tout. « En tout ! je le jure à vos pieds ! — C'est bien, j'en reçois le serment. » Le maudit page vient encore ici faire une apparition inopportune. « Les seigneurs du pays, appelés par vos ordres, dit-il à Marguerite, réclament l'honneur d'être admis près de Votre Majesté. » Ces paroles sont un coup de foudre pour Raoul, qui s'éloigne avec effroi et respect. « Eh quoi ! sir Raoul, lui dit la reine en souriant, le mot de Majesté vous fait peur ! vous dispensera-t-il d'être fidèle ? — Oh ! jamais ! — Eh bien ! je veux vous marier. Je sers les projets de ma mère et du roi en vous unissant à la fille du comte de Saint-Bris, votre ancien ennemi, qui sacrifie sa haine à la raison d'État. — Épouser la fille d'un gentilhomme catholique ! — Vous avez juré de m'obéir en tout. — J'obéirai, Madame. »

On voit arriver alors le comte de Saint-Bris, le comte de Nevers et quelques seigneurs protestants, auxquels Marguerite va présenter Raoul. Tous le reçoivent avec une apparente cordialité. Après cette cérémonie, la reine annonce aux comtes de Nevers et de Saint-Bris, en leur remettant un ordre écrit, que son frère, Charles IX, qui connaît leur dévouement, les appelle à Paris pour l'aider dans une secrète entreprise. « Nous nous soumettrons à la volonté du roi, disent-ils. — Oui, mais d'abord il faut obéir à la mienne, reprend Marguerite ; avant que le mariage dont vous allez être témoins soit conclu, promettez, ainsi que Raoul, d'abjurer entre vous toute haine. » Les trois

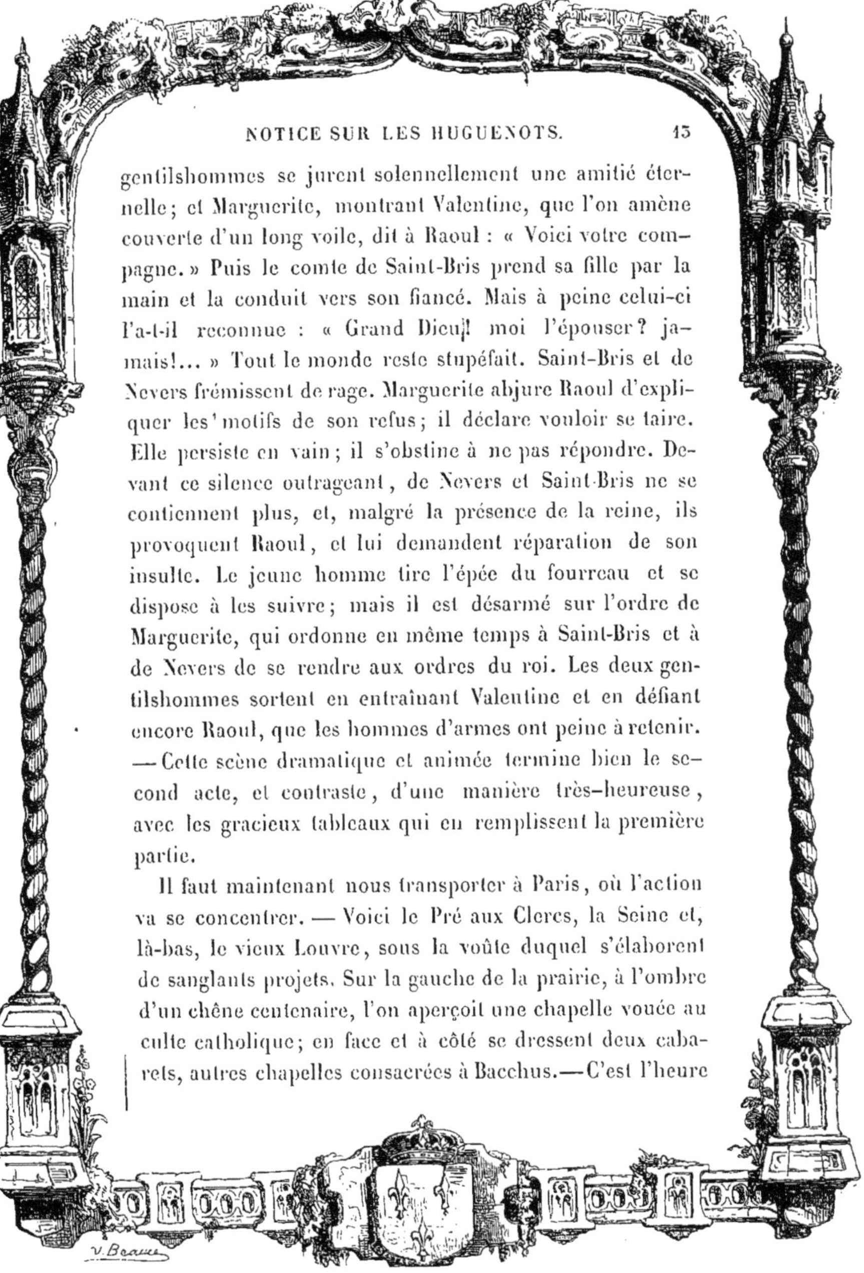

gentilshommes se jurent solennellement une amitié éternelle; et Marguerite, montrant Valentine, que l'on amène
couverte d'un long voile, dit à Raoul : « Voici votre compagne. » Puis le comte de Saint-Bris prend sa fille par la
main et la conduit vers son fiancé. Mais à peine celui-ci
l'a-t-il reconnue : « Grand Dieu! moi l'épouser? jamais!... » Tout le monde reste stupéfait. Saint-Bris et de
Nevers frémissent de rage. Marguerite abjure Raoul d'expliquer les motifs de son refus; il déclare vouloir se taire.
Elle persiste en vain; il s'obstine à ne pas répondre. Devant ce silence outrageant, de Nevers et Saint-Bris ne se
contiennent plus, et, malgré la présence de la reine, ils
provoquent Raoul, et lui demandent réparation de son
insulte. Le jeune homme tire l'épée du fourreau et se
dispose à les suivre; mais il est désarmé sur l'ordre de
Marguerite, qui ordonne en même temps à Saint-Bris et à
de Nevers de se rendre aux ordres du roi. Les deux gentilshommes sortent en entraînant Valentine et en défiant
encore Raoul, que les hommes d'armes ont peine à retenir.
—Cette scène dramatique et animée termine bien le second acte, et contraste, d'une manière très-heureuse,
avec les gracieux tableaux qui en remplissent la première
partie.

Il faut maintenant nous transporter à Paris, où l'action
va se concentrer. — Voici le Pré aux Clercs, la Seine et,
là-bas, le vieux Louvre, sous la voûte duquel s'élaborent
de sanglants projets. Sur la gauche de la prairie, à l'ombre
d'un chêne centenaire, l'on aperçoit une chapelle vouée au
culte catholique; en face et à côté se dressent deux cabarets, autres chapelles consacrées à Bacchus.—C'est l'heure

de la promenade, vers la fin d'une chaude journée du mois d'août. Les
bourgeois viennent respirer le frais sur les bords du fleuve; des ouvriers,
des gens du peuple, sont groupés çà et là devant les boutiques des marchands ambulants, les baraques de marionnettes et les orchestres en plein
vent. Assis aux tables de l'un des cabarets, des clercs de la basoche et des
grisettes échangent de joyeuses paroles, de galants propos, interrompus
par les chants rébarbatifs de quelques soldats huguenots qui boivent dans
le coin opposé.

En avant, braves calvinistes!
A nous les filles des papistes,
A nous richesses et butin,
      Et bon vin!

— Mais place! place! voici venir un cortége de mariage, qui se dirige vers
la chapelle. Au milieu d'une foule brillante de dames et de seigneurs de la

cours, s'avance la jeune épousée... O ciel! c'est Valentine!
de Nevers est à son côté! le comte de Saint-Bris la lui donne
pour se venger des dédains de Raoul, auquel sa haine réserve,
dit-il, un châtiment plus terrible encore.—Le cortége entre
dans la chapelle, et, sur les marches, des femmes du peuple s'agenouillent et prient. Cette pieuse démonstration ir-
rite les soldats calvinistes, qui reprennent avec colère leur
refrain provocateur. Les clercs et les ouvriers s'indignent
et ripostent par des injures. Une lutte est sur le point de
s'engager, quand l'arrivée d'une troupe de bohémiens
vient heureusement captiver l'attention générale. Ces *gi-
tanos* ramènent la gaieté parmi le peuple : ils disent la bonne
aventure aux fillettes, et les font danser aux sons d'une musique joyeuse. — Le divertissement terminé, Saint-Bris et
de Nevers sortent de la chapelle, où ils ont laissé Valentine, qui désire, jusqu'au soir, y rester en prière. Après
le couvre-feu, les parents et l'époux de la jeune fille re-
viendront la chercher pour la conduire en pompe à l'hôtel
de Nevers. Toute la noce s'éloigne; le comte de Saint-Bris
demeure seul avec un gentilhomme de ses amis, enragé
catholique, du nom de Maurevert. Marcel, le rigide serviteur de Raoul, se présente bientôt devant eux. Il remet au
comte un billet de la part de son maître, arrivé le jour
même dans Paris, à la suite de Marguerite de Valois.
Saint-Bris ouvre la lettre : elle contient un cartel. «Enfin! »
s'écrie-t-il ; puis, s'adressant à Marcel : « Ce soir, ici, j'attendrai sir Raoul de Nangis. — Un duel avec lui, comte?
dit tout bas Maurevert, vous n'en courrez pas la chance :

> ... Pour frapper un impie,
> Il est d'autres moyens que le ciel sanctifie !

— Que veux-tu dire? — Venez, je vous expliquerai devant Dieu les projets qu'on médite. » Et tous deux rentrent dans la chapelle.

La nuit commence à tomber. On entend le couvre-feu qui sonne, et des sergents du guet viennent chasser les promeneurs attardés sur le Pré aux Clercs. Les étudiants et les soldats huguenots, pour qui la journée n'est pas finie, passent tout simplement du dehors dans l'intérieur des cabarets, afin d'y continuer à huis clos leurs libations et leurs jeux.

Quand la prairie est tout à fait déserte, Maurevert et Saint-Bris reparaissent sur le seuil de la chapelle, puis s'éloignent mystérieusement, après avoir échangé quelques paroles d'intelligence.

Les imprudents! ils ont oublié Valentine! Valentine, qui, cachée derrière un pilier, a, sans le vouloir, surpris leurs horribles desseins, et qui, pour l'honneur même de son père, veut empêcher qu'ils s'accomplissent.

Précisément Marcel reparaît, poussé là par de noirs pressentiments. Le fidèle valet sera présent au duel, et il mourra si son maître succombe. Valentine le reconnaît.

« Écoute-moi, lui dit-elle; Raoul va se rendre ici tout à l'heure? — C'est vrai. — Pour se battre? — Oui. — Qu'il ne vienne que bien accompagné! — Grand Dieu! quel danger le menace? — Je ne puis te le dire. — Mais qui êtes-vous? — Eh bien! je suis... une femme qui l'aime, qui le sauve au prix d'une trahison, et qui doit l'oublier pour toujours! » Marcel veut l'interroger encore, mais elle s'échappe et court se réfugier dans la chapelle.

Il n'est plus temps d'avertir Raoul, car il arrive aussitôt

avec ses témoins, et Saint–Bris avec les siens. Marcel tente cependant, par quelques mots glissés à voix basse, de faire comprendre à son maître qu'il est tombé dans un piége ; mais celui-ci le traite de fou, et jette à son adversaire ce défi si énergique et toujours tant applaudi :

En mon bon droit j'ai confiance, etc. ;

puis on règle les conditions du combat ; on mesure le terrain et les armes, et les deux champions et leurs quatre témoins mettent l'épée à la main.— Au moment où ils commencent à ferrailler, Marcel, qui s'est mis aux

aguets, crie du fond qu'il entend des pas et qu'il voit dans l'ombre accourir plusieurs hommes. Il n'a pas achevé, que Maurevert, suivi de deux acolytes, se précipite sur le théâtre en appelant à l'aide contre des huguenots qui, dit–il, attaquent lâchement un catholique.

A ces cris, douze ou quinze individus à mines sinistres, armés de bâtons et d'épieux, sortent d'un coin obscur où ils étaient embusqués, et s'élancent sur Raoul et ses compagnons, qu'ils entourent. Les braves calvinistes, en s'adossant l'un contre l'autre, essaient de faire face à l'ennemi qui les

assiége de toutes parts; mais, dans ce combat trop iné-
gal, leur petit bataillon carré se voit à chaque instant
serré de plus près; il va plier sous le nombre, quand tout
à coup de l'un des cabarets, ce refrain huguenot retentit :

> Plan, rataplan, vive la guerre!
> Buvons, ami,
> A notre père,
> A Coligny!

« Défenseurs de la foi! au secours! » s'écrie Marcel. Les
portes du cabaret s'ouvrent, et l'apparition des soldats protestants fait reculer Maurevert et sa bande; mais en même
temps surviennent les clercs de la basoche, attirés par le
bruit, et qui se rangent du côté des catholiques. « Aux fa-
gots, les païens! — Au diable, les bigots! » Après les injures on en vient aux mains. Les deux troupes s'élancent
avec fureur l'une contre l'autre; Saint-Bris et Raoul croisent
le fer; une minute de plus, le sang coule... « Téméraires,
arrêtez! crie une voix connue, et qui fait soudain rentrer
les épées au fourreau; osez-vous bien, dans Paris et à la
face du Louvre, engager de pareilles batailles! » C'est Marguerite de Valois, qui rentre à cheval dans son palais, suivie de gardes et de pages portant des flambeaux. Saint-Bris
et les siens prétendent avoir été lâchement attaqués. « Ce
sont eux, répond Marcel, qui voulaient assassiner mon
maître. — Comment le sais-tu? qui t'a si bien instruit? —
Une femme inconnue que j'ai vue ici tantôt. — Tu mens!
reprend Saint-Bris. Où est cette femme? — La voici! » dit

le vieux sectaire en montrant Valentine, qui vient de paraître sur le seuil de la chapelle. A l'aspect de sa fille, le
comte reste pétrifié. «Quoi! s'écrie Raoul, pour me sauver
la vie elle a trahi son père, et elle ne m'aime pas! — Elle
n'aimait que vous, dit Marguerite, malgré les supplications
de Valentine, qui l'engage au silence. — Mais cette visite
mystérieuse à de Nevers? Elle venait l'adjurer de renoncer
à sa main. — O ciel! est-il possible? et j'ai pu croire...
Grâce! grâce! rendez-la-moi, je l'aime! — Tu l'aimes! fait
Saint-Bris avec joie; je suis donc vengé, car, depuis ce matin, un autre est son époux!» Désespoir de Raoul; il
éclate en sanglots. — Tandis que la reine essaie de le cal-
mer, une barque splendidement décorée et pavoisée, tout
éclatante de lumières et de fanfares, descend le fleuve en
côtoyant la prairie, où elle vient aborder. De Nevers, accompagné des témoins de son mariage et de toute la noce,
arrive chercher Valentine pour l'*emmener en son logis*. —
Infortuné Raoul! il lui faut assister au triomphe de son
rival, le voir s'éloigner l'orgueil au front, la joie au cœur,
et, avec lui, voir s'enfuir son bonheur, son espoir, sa
vie! — Marguerite entraîne le pauvre amoureux hors du
Pré aux Clercs, où catholiques et huguenots grondent encore sourdement, et nous suivons à l'hôtel de Nevers la
triste Valentine.

Elle est seule, émue, agitée. Le souvenir de Raoul la
poursuit, et, dans sa pieuse résignation, elle prie Dieu d'arracher de son cœur un amour désormais criminel, de lui
donner le courage de la vertu. Mais en vain elle supplie,

elle implore : le nom de celui qu'elle veut oublier revient
malgré elle à sa pensée, sur ses lèvres, et bientôt, — est-ce
un rêve, une illusion? — Raoul apparaît lui-même à ses
yeux ! il entre pâle comme un fantôme, sombre comme le
remords ; il s'approche, il parle... O ciel! c'est bien lui!
« J'ai voulu vous revoir une dernière fois, dit-il. — Fuyez,
s'écrie Valentine effrayée, si mon père, si mon mari, nous
trouvaient ensemble, ils vous tueraient! — Qu'importe? je
vous ai perdue; je n'ai plus qu'à mourir! — Non, non,
Raoul, vivez, pour apprendre à confesser le vrai Dieu, et
pour qu'un jour nous soyons unis dans le ciel. » Puis elle
le presse de nouveau de s'éloigner, mais il est déjà trop
tard : on entend des pas dans le vestibule. Valentine regarde : « Grand Dieu ! mon père ! mon époux ! — Eh
bien ! je les attends ! — Ah ! pour mon honneur, Raoul,
évitez-les ! » Et elle le fait cacher derrière une tapisserie.

En sa qualité de gouverneur du Louvre, le comte de
Saint-Bris a été chargé de réunir les principaux seigneurs
catholiques, et de leur révéler enfin les projets conçus par

Catherine de Médicis. Tous ont répondu à l'appel : de Nevers, Tavannes, Méru, de Retz, de Cossé, de Besme, etc.—
Sans trop s'inquiéter de la présence de sa fille, Saint-Bris annonce aux gentilshommes qui l'entourent que, pour mettre
fin aux discordes religieuses, pour terminer d'un seul coup
une guerre impie, le ciel veut et Charles IX ordonne que tous
les protestants soient massacrés cette nuit même. « Qui les
frappera? demande l'époux de Valentine. — Nous! s'écrie
Saint-Bris. Tel est l'ordre du roi. Jurez-vous d'obéir? —
Nous le jurons! » Un seul a gardé le silence : c'est de Nevers. Sommé de s'expliquer, il déclare que l'honneur lui
défend d'immoler des ennemis sans défense. — « Quand le
roi le commande! — Il me commande en vain de flétrir le
nom de mes aïeux. » Et montrant leurs portraits suspendus
à la muraille : Dans leur nombre, ajoute-t-il,

Je compte des soldats, et pas un assassin!

— L'infâme! il nous trahit! — Non; mais plutôt que de
souiller mon épée, je la brise! Dieu soit juge entre nous! »
A ces nobles paroles, Valentine se jette dans les bras de
son mari. « Ah! dès à présent, je vous appartiens! » lui
dit-elle. Mais Saint-Bris, désignant de Nevers aux chefs de
la bourgeoisie et du peuple, qui paraissent en ce moment,
leur enjoint de le garder à vue jusqu'au lendemain matin.
— On entraîne le prisonnier, et, sur un geste de son père,
Valentine s'éloigne aussi.

Il ne reste plus autour du comte que les fanatiques dé-

voués à l'assassinat. Le farouche interprète des volon-
tés de Médicis leur donne les dernières instructions. Il
assigne à chacun son poste et sa part de victimes. « Toi,
de Besme, chez Coligny ; qu'il tombe le premier sous
nos coups!... Vous, Tavannes, Cossé, Méru, à l'hôtel de
Sens, où les impies fêtent le roi de Navarre.... Vous autres, enfin, dans les maisons, dans les rues, partout où
seront nos ennemis! Et quand sonnera la cloche de Saint-
Germain – l'Auxerrois, frappez sans pitié, sans merci...
Dieu vous absout d'avance. » Et, pour appuyer ce blas-
phème, il montre les portes du fond, où viennent d'apparaître trois moines qui s'avancent lentement jusqu'au
milieu du théâtre et psalmodient un funèbre cantique. — Tous les assistants, par un mouvement spontané, tirent leurs épées et leurs poignards,
élèvent leurs bras armés vers le ciel, et le sombre trio, en fulminant l'a-
nathème contre la race calviniste, bénit les fers vengeurs qui vont accomplir l'œuvre d'extermination. Sur ces glaives consacrés chacun répète encore le serment homicide ; puis, guidée par ses chefs, la foule des conjurés
se disperse en silence.

Quand tout le monde s'est éloigné, Raoul, pâle de terreur, écarte le
rideau derrière lequel il se tenait caché et se dirige rapidement vers la

vers la porte; mais il la trouve fermée en dehors...

« Où allez-vous? » lui dit Valentine, qui accourt de son appartement.

— Avertir mes frères, les armer contre des assassins!

— Contre mon père?... Ah! par grâce, restez, restez!

— Ce serait forfaire à l'honneur, à l'amitié; laissez-moi partir!

— Non, vous ne sortirez pas, où vous passerez sur mon corps! »

Alors s'engage une lutte affreuse entre la jeune fille et son amant : elle s'attache à lui, elle embrasse ses genoux, et le conjure, en pleurant, d'attendre le jour auprès d'elle; mais, le voyant sourd à ses prières, inflexible à ses larmes : « Eh bien! s'écrie-t-elle, je ne veux pas que tu meures... Raoul, Raoul, je t'aime! » Ce cri du cœur, ce suprême aveu, arrête le jeune homme, qui allait s'échapper; il oublie tout : sa religion, son devoir, ses amis menacés, et tombe aux pieds de Valentine, ivre d'amour et de bonheur.

Le glas d'une cloche qui retentit au loin vient tout à coup l'arracher à son extase. « Ah! je me rappelle, dit-il avec épouvante, c'est le signal du massacre, on égorge mes frères!... adieu!

> Je cours les défendre,
> Ou mourir avec eux! »

La lutte, un moment interrompue, recommence plus terrible. Valentine l'enlace de nouveau de ses bras; elle se

cramponne à lui avec l'énergie du désespoir et cherche à le retenir encore par toutes les protestations d'un amour passionné; mais, cette fois,
elle ne trouve plus d'écho dans le cœur de Raoul, où chaque coup de tocsin
vient éveiller un remords.

Au son du beffroi, se mêlent bientôt le bruit des armes, les clameurs
des combattants.

« Entends-tu? s'écrie Raoul éperdu, mes amis succombent, ils m'appellent. Que Dieu veille sur toi, je vais les venger, je vais mourir! »
Et, se dégageant violemment des étreintes de son amante, il s'élance dans
la rue par la fenêtre. Valentine pousse un cri déchirant et tombe évanouie
sur le carreau.

Le cinquième acte se compose d'une suite de tableaux qui demandent
à être vus plutôt qu'analysés. A partir de ce moment, l'action du drame
n'est le plus souvent qu'un effet de mise en scène. Nous allons toutefois
essayer de la suivre, et le crayon viendra en aide à notre plume. — La
toile, en se relevant, laisse voir d'abord l'intérieur de l'hôtel de Sens,
dont les appartements sont éclairés comme pour un bal et remplis d'une
foule brillante. Tous les chefs protestants se trouvent là réunis. Des dames
de la cour, en habits de gala, causent ou dansent avec de jeunes cavaliers.
Les passe-pieds, les sarabandes, se succèdent joyeusement, lorsque Marguerite de Valois et Henri de Navarre paraissent au milieu du bal. Des
groupes de dames et de seigneurs vont au-devant des deux époux et leur font

les honneurs de cette fête donnée à l'occasion de leur mariage. Le couple royal traverse les salons, puis s'éloigne, et
les danses reprennent aussitôt. — Un moment, à travers les
bruyants accords de l'orchestre, on croit entendre le son
lointain d'une cloche. Les danseurs s'arrêtent pour écouter;
mais ce glas ne leur inspire aucune idée sinistre, et le bal
continue bientôt, plus gai, plus animé. Cependant un nouveau bruit ne tarde pas à se faire entendre : il arrive du
dehors, il monte, il approche; tous les regards se tournent
avec anxiété vers le fond, et l'on voit paraître Raoul, pâle, en
désordre, les habits ensanglantés. « Aux armes! s'écrie-t-il
d'une voix tonnante, on massacre nos frères! les assassins
seront ici tout à l'heure! » On refuse de croire à ses paroles.
Il raconte alors les épouvantables scènes dont il vient d'être
le témoin.

> A la lueur de leurs torches funèbres,
> J'ai vu courir des soldats forcenés!
> Ils s'écriaient, au milieu des ténèbres :
> — Frappez! frappez! Dieu les a condamnés!...

Il a vu Coligny tomber sous le fer des meurtriers, qui n'é-
pargnent ni les vieillards, ni les enfants, ni les mères...
Comme il courait au Louvre implorer la justice du roi, il
a vu Charles IX, du haut de son balcon, donner lui-même
l'exemple du carnage.... — A cette révélation, tout le
monde pousse un cri d'horreur et de vengeance. Les
femmes, glacées d'effroi, s'échappent, suivies de leurs pages
et de leurs écuyers, par toutes les portes du salon, et les

hommes, tirant leurs épées, s'élancent en tumulte sur les pas de Raoul, avec lequel ils répètent :

> ... Rendons guerres pour guerres !
> Vengeons la mort de nos frères
> Par la mort de leurs bourreaux !

La décoration change, et représente un cloître au fond duquel s'élève un temple protestant dont on aperçoit les vitraux illuminés. Des femmes calvinistes, portant des enfants dans leurs bras, entrent tout effarées par une grille latérale et semblent chercher un asile. Marcel, qui arrive en même temps, défaillant et blessé, leur indique une petite porte qui conduit dans l'intérieur du temple; puis il s'agenouille et se met à prier en silence. — Survient Raoul : « C'est toi, Marcel ! dit-il. — Ah ! je priais pour vous ! je vous revois donc enfin !—Tu es blessé, reprend son maître en l'examinant.... Va, je te vengerai ! — Hélas ! c'est impossible ; nous sommes envahis, cernés de toutes parts ; ce temple est notre dernier refuge... Venez, venez ! du moins nous y mourrons saintement. — Où courez-vous ? leur demande une voix, la voix de Valentine. — A la gloire ! répond Raoul. — Au martyre ! s'écrie Marcel avec exaltation. — Non, tu vivras, car je viens te sauver ! » dit la jeune fille à son amant. Elle lui présente alors une écharpe blanche à l'aide de laquelle il pourra sans danger parvenir jusqu'au Louvre. Là, Marguerite de Valois obtiendra pour lui grâce de la vie, s'il promet d'embrasser la religion catholique. Raoul refuse d'apostasier. « Quand j'accepterais la

4.

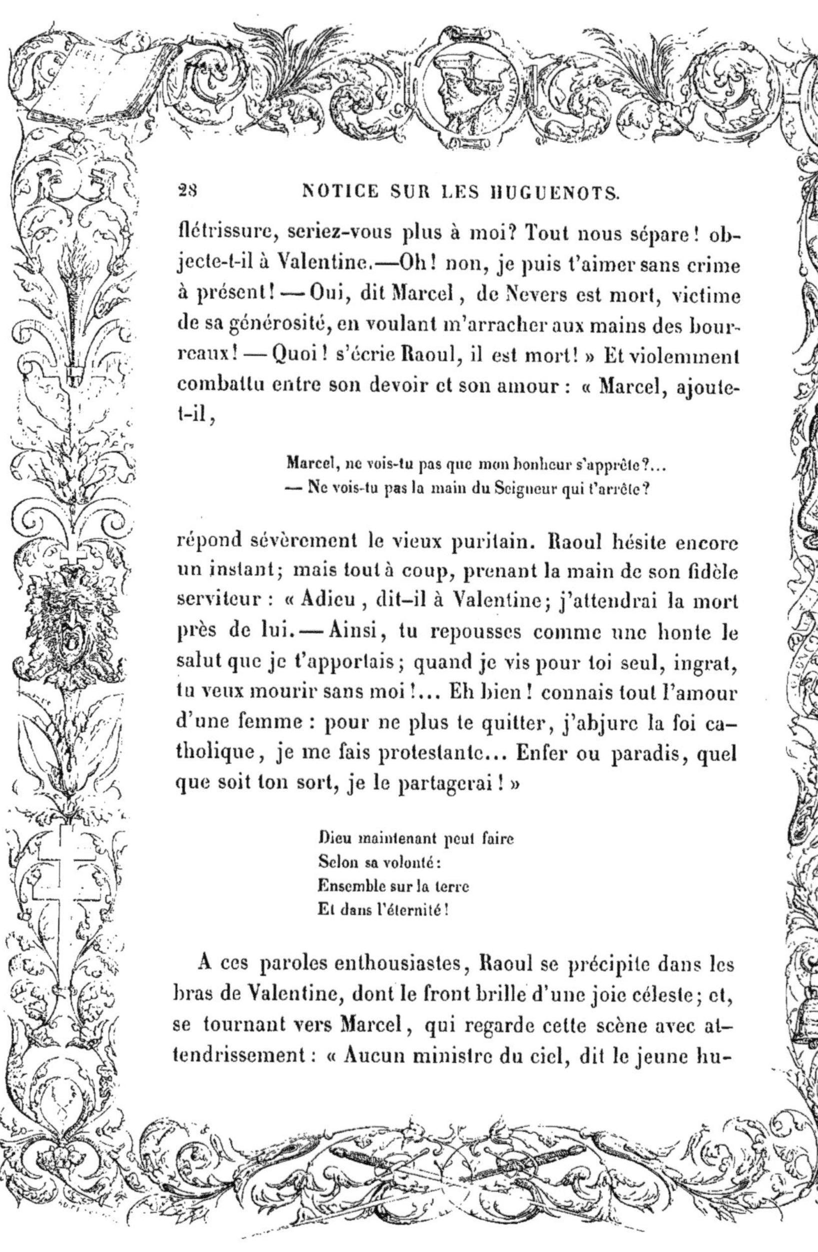

flétrissure, seriez-vous plus à moi? Tout nous sépare! objecte-t-il à Valentine.—Oh! non, je puis t'aimer sans crime à présent! — Oui, dit Marcel, de Nevers est mort, victime de sa générosité, en voulant m'arracher aux mains des bourreaux! — Quoi! s'écrie Raoul, il est mort! » Et violemment combattu entre son devoir et son amour : « Marcel, ajoute-t-il,

> Marcel, ne vois-tu pas que mon bonheur s'apprête?...
> — Ne vois-tu pas la main du Seigneur qui t'arrête?

répond sévèrement le vieux puritain. Raoul hésite encore un instant; mais tout à coup, prenant la main de son fidèle serviteur : « Adieu, dit–il à Valentine; j'attendrai la mort près de lui. — Ainsi, tu repousses comme une honte le salut que je t'apportais; quand je vis pour toi seul, ingrat, tu veux mourir sans moi!... Eh bien! connais tout l'amour d'une femme : pour ne plus te quitter, j'abjure la foi catholique, je me fais protestante... Enfer ou paradis, quel que soit ton sort, je le partagerai! »

> Dieu maintenant peut faire
> Selon sa volonté:
> Ensemble sur la terre
> Et dans l'éternité!

A ces paroles enthousiastes, Raoul se précipite dans les bras de Valentine, dont le front brille d'une joie céleste; et, se tournant vers Marcel, qui regarde cette scène avec attendrissement : « Aucun ministre du ciel, dit le jeune hu-

guenot, n'est là pour sanctifier cet hymen; mais toi, mon
vieil ami, par le droit des vertus et de l'âge, consacre notre
union devant Dieu ! »

Aussitôt les deux amants s'agenouillent, et Marcel, debout
entre eux, étend les mains et bénit leur mariage, en leur
faisant jurer d'être unis pour le martyre, — magnifique trio
auquel viennent se mêler des bouffées d'harmonie qui s'é-
chappent de l'intérieur du temple, où les femmes et les
enfants ont entonné le choral de Luther.

Soudain le pieux cantique est interrompu par un grand
bruit d'armes et des clameurs menaçantes. On voit luire,
à travers les vitraux du fond, la flamme des torches et le fer
des hallebardes. Les meurtriers envahissent le dernier asile
des calvinistes... Ceux-ci reprennent cependant avec plus

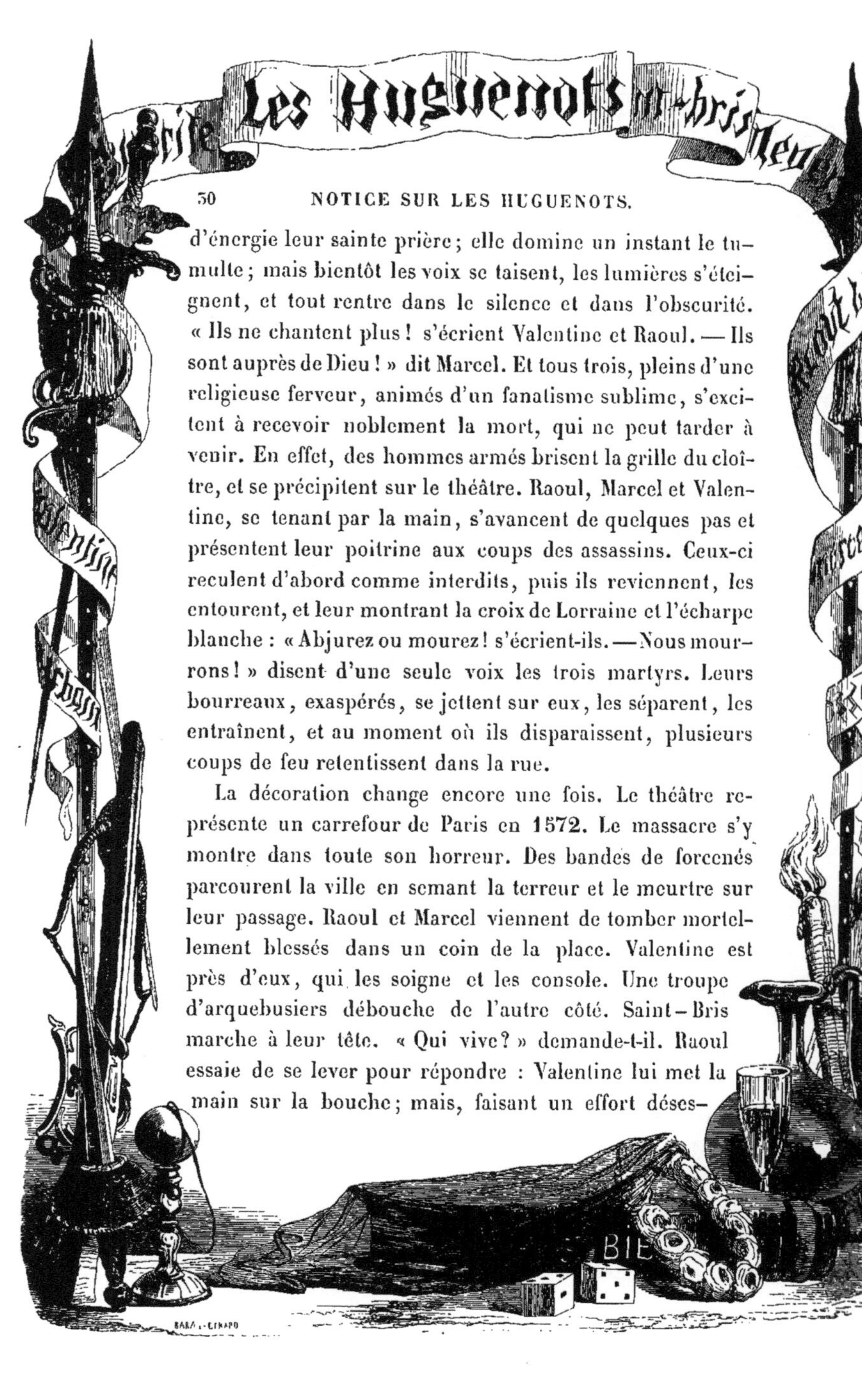

d'énergie leur sainte prière ; elle domine un instant le tumulte ; mais bientôt les voix se taisent, les lumières s'éteignent, et tout rentre dans le silence et dans l'obscurité.
« Ils ne chantent plus ! s'écrient Valentine et Raoul. — Ils
sont auprès de Dieu ! » dit Marcel. Et tous trois, pleins d'une
religieuse ferveur, animés d'un fanatisme sublime, s'excitent à recevoir noblement la mort, qui ne peut tarder à
venir. En effet, des hommes armés brisent la grille du cloître, et se précipitent sur le théâtre. Raoul, Marcel et Valentine, se tenant par la main, s'avancent de quelques pas et
présentent leur poitrine aux coups des assassins. Ceux-ci
reculent d'abord comme interdits, puis ils reviennent, les
entourent, et leur montrant la croix de Lorraine et l'écharpe
blanche : « Abjurez ou mourez ! s'écrient-ils. — Nous mourrons ! » disent d'une seule voix les trois martyrs. Leurs
bourreaux, exaspérés, se jettent sur eux, les séparent, les
entraînent, et au moment où ils disparaissent, plusieurs
coups de feu retentissent dans la rue.

La décoration change encore une fois. Le théâtre représente un carrefour de Paris en 1572. Le massacre s'y
montre dans toute son horreur. Des bandes de forcenés
parcourent la ville en semant la terreur et le meurtre sur
leur passage. Raoul et Marcel viennent de tomber mortel-
lement blessés dans un coin de la place. Valentine est
près d'eux, qui les soigne et les console. Une troupe
d'arquebusiers débouche de l'autre côté. Saint-Bris
marche à leur tête. « Qui vive ? » demande-t-il. Raoul
essaie de se lever pour répondre : Valentine lui met la
main sur la bouche ; mais, faisant un effort déses-

péré, il se dresse à demi et crie : « Huguenot ! » puis il retombe inanimé.
« Nous aussi, nous le sommes ! » se hâtent d'ajouter Marcel et Valentine.
« Feu ! » dit le comte à son escouade. Les soldats tirent sur le groupe,
et Valentine, frappée au cœur, tombe en poussant un cri terrible. Saint-
Bris a reconnu sa voix : « Ma fille ! s'écrie-t-il. — Oui, dit Marcel, Dieu
nous venge déjà... dans un instant, j'irai t'accuser devant lui ! — Et moi
prier pour vous, » murmure Valentine en expirant. Pendant cette scène de
désolation, paraît au milieu du théâtre la litière de Marguerite de Valois,
qui sort du bal et se hâte de regagner le Louvre. A l'aspect des deux
amants étendus morts l'un près de l'autre, elle jette une exclamation douloureuse, et de la main elle arrête les soldats catholiques, tout prêts encore à s'acharner sur leurs cadavres.

La belle partition de *Robert le Diable*, si énergique à la fois et si savante, le public et les connaisseurs se demandaient comment le compositeur allemand s'y prendrait pour soutenir une gloire si légitime et devenue
européenne. La musique des *Huguenots* a répondu victorieusement à cette
question. Rarement l'art du compositeur avait déployé d'aussi grandes
masses, fait mouvoir d'aussi puissants bataillons d'harmonies vocales et
instrumentales, et joint à une science aussi recherchée, aussi profonde,
une passion aussi ardente et aussi intense. En peu de temps le grand duo
du troisième acte et le bel air de Marcel ont fait le tour de l'Europe. Sans
atteindre jamais la popularité proprement dite, c'est-à-dire sans devenir
proverbe et sans pénétrer dans le vulgaire, Meyerbeer a eu le rare honneur
de faire à la fois les délices des salons les plus élevés de l'Europe, et
d'obtenir l'admiration des hommes versés dans les arcanes de l'érudition
musicale. Il y a dans ses partitions une combinaison toujours profonde
qui dispose et quelquefois efface la naïveté de l'inspiration première. Il
n'aboutit pas comme Catel et comme certains compositeurs à la froideur et
à l'ennui; mais ses plus grands effets, ceux qui ébranlent l'âme le plus
vivement paraissent le résultat d'une longue méditation, plutôt que jaillir
spontanément des émotions de l'auteur. Les moindres effets ont été cal-
culés d'avance avec une patience extraordinaire. Les contrastes d'ombre
et de lumière, disposés avec une préméditation infinie; et tout en faisant
marcher avec une majestueuse terreur des armées entières d'instruments
et de voix, le plus petit détail devient pour le maître l'objet d'un soin curieux. Aussi, quand même les traces d'un génie puissant n'éclateraient pas
dans cette œuvre, serait-ce encore un monument digne d'attention et
d'intérêt. Ici l'inspiration ne manque pas, tant s'en faut; mais elle a con-
tracté dans son alliance avec l'érudition un caractère plus abstrait, plus
sévère, plus profond, qui sert de marque distinctive au grand compositeur
dont nous parlons.

NOTICE
SUR
GISELLE
OU
LES WILIS
BALLET PANTOMINE EN DEUX ACTES
PAR MM
H. DE SAINT GEORGES, THÉOPHILE GAUTIER ET CORALY
MUSIQUE D'ADOLPHE ADAM

NOTICE SUR GISELLE.

GISELLE est le premier ballet que Carlotta Grisi ait dansé à l'Opéra, où elle avait débuté par ce pas si brillant de *la Favorite*, qui est encore un des plus beaux fleurons de sa couronne chorégraphique. On se souvenait bien d'avoir vu, il y a quelques années, à la Renaissance, une charmante enfant qui jouait un rôle dans une pièce intitulée *Zingaro ;* mais l'on ne savait pas si c'était une danseuse ou une chanteuse, car elle était l'une et l'autre. Une voix fraîche, pure et juste, une danse légère et correcte, de beaux yeux bleus d'une douce naïveté, voilà ce que Carlotta Grisi avait laissé dans la mémoire des gens du monde et des feuilletonistes. *Giselle* la plaça tout d'un coup au premier rang. Un poëte de nos amis trouva dans une légende allemande, pour cette blonde

1.

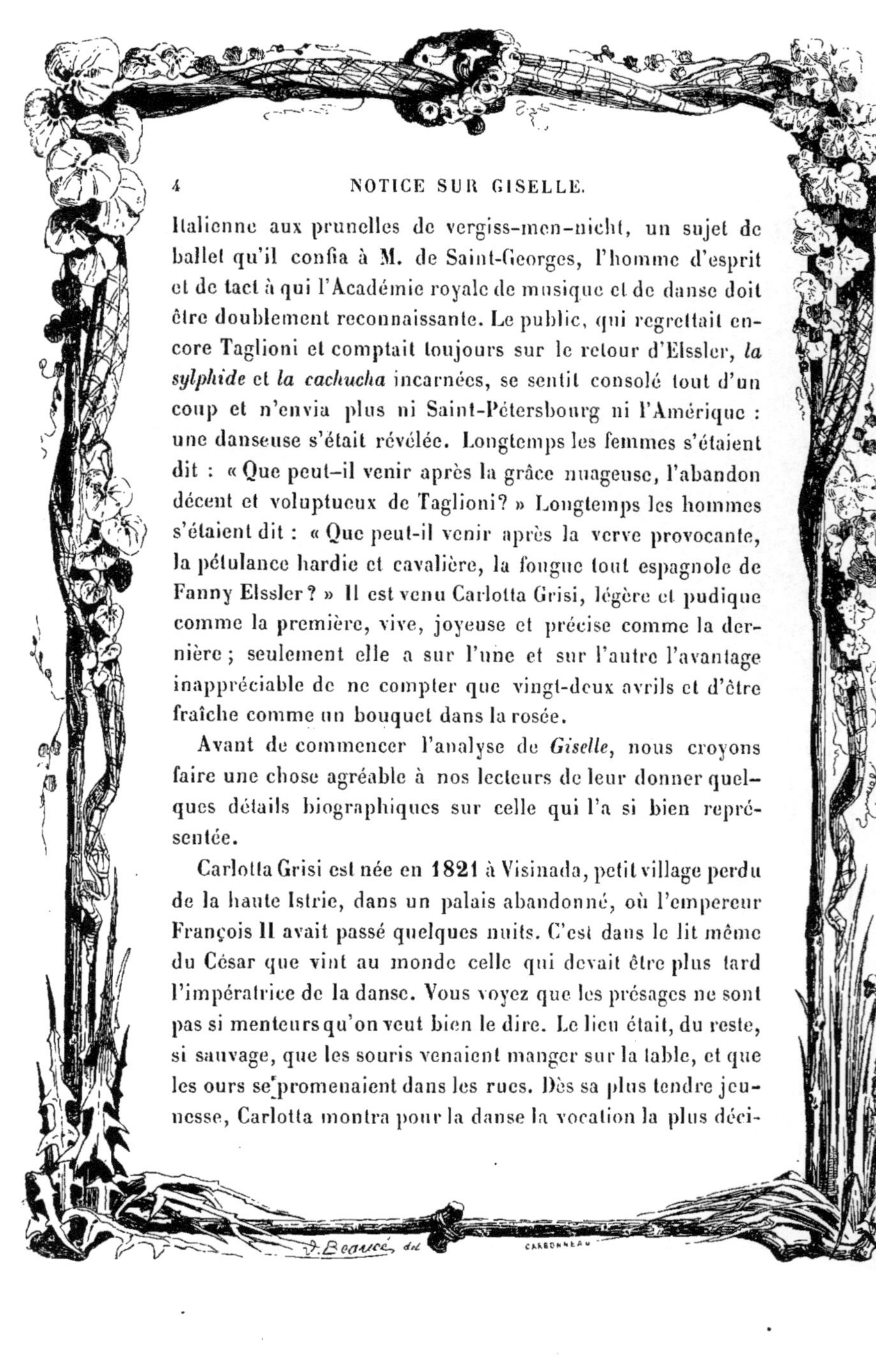

Italienne aux prunelles de vergiss-men-nicht, un sujet de
ballet qu'il confia à M. de Saint-Georges, l'homme d'esprit
et de tact à qui l'Académie royale de musique et de danse doit
être doublement reconnaissante. Le public, qui regrettait encore Taglioni et comptait toujours sur le retour d'Elssler, *la
sylphide* et *la cachucha* incarnées, se sentit consolé tout d'un
coup et n'envia plus ni Saint-Pétersbourg ni l'Amérique :
une danseuse s'était révélée. Longtemps les femmes s'étaient
dit : « Que peut-il venir après la grâce nuageuse, l'abandon
décent et voluptueux de Taglioni? » Longtemps les hommes
s'étaient dit : « Que peut-il venir après la verve provocante,
la pétulance hardie et cavalière, la fougue tout espagnole de
Fanny Elssler? » Il est venu Carlotta Grisi, légère et pudique
comme la première, vive, joyeuse et précise comme la dernière ; seulement elle a sur l'une et sur l'autre l'avantage
inappréciable de ne compter que vingt-deux avrils et d'être
fraîche comme un bouquet dans la rosée.

Avant de commencer l'analyse de *Giselle*, nous croyons
faire une chose agréable à nos lecteurs de leur donner quelques détails biographiques sur celle qui l'a si bien représentée.

Carlotta Grisi est née en **1821** à Visinada, petit village perdu
de la haute Istrie, dans un palais abandonné, où l'empereur
François II avait passé quelques nuits. C'est dans le lit même
du César que vint au monde celle qui devait être plus tard
l'impératrice de la danse. Vous voyez que les présages ne sont
pas si menteurs qu'on veut bien le dire. Le lieu était, du reste,
si sauvage, que les souris venaient manger sur la table, et que
les ours se promenaient dans les rues. Dès sa plus tendre jeunesse, Carlotta montra pour la danse la vocation la plus déci-

dée, et dès l'âge de sept ans, elle était engagée au théâtre de Milan, où elle exécutait des pas de premier sujet. On l'appelait dès lors la petite Héberlé, comme l'on dirait aujourd'hui la petite Grisi, d'un enfant qui montrerait des dispositions merveilleuses ; car, en ce temps-là, mademoiselle Héberlé était la première danseuse de l'Italie. Un Français, M. Guyet, fut son maître ; puis vint Perrot, qui lui donna d'excellentes leçons et d'utiles conseils. Elle danse à Naples, à Venise, à Vienne, en Angleterre ; elle y chante aussi, et Malibran, cette poésie vivante, cette intelligence si prompte et si fine, lui conseilla d'abandonner la danse et de se livrer exclusivement aux études musicales. Quelque respect que nous ayons pour l'opinion de la *diva* Desdémone, si prématurément étouffée sous l'oreiller jaloux de la mort, nous croyons qu'elle se trompait ; Carlotta, guidée par cette voix intérieure qui ne ment jamais aux grands artistes, resta fidèle au culte de Terpsichore, (comme dirait un écrivain de l'empire), et bien lui en prit. Les ailes et la voix, elle avait tout : c'était une vraie fauvette. Elle ne se sent plus que des ailes, et si elle chante, ce n'est que devant ses amis, quelque air de Tyrol ou de Venise auquel elle prête un charmant cachet local.

Carlotta Grisi est de taille moyenne, ni petite ni grande ; son pied, qui ferait le désespoir d'une *maja* andalouse et qui mettrait la pantoufle de Cendrillon par-dessus le chausson de danse, supporte une jambe fine, élégante et nerveuse, une jambe de Diane chasseresse, à suivre sans peine les biches inquiètes à travers les halliers ; son teint est d'une fraîcheur si pure, qu'elle n'a jamais mis d'autre fard que son émotion et le plaisir qu'elle éprouve à danser. Un petit pot de rouge, le seul qu'elle possède, ne lui sert qu'à raviver les couleurs de ses souliers-chair, lorsqu'ils sont trop pâles. Maintenant que les lis et les roses sont des comparaisons souffertes uni-

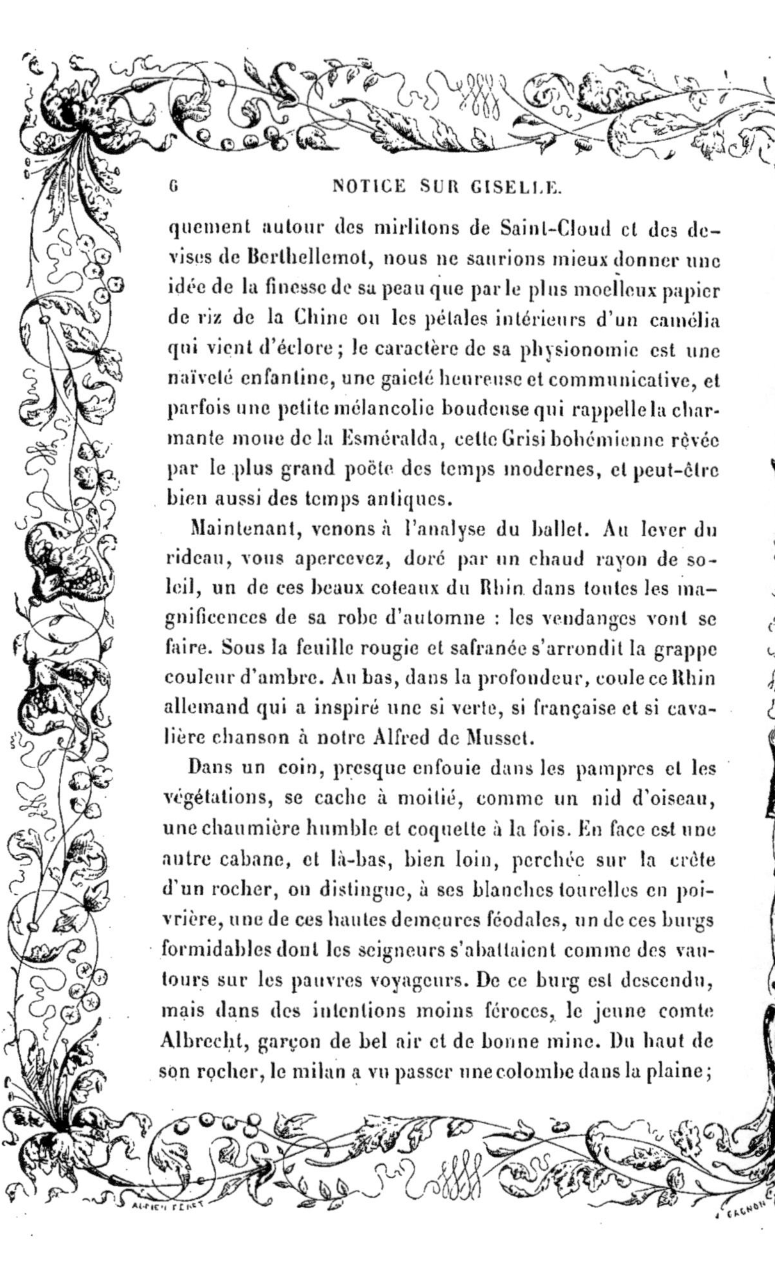

quement autour des mirlitons de Saint-Cloud et des de-
vises de Berthellemot, nous ne saurions mieux donner une
idée de la finesse de sa peau que par le plus moelleux papier
de riz de la Chine ou les pétales intérieurs d'un camélia
qui vient d'éclore ; le caractère de sa physionomie est une
naïveté enfantine, une gaieté heureuse et communicative, et
parfois une petite mélancolie boudeuse qui rappelle la charmante moue de la Esméralda, cette Grisi bohémienne rêvée
par le plus grand poëte des temps modernes, et peut-être
bien aussi des temps antiques.

Maintenant, venons à l'analyse du ballet. Au lever du
rideau, vous apercevez, doré par un chaud rayon de soleil, un de ces beaux coteaux du Rhin dans toutes les magnificences de sa robe d'automne : les vendanges vont se
faire. Sous la feuille rougie et safranée s'arrondit la grappe
couleur d'ambre. Au bas, dans la profondeur, coule ce Rhin
allemand qui a inspiré une si verte, si française et si cavalière chanson à notre Alfred de Musset.

Dans un coin, presque enfouie dans les pampres et les
végétations, se cache à moitié, comme un nid d'oiseau,
une chaumière humble et coquette à la fois. En face est une
autre cabane, et là-bas, bien loin, perchée sur la crête
d'un rocher, on distingue, à ses blanches tourelles en poi-
vrière, une de ces hautes demeures féodales, un de ces burgs
formidables dont les seigneurs s'abattaient comme des vau-
tours sur les pauvres voyageurs. De ce burg est descendu,
mais dans des intentions moins féroces, le jeune comte
Albrecht, garçon de bel air et de bonne mine. Du haut de
son rocher, le milan a vu passer une colombe dans la plaine ;

celte colombe, c'est Giselle, la fille de Berthe, une honnête et douce et charmante créature. Vous pensez bien
que des éperons de chevalier, un pourpoint de menu vair
et des armoiries de comte effraieraient la modeste Giselle :
toute simple qu'elle est, elle sait parfaitement que les rois
n'épousent plus les bergères, même dans le monde du
ballet, le pays le moins vétilleux cependant en matière
d'hymen. Albrecht l'a senti; aussi a-t-il emprunté le costume d'un jeune vendangeur, et n'a-t-il gardé de sa con-
dition que son élégance. Il a renvoyé au château son écuyer
Wilfrid, et, devenu habitant de la cabane qui fait face à
la chaumière de Giselle, il se livre au plus grand bonheur
que puisse éprouver un homme, surtout s'il est riche et
puissant, au bonheur d'être aimé pour lui-même, pour sa
grâce et sa jeunesse, sans aucune arrière-pensée d'orgueil
ou d'ambition.

Quand le ballet commence, le jour paraît. La porte de
la chaumière s'entr'ouvre, et Giselle s'élance preste et
joyeuse comme tous les cœurs purs. Que peut faire une
jeune fille éveillée si matin, dans les rougeurs et les parfums de l'aurore? Prendre une corbeille et une serpette, et
s'en aller à la vendange. — Si vous croyez cela, vous ne
connaissez guère le cœur des jeunes filles ; son amant est là
alerte et dispos : au risque de faire tomber la rosée des
fleurs, elle va danser un peu; cela est bien juste, elle n'a
pas dansé depuis hier. Toute une grande nuit passée entre
deux draps, sans musique et les pieds tranquilles! Mon
Dieu, que de temps perdu ! car il faut vous l'avouer, Giselle

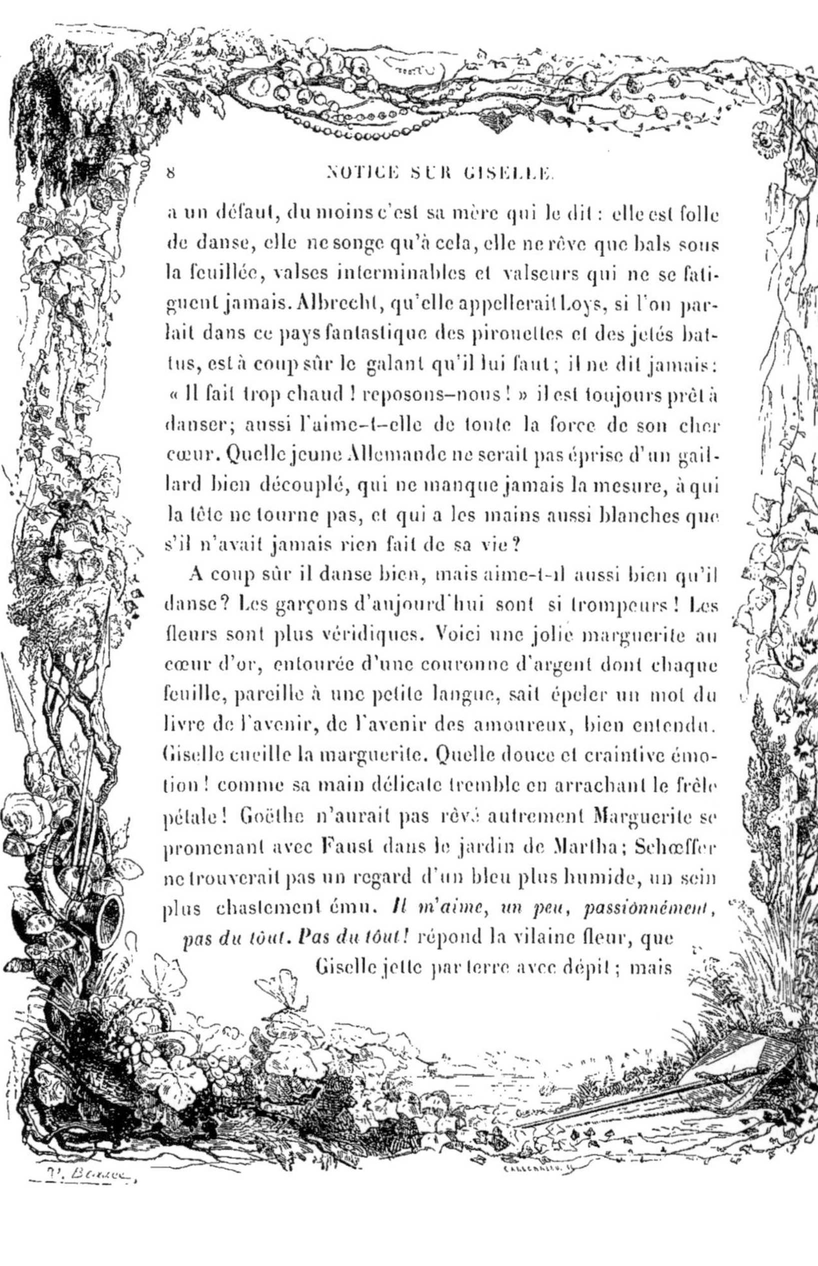

a un défaut, du moins c'est sa mère qui le dit : elle est folle de danse, elle ne songe qu'à cela, elle ne rêve que bals sous la feuillée, valses interminables et valseurs qui ne se fatiguent jamais. Albrecht, qu'elle appellerait Loys, si l'on parlait dans ce pays fantastique des pirouettes et des jetés battus, est à coup sûr le galant qu'il lui faut ; il ne dit jamais : « Il fait trop chaud ! reposons-nous ! » il est toujours prêt à danser ; aussi l'aime-t-elle de toute la force de son cher cœur. Quelle jeune Allemande ne serait pas éprise d'un gaillard bien découplé, qui ne manque jamais la mesure, à qui la tête ne tourne pas, et qui a les mains aussi blanches que s'il n'avait jamais rien fait de sa vie ?

A coup sûr il danse bien, mais aime-t-il aussi bien qu'il danse ? Les garçons d'aujourd'hui sont si trompeurs ! Les fleurs sont plus véridiques. Voici une jolie marguerite au cœur d'or, entourée d'une couronne d'argent dont chaque feuille, pareille à une petite langue, sait épeler un mot du livre de l'avenir, de l'avenir des amoureux, bien entendu. Giselle cueille la marguerite. Quelle douce et craintive émotion ! comme sa main délicate tremble en arrachant le frêle pétale ! Goëthe n'aurait pas rêvé autrement Marguerite se promenant avec Faust dans le jardin de Martha ; Schœffer ne trouverait pas un regard d'un bleu plus humide, un sein plus chastement ému. *Il m'aime, un peu, passionnément, pas du tout. Pas du tout !* répond la vilaine fleur, que Giselle jette par terre avec dépit ; mais

Albrecht, ou Loys, si vous l'aimez mieux, ramasse la
marguerite et corrige l'oracle. Les beaux garçons font
toujours dire aux fleurs ce qu'ils veulent. Giselle se ras-
sure, le nuage de tristesse qui voilait son front se dissipe;
le rire, cette fleur rose de l'âme, s'épanouit de nouveau
sur la bouche fraîche de la belle enfant, qui part pour
la vendange avec ses compagnes, à la grande satisfaction
de la mère Berthe.

Jusqu'ici tout va bien; mais la chose qui se pardonne
le moins sur la terre, c'est le bonheur. On pardonne
aux gens d'être riches, d'être puissants, d'être illustres,
mais on ne leur pardonne pas d'être heureux. Un œil
jaloux épie Giselle. Hilarion, un de ces gardes-chasses
mystérieux et farouches, comme on en voit dans les bal-
lades germaniques, a pour Giselle un de ces amours
qui ressemblent fort à de la haine, et qu'éprouvent les
mauvaises natures, incapables d'être aimées; cette haine,
c'est de l'amour aigri. Hilarion a découvert que Loys
n'était pas un paysan, mais bien un jeune burgrave
de haute et noble lignée, fiancé à la princesse Bathilde. Il a trouvé, en s'introduisant par la fenêtre,
dans la cabane du faux Loys, les éperons, l'épée et le
manteau armorié; d'un mot il peut tuer Giselle, il la
tuera.

Mais voici que la cueillette du raisin est achevée.
Les corbeilles et les hottes sont pleines. Giselle est

proclamée la reine de la vendange, couronnée de pampres et portée en triomphe. Une fête rustique! voilà une belle occasion de danser. Tout le monde en profite, et surtout Giselle, dont les petits pieds ne peuvent demeurer en repos. « Mais, maudite

enfant, tu te feras mourir, et quand tu seras morte, tu deviendras une wili; tu iras au bal de minuit avec une robe de clair de lune et des bracelets de perles de rosée à tes bras blancs et froids; tu entraîneras les voyageurs dans la ronde fatale, et tu les précipiteras dans l'eau glaciale du lac tout haletants et tout ruisselants de sueur. Tu seras un vampire de la danse! »

A ces sages remontrances maternelles, Giselle répond ce que toute fille répond à sa mère qui lui rappelle que l'heure est bien avancée : « Je ne suis pas lasse; encore une petite contredanse, rien qu'une. » Au fond, l'incorrigible enfant n'est pas très-

alarmée de cette menace. Hé quoi! danser après sa mort, cela
est bien effrayant! Est-ce donc un si grand plaisir de rester là
entre six planches et deux planchettes, immobile, toute droite?
D'ailleurs, quand on est jolie, jeune, amoureuse, est-ce qu'on
croit à la mort!

Hallali! hourra! le cor sonne des fanfares éclatantes, répétées par l'écho de la vallée; les chiens aboient, retenus à grand'-
peine par les piqueurs; les chevaux piaffent et se cabrent;
c'est la princesse Bathilde qui chasse avec le duc son père,

accompagnée d'une suite brillante et nombreuse. Loys n'a que
le temps de s'esquiver.

La princesse est lasse, elle a soif; elle voudrait se reposer
et tremper ses lèvres roses dans un lait pur, et mordre de ses

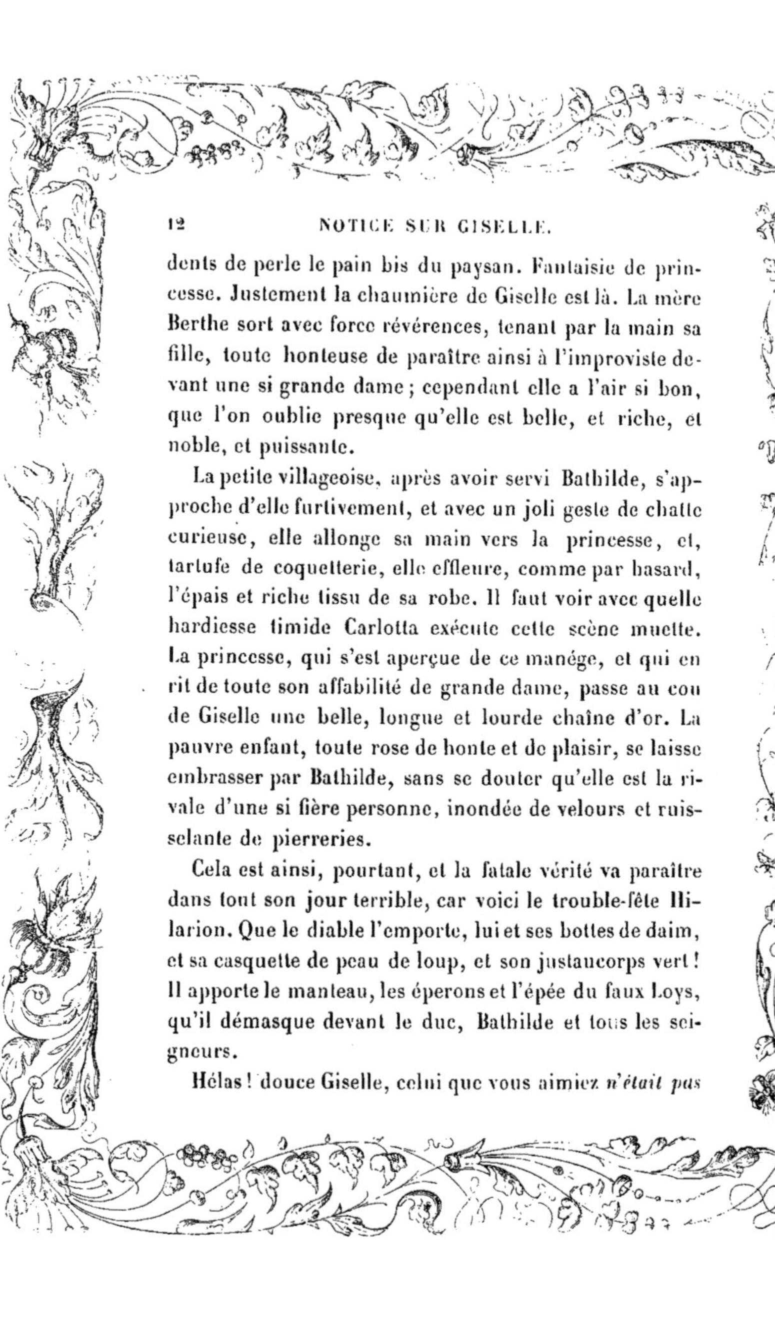

dents de perle le pain bis du paysan. Fantaisie de princesse. Justement la chaumière de Giselle est là. La mère
Berthe sort avec force révérences, tenant par la main sa
fille, toute honteuse de paraître ainsi à l'improviste devant une si grande dame ; cependant elle a l'air si bon,
que l'on oublie presque qu'elle est belle, et riche, et
noble, et puissante.

La petite villageoise, après avoir servi Bathilde, s'approche d'elle furtivement, et avec un joli geste de chatte
curieuse, elle allonge sa main vers la princesse, et,
tartufe de coquetterie, elle effleure, comme par hasard,
l'épais et riche tissu de sa robe. Il faut voir avec quelle
hardiesse timide Carlotta exécute cette scène muette.
La princesse, qui s'est aperçue de ce manége, et qui en
rit de toute son affabilité de grande dame, passe au cou
de Giselle une belle, longue et lourde chaîne d'or. La
pauvre enfant, toute rose de honte et de plaisir, se laisse
embrasser par Bathilde, sans se douter qu'elle est la rivale d'une si fière personne, inondée de velours et ruis-
selante de pierreries.

Cela est ainsi, pourtant, et la fatale vérité va paraître
dans tout son jour terrible, car voici le trouble-fête Hilarion. Que le diable l'emporte, lui et ses bottes de daim,
et sa casquette de peau de loup, et son justaucorps vert !
Il apporte le manteau, les éperons et l'épée du faux Loys,
qu'il démasque devant le duc, Bathilde et tous les seigneurs.

Hélas ! douce Giselle, celui que vous aimiez *n'était pas*

ce qu'il paraissait être, comme on dit en style de ballet.
Un froid mortel saisit votre cœur dans votre blanche
poitrine; les grands seigneurs n'épousent guère, vous le
savez; et d'ailleurs Bathilde est là immobile de surprise,
et vous ne pouvez vous empêcher de la trouver belle.

Chez les femmes, la raison est dans le cœur; cœur
blessé, tête malade. Giselle devient folle; non pas qu'elle
laisse pendre ses cheveux et se frappe le front, à la manière des héroïnes de mélodrame; mais c'est une folie
douce, tendre et charmante comme elle. L'air du pas
qu'elle a dansé avec son cher Loys, lorsqu'il n'était pas
le comte Albrecht, lui revient en mémoire; elle en exécute les poses et les temps avec une rapidité qui s'augmente toujours; puis, dans un éclair de raison qui lui
revient, elle veut se tuer et se laisse tomber sur la
pointe de l'épée apportée par Hilarion. Le fer est écarté
par Loys. Soin inutile, la blessure est faite, elle ne gué-
rira pas. En effet, après quelques pas désordonnés,
espèce d'agonie chorégraphique merveilleusement ren-
due par Carlotta, elle tombe morte, la main sur son
cœur, entre les bras de Bathilde et de Berthe, au profond désespoir d'Albrecht et même d'Hilarion, qui sent
toute l'horreur du crime qu'il vient de commettre, car
il est l'assassin de Giselle.

Ainsi se termine le premier acte.

Cette mort, mêlée de danse, doit vous inquiéter pour
le repos de Giselle. Vous n'avez pas oublié les prédic-
tions sinistres de la mère Berthe, et la tradition des wi-

lis. J'ai bien peur que la pauvre fille ne dorme pas tranquille dans son lit de gazon.

Mourir à quinze ans, après avoir à peine été cent fois au bal et valsé tout au plus deux mille valses! Comment voulez-vous que ces charmants petits pieds, plus inquiets, plus frémissants que des ailes d'oiseau, puissent se tenir tranquilles et ne pas essayer de se démailloter des plis droits du linceul, pour aller au clair de lune, dans la clairière où le lapin se frotte la moustache de la patte, où le daim lève, en humant l'air, son museau noir et lustré, tourner en rond dans le cercle magique tracé par les esprits de la nuit!

Ce n'est pas la vie qu'on regrette à quinze ans ; c'est le bal, c'est l'amour ; et le moyen de ne pas sortir de sa tombe, si votre amoureux passe auprès, et de ne pas l'inviter pour la prochaine contredanse! Cher Albrecht, avec ta facilité à te laisser aller à toutes les bonnes occasions chorégraphiques, ton sort futur nous alarme, et nous craignons pour toi une fluxion de poitrine ou un bain glacé dans l'eau du lac.

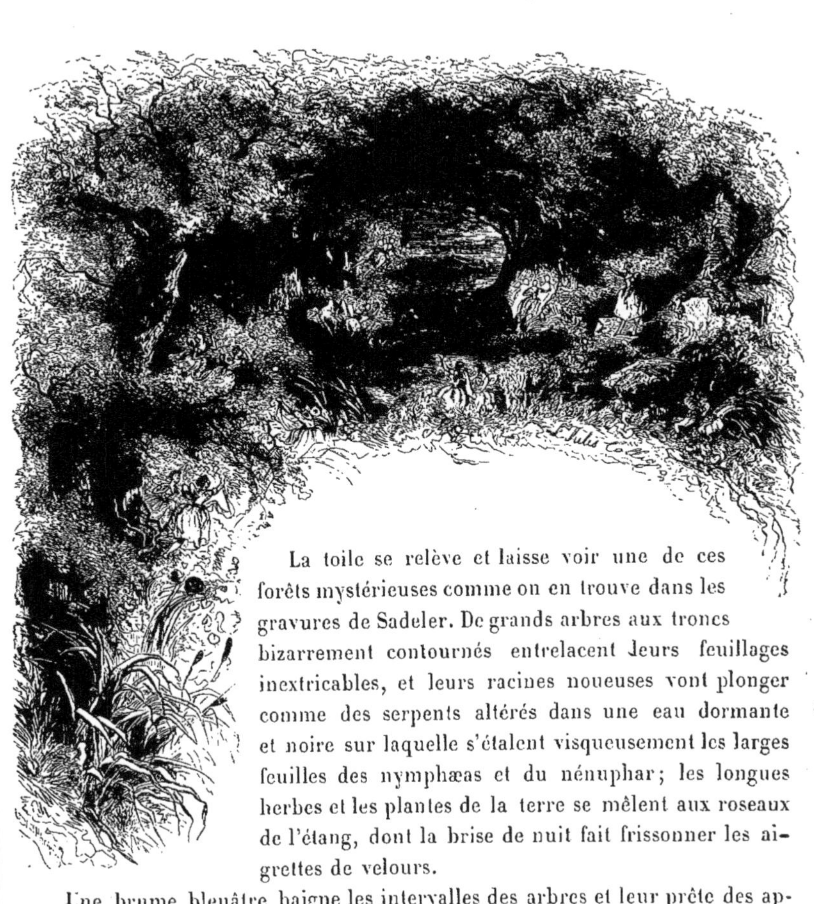

La toile se relève et laisse voir une de ces forêts mystérieuses comme on en trouve dans les gravures de Sadeler. De grands arbres aux troncs bizarrement contournés entrelacent leurs feuillages inextricables, et leurs racines noueuses vont plonger comme des serpents altérés dans une eau dormante et noire sur laquelle s'étalent visqueusement les larges feuilles des nymphæas et du nénuphar; les longues herbes et les plantes de la terre se mêlent aux roseaux de l'étang, dont la brise de nuit fait frissonner les aigrettes de velours.

Une brume bleuâtre baigne les intervalles des arbres et leur prête des apparences fantastiques, des attitudes et des airs de spectres. Le fût argenté de ce tremble ne ressemble-t-il pas d'une façon alarmante au pâle suaire d'une ombre? Et la lune qui se lève, et montre, à travers les déchiquetures des feuilles, son doux et triste visage d'opale, ne rappelle-t-elle pas par sa blancheur transparente quelque jeune Allemande morte de consomption en lisant les œuvres de Novalis? — Toute cette forêt semble pleine de larmes et de soupirs; — est-ce bien la rosée ou la pluie qui a suspendu cette perle au bout de ce brin d'herbe? Est-ce bien le vent qui sanglotte ainsi à travers les roseaux? Qui peut le savoir? Pourquoi le velours du gazon est-il couché à de certains endroits? nul pas humain n'est parvenu jusqu'ici, et ce n'est pas de ce côté que descendent les hordes de daims et de cerfs pour se désaltérer à l'eau de l'étang. Ce parfum faible et doux n'est pas celui des fleurs sauvages : ni la clochette au cœur rose, ni le myosotis n'ont cette odeur! Ce mystère, vous allez le pénétrer.

Dans ce coin tout encombré d'herbes et de fleurs sauvages se dresse une croix de pierre toute neuve et toute blanche encore; un rayon égaré y trahit le nom de Giselle. C'est là que, sous la terre froide, est étendue la victime d'Hilarion, morte à quinze ans, à l'âge de Juliette et de toutes les belles amoureuses. — Mais à quoi pensent ces francs chasseurs? se mettre à l'affût en un tel endroit! au lieu de lièvres et de cerfs, ils ne verront passer que des fantômes sur qui le plomb ni la poudre ne peuvent rien. L'endroit est sinistre et mal hanté; mes hardis compagnons, croyez-moi, portez ailleurs votre pâté de venaison et vos gourdes pleines d'eau-de-vie. Voilà minuit qui sonne, une heure inquiétante où les vivants rentrent, où les morts sortent. Les feux follets, papillons de flammes, commencent à voltiger autour de vous. Les esprits

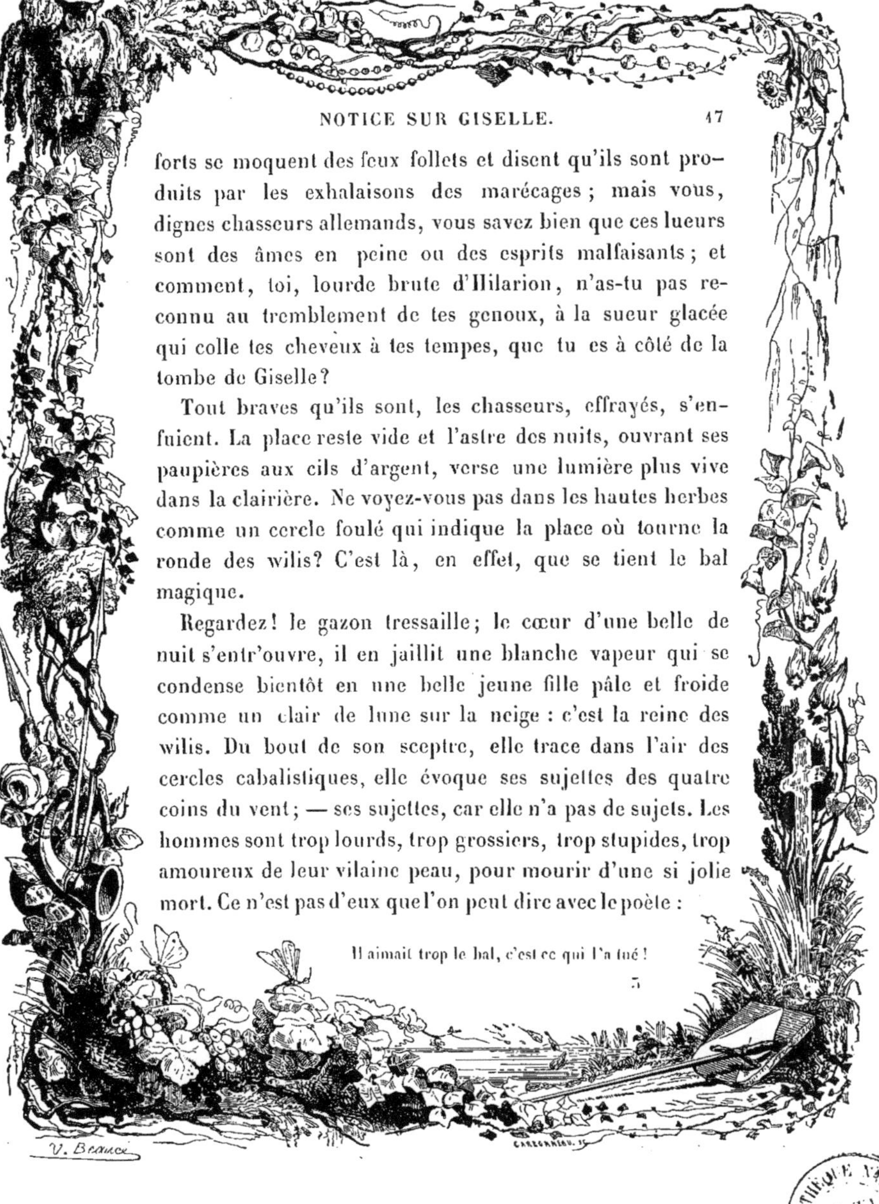

forts se moquent des feux follets et disent qu'ils sont produits par les exhalaisons des marécages ; mais vous,
dignes chasseurs allemands, vous savez bien que ces lueurs
sont des âmes en peine ou des esprits malfaisants ; et
comment, toi, lourde brute d'Hilarion, n'as-tu pas reconnu au tremblement de tes genoux, à la sueur glacée
qui colle tes cheveux à tes tempes, que tu es à côté de la
tombe de Giselle?

Tout braves qu'ils sont, les chasseurs, effrayés, s'enfuient. La place reste vide et l'astre des nuits, ouvrant ses
paupières aux cils d'argent, verse une lumière plus vive
dans la clairière. Ne voyez-vous pas dans les hautes herbes
comme un cercle foulé qui indique la place où tourne la
ronde des wilis? C'est là, en effet, que se tient le bal
magique.

Regardez! le gazon tressaille; le cœur d'une belle de
nuit s'entr'ouvre, il en jaillit une blanche vapeur qui se
condense bientôt en une belle jeune fille pâle et froide
comme un clair de lune sur la neige : c'est la reine des
wilis. Du bout de son sceptre, elle trace dans l'air des
cercles cabalistiques, elle évoque ses sujettes des quatre
coins du vent; — ses sujettes, car elle n'a pas de sujets. Les
hommes sont trop lourds, trop grossiers, trop stupides, trop
amoureux de leur vilaine peau, pour mourir d'une si jolie
mort. Ce n'est pas d'eux que l'on peut dire avec le poète :

Il aimait trop le bal, c'est ce qui l'a tué !

3

Voici venir les danseuses de tous les pays, et l'Andalouse fougueuse, et l'Allemande mélancolique, et la bayadère aux narines pleines d'anneaux d'or, qui exécute le malapou et les évolutions sacrées, tout ce qui a vécu, tout ce qui est mort pour et par la danse. Elles jaillissent de la terre, elles descendent des arbres, il en arrive de tous côtés.

Quand l'assemblée est complète, la reine propose l'admission de Giselle, une nouvelle morte qui ne peut que faire honneur au corps de ballet fantastique.

Elle étend vers le tombeau sa baguette magique, entourée de verveine, et tout d'un coup, du milieu des herbes et des fleurs s'élance une forme mince, droite et blanche, ayant encore la roide attitude du cercueil : c'est Giselle, éveillée de ce lourd sommeil sans rêve que dorment les trépassés dans leurs draps humides.

La ressuscitée fait quelques pas en chancelant, tout engourdie encore ; mais bientôt l'air frais de la nuit, les rayons argentés de la lune, lui rendent sa vivacité. Avec quel ravissement elle reprend possession de l'espace ! comme sa poitrine respire librement, débarrassée de la dalle de pierre qui l'oppressait ! comme elle est heureuse de se sentir libre encore et légère, et de voltiger à son gré deçà et delà, comme un papillon capricieux ! La voici qui va d'un air soumis s'agenouiller devant la reine des wilis. On lui pose une étoile au front ; deux petites ailes transparentes et vaporeuses se déploient et palpitent sur ses épaules.

Deux ailes avec deux pieds semblables, c'est vraiment trop !

La cérémonie terminée, on veut apprendre la valse fantastique à la jeune récipiendaire. Ne vous donnez pas tant de mal, elle la sait déjà, et beaucoup mieux que vous, celle-là, et que bien d'autres ! Maintenant, voyageurs attardés, prenez garde à vous ! ne passez pas, minuit sonné, sur la fatale clairière, ou vous risquez fort d'aller achever votre route au fond du lac, côte à côte avec les grenouilles, dans les joncs et dans la vase.

Précisément une victime nous arrive ; ce misérable Hilarion, troublé par ses remords, trompé par un faux sentier de la forêt, revient à son point de départ, à la tombe de Giselle. Les wilis s'emparent de lui ; on le presse, on l'entoure, on se le passe de main en main, de bras en bras ; ses jambes fléchissent, la respiration lui manque, il demande grâce d'une voix entrecoupée. Point de grâce ! Si les valseuses de ce monde sont déjà sans pitié, que doivent être celles de l'autre monde ! Il est pris, quitté, repris ; chacune veut avoir sa part, et elles sont dix, elles sont vingt, elles sont trente. A l'eau, Hilarion ! Tu es fatigué, tes pieds traînent ; un danseur qui se lasse n'est bon qu'à être précipité dans le lac. En effet, toutes ces petites mains d'ombres poussent ce gros corps massif du haut de la rive. L'eau clapote, bouillonne ; deux ou trois

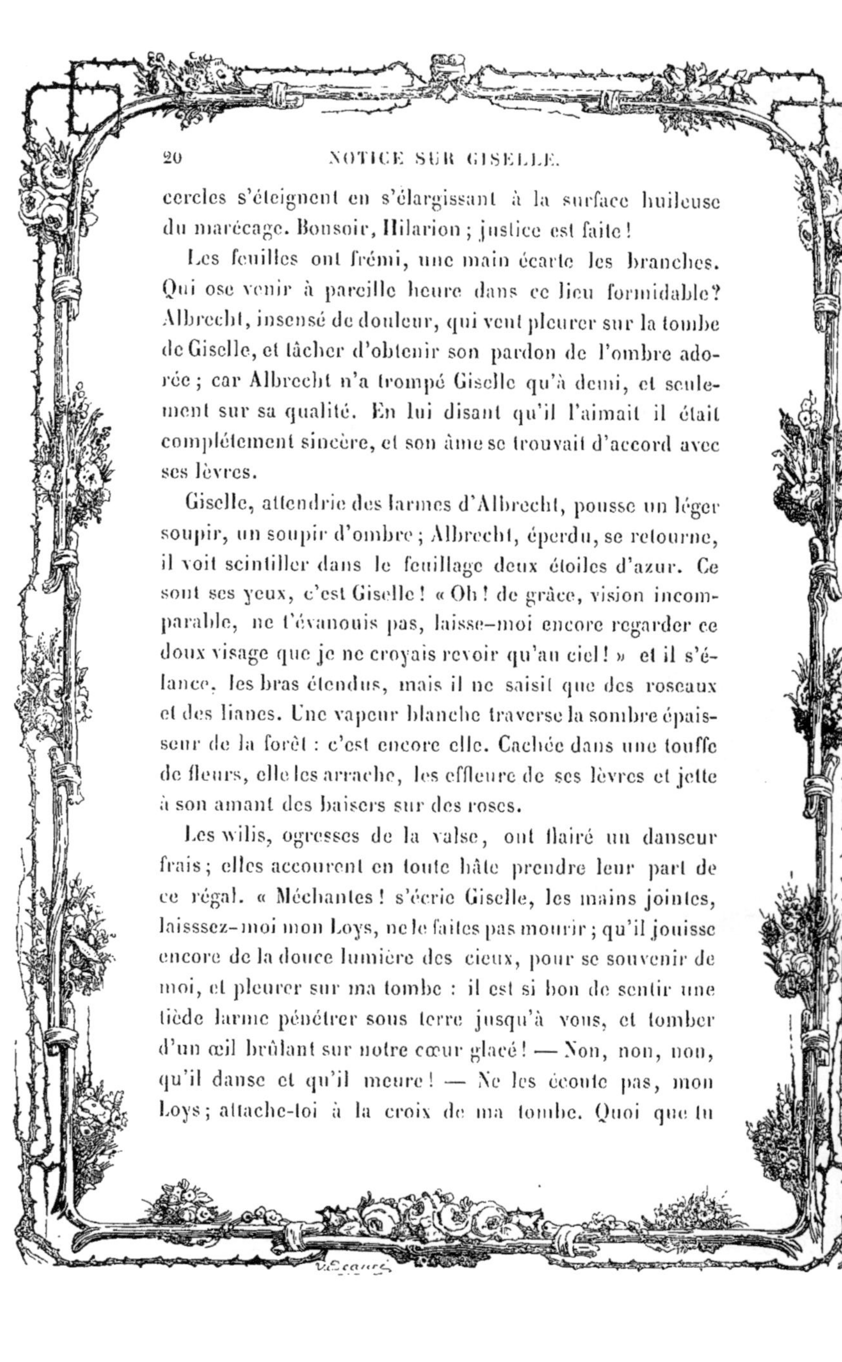

cercles s'éteignent en s'élargissant à la surface huileuse
du marécage. Bonsoir, Hilarion ; justice est faite !

Les feuilles ont frémi, une main écarte les branches.
Qui ose venir à pareille heure dans ce lieu formidable ?
Albrecht, insensé de douleur, qui veut pleurer sur la tombe
de Giselle, et tâcher d'obtenir son pardon de l'ombre ado-
rée ; car Albrecht n'a trompé Giselle qu'à demi, et seulement sur sa qualité. En lui disant qu'il l'aimait il était
complétement sincère, et son âme se trouvait d'accord avec
ses lèvres.

Giselle, attendrie des larmes d'Albrecht, pousse un léger
soupir, un soupir d'ombre ; Albrecht, éperdu, se retourne,
il voit scintiller dans le feuillage deux étoiles d'azur. Ce
sont ses yeux, c'est Giselle ! « Oh ! de grâce, vision incom-
parable, ne t'évanouis pas, laisse-moi encore regarder ce
doux visage que je ne croyais revoir qu'au ciel ! » et il s'é-
lance, les bras étendus, mais il ne saisit que des roseaux
et des lianes. Une vapeur blanche traverse la sombre épaisseur de la forêt : c'est encore elle. Cachée dans une touffe
de fleurs, elle les arrache, les effleure de ses lèvres et jette
à son amant des baisers sur des roses.

Les wilis, ogresses de la valse, ont flairé un danseur
frais ; elles accourent en toute hâte prendre leur part de
ce régal. « Méchantes ! s'écrie Giselle, les mains jointes,
laisssez-moi mon Loys, ne le faites pas mourir ; qu'il jouisse
encore de la douce lumière des cieux, pour se souvenir de
moi, et pleurer sur ma tombe : il est si bon de sentir une
tiède larme pénétrer sous terre jusqu'à vous, et tomber
d'un œil brûlant sur notre cœur glacé ! — Non, non, non,
qu'il danse et qu'il meure ! — Ne les écoute pas, mon
Loys ; attache-toi à la croix de ma tombe. Quoi que tu

puisses entendre, quoi que tu puisses voir, ne la quitte pas. Cette croix,
c'est le refuge, c'est le salut; la baguette de Myrtha se briserait à la toucher. — Ma baguette perd son pouvoir devant cette croix, c'est vrai, dit la
reine avec un geste d'autorité; mais toi, Giselle, tu es soumise à ma
volonté, et je t'ordonne de danser la danse la plus pudique et la plus
voluptueuse, de le regarder de ton œil le plus tendre, de lui faire
ton plus aimable sourire de trépassée. Albrecht quittera la croix de lui-
même. »

Giselle, cédant bien à regret à l'ascendant magique, commence à exé-

cuter quelques pas avec langueur et lentement. Son œil furtif interroge
l'horizon. La nuit s'avance, le coq va bientôt chanter et le jour paraître.
Si Albrecht ne quitte pas jusque-là son saint asile, elle sera sauvée, et,

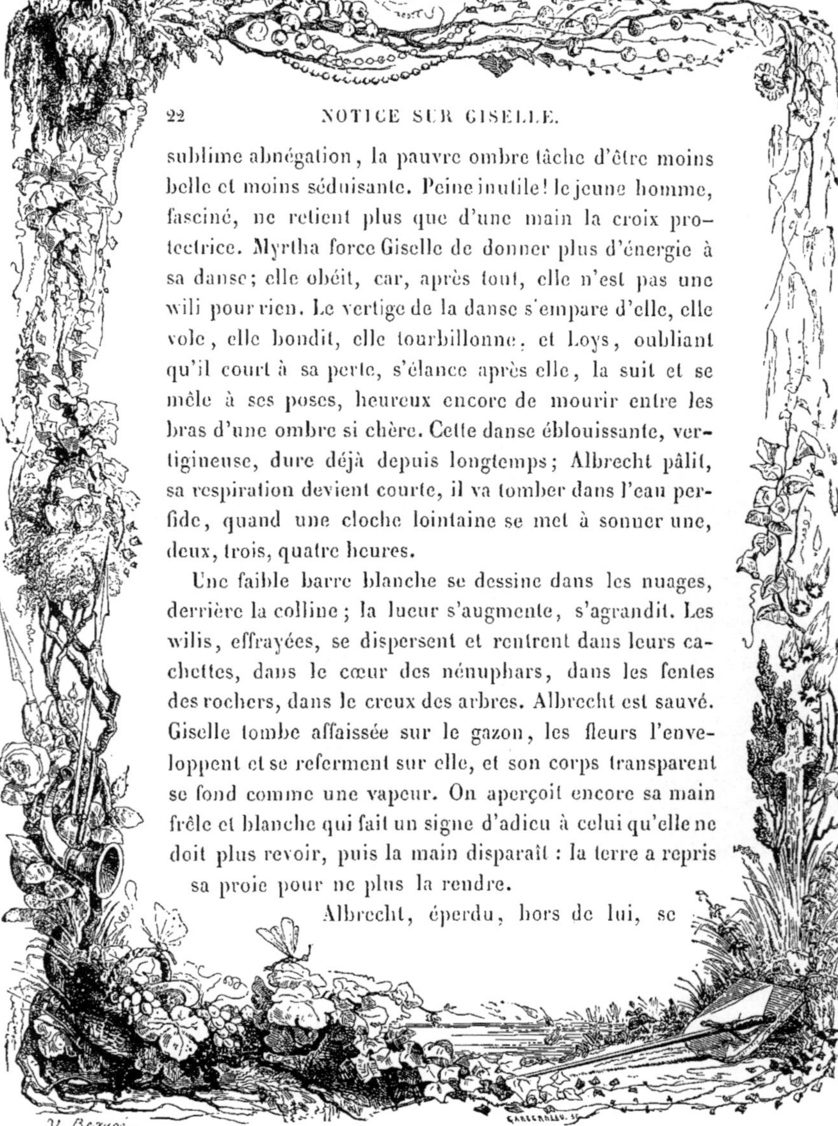

sublime abnégation, la pauvre ombre tâche d'être moins
belle et moins séduisante. Peine inutile! le jeune homme,
fasciné, ne retient plus que d'une main la croix pro-
tectrice. Myrtha force Giselle de donner plus d'énergie à
sa danse; elle obéit, car, après tout, elle n'est pas une
wili pour rien. Le vertige de la danse s'empare d'elle, elle
vole, elle bondit, elle tourbillonne, et Loys, oubliant
qu'il court à sa perte, s'élance après elle, la suit et se
mêle à ses poses, heureux encore de mourir entre les
bras d'une ombre si chère. Cette danse éblouissante, ver-
tigineuse, dure déjà depuis longtemps; Albrecht pâlit,
sa respiration devient courte, il va tomber dans l'eau perfide, quand une cloche lointaine se met à sonner une,
deux, trois, quatre heures.

Une faible barre blanche se dessine dans les nuages,
derrière la colline; la lueur s'augmente, s'agrandit. Les
wilis, effrayées, se dispersent et rentrent dans leurs ca-
chettes, dans le cœur des nénuphars, dans les fentes
des rochers, dans le creux des arbres. Albrecht est sauvé.
Giselle tombe affaissée sur le gazon, les fleurs l'enve-
loppent et se referment sur elle, et son corps transparent
se fond comme une vapeur. On aperçoit encore sa main
frêle et blanche qui fait un signe d'adieu à celui qu'elle ne
doit plus revoir, puis la main disparaît : la terre a repris
sa proie pour ne plus la rendre.

Albrecht, éperdu, hors de lui, se

précipite à travers le feuillage, mais il ne voit plus rien. Une rose qu'il
cueille sur la tombe, une rose où l'âme de Giselle a laissé son chaste parfum,
voilà désormais tout ce qui reste au comte Albrecht de la pauvre villageoise.

Navré de douleur, brisé d'émotion, il tombe sans connais-
sance dans les bras de Bathilde et de Wilfrid, que l'inquié-
tude avaient conduits à sa recherche.

Carlotta Grisi et Petipa, qui la seconde si
merveilleusement, ont fait de ce dernier acte
un véritable poëme, une élégie chorégraphique pleine de charme et d'attendrissement. Plus d'un œil qui ne croyait voir
que des ronds de jambe et des
pointes, s'est trouvé tout surpris d'être obscurci par une larme,
ce qui n'arrive pas souvent dans
les ballets. Ce rôle est désormais
impossible à toute autre danseuse, et le nom de Carlotta
est devenu insépara-
ble de celui de *Giselle.*

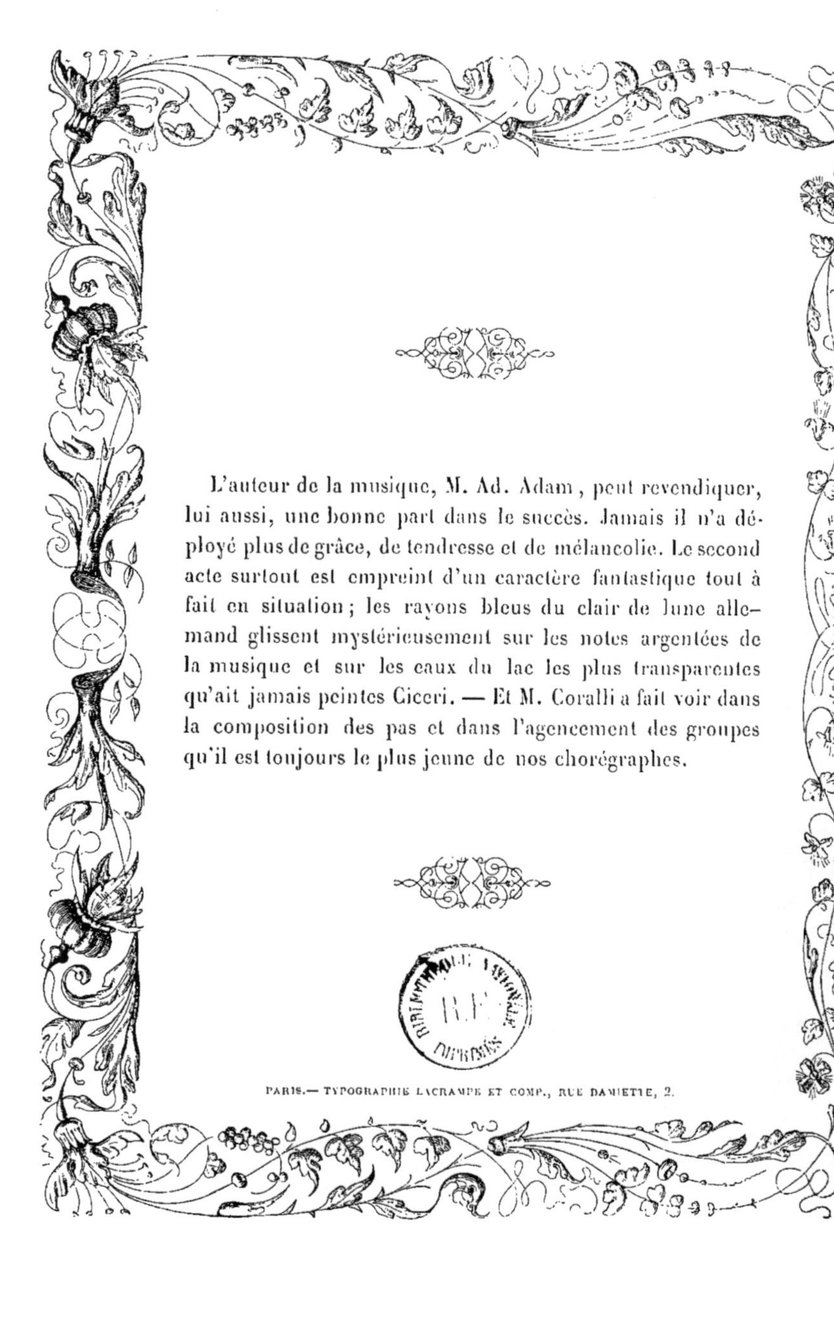

L'auteur de la musique, M. Ad. Adam, peut revendiquer, lui aussi, une bonne part dans le succès. Jamais il n'a déployé plus de grâce, de tendresse et de mélancolie. Le second acte surtout est empreint d'un caractère fantastique tout à fait en situation ; les rayons bleus du clair de lune allemand glissent mystérieusement sur les notes argentées de la musique et sur les eaux du lac les plus transparentes qu'ait jamais peintes Ciceri. — Et M. Coralli a fait voir dans la composition des pas et dans l'agencement des groupes qu'il est toujours le plus jeune de nos chorégraphes.

PARIS.— TYPOGRAPHIE LACRAMPE ET COMP., RUE DAMIETTE, 2.

LE

BARBIER DE SÉVILLE

OPÉRA COMIQUE EN DEUX ACTES,

IMITÉ DE LA COMÉDIE DE BEAUMARCHAIS,

MUSIQUE DE ROSSINI.

LE BARBIER DE SÉVILLE

S'IL est au monde un sujet connu, c'est à coup sûr celui du
Barbier de Séville. La pièce de Beaumarchais a eu un tel
retentissement, qu'il est presque impossible d'en parler, même en
se résignant d'avance aux redites les plus usées. Figaro, Bartolo,
Basile, Rosine, Almaviva, sont des noms populaires, des types,
malgré leur originalité piquante, aussi généraux, aussi humains, aussi
éternels que les masques de la comédie antique. Figaro, avec son esprit chatoyant et pailleté comme une veste de drap andalou, résume on
ne peut plus heureusement les Dave, les Scapin, les Mascarille, et toute
cette engeance de valets fripons qui mettent leur finesse au service des passions
de leurs maîtres.

1.

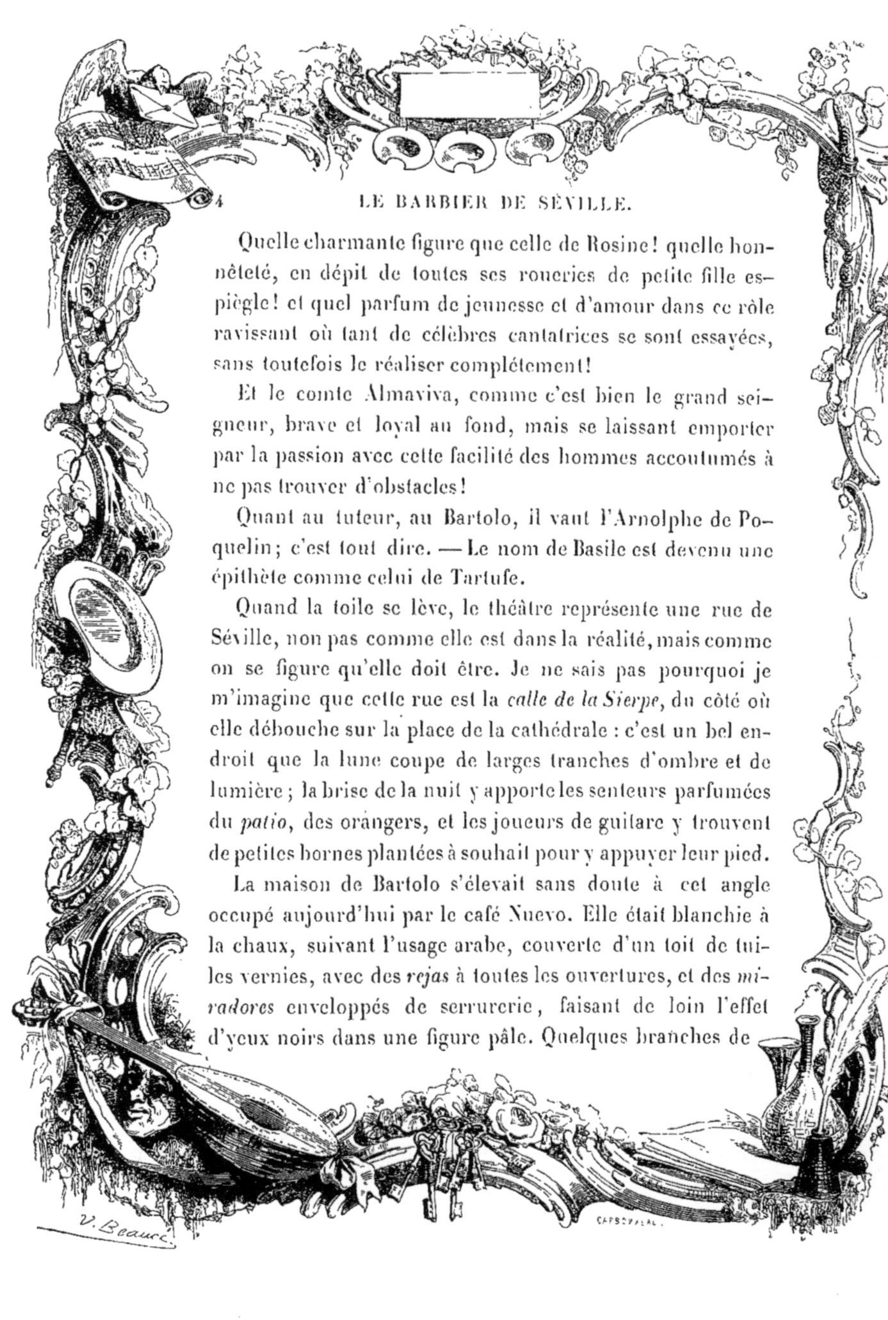

Quelle charmante figure que celle de Rosine! quelle hon-
nêteté, en dépit de toutes ses roueries de petite fille es-
piègle! et quel parfum de jeunesse et d'amour dans ce rôle
ravissant où tant de célèbres cantatrices se sont essayées,
sans toutefois le réaliser complétement!

Et le comte Almaviva, comme c'est bien le grand seigneur, brave et loyal au fond, mais se laissant emporter
par la passion avec cette facilité des hommes accoutumés à
ne pas trouver d'obstacles!

Quant au tuteur, au Bartolo, il vaut l'Arnolphe de Po-
quelin; c'est tout dire. — Le nom de Basile est devenu une
épithète comme celui de Tartufe.

Quand la toile se lève, le théâtre représente une rue de
Séville, non pas comme elle est dans la réalité, mais comme
on se figure qu'elle doit être. Je ne sais pas pourquoi je
m'imagine que cette rue est la *calle de la Sierpe*, du côté où
elle débouche sur la place de la cathédrale : c'est un bel endroit que la lune coupe de larges tranches d'ombre et de
lumière; la brise de la nuit y apporte les senteurs parfumées
du *patio*, des orangers, et les joueurs de guitare y trouvent
de petites bornes plantées à souhait pour y appuyer leur pied.

La maison de Bartolo s'élevait sans doute à cet angle
occupé aujourd'hui par le café Nuevo. Elle était blanchie à
la chaux, suivant l'usage arabe, couverte d'un toit de tui-
les vernies, avec des *rejas* à toutes les ouvertures, et des *mi-
radores* enveloppés de serrurerie, faisant de loin l'effet
d'yeux noirs dans une figure pâle. Quelques branches de

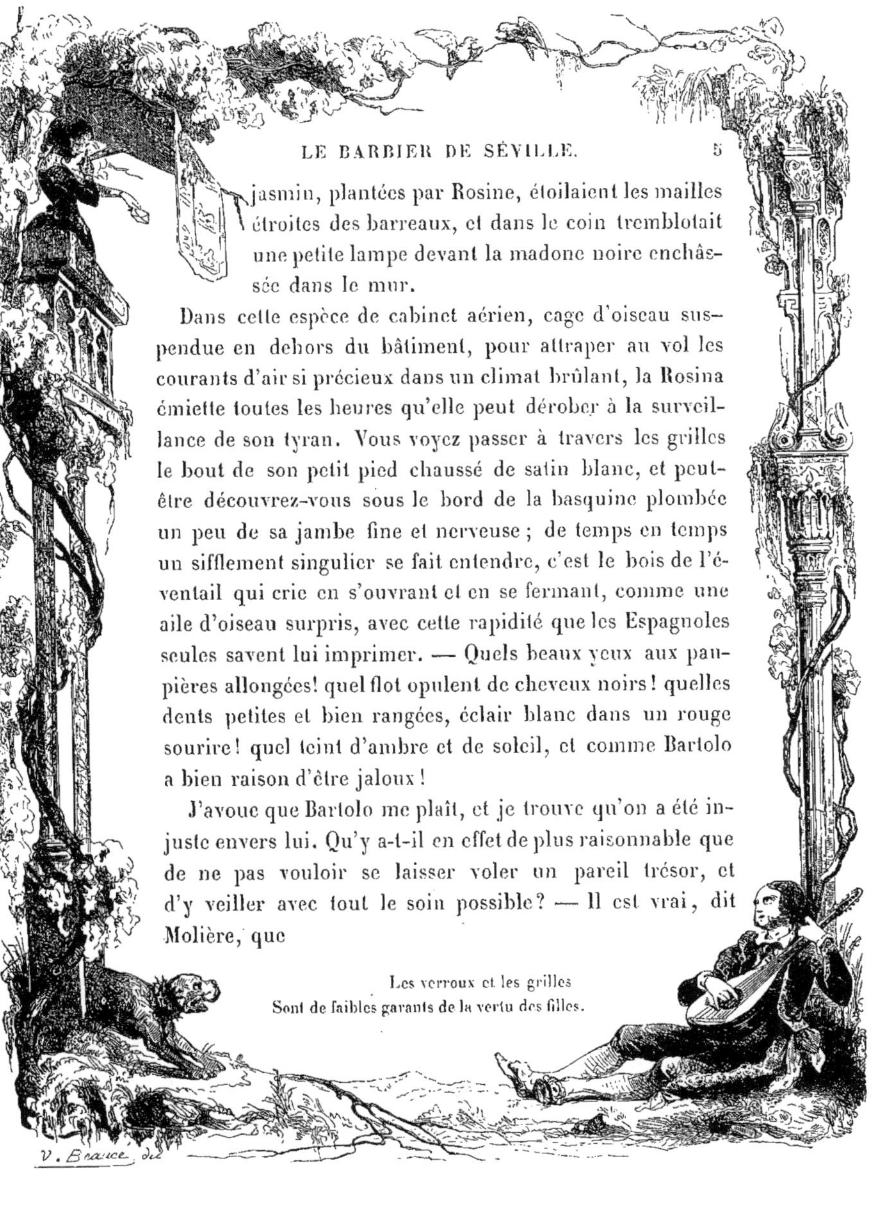

jasmin, plantées par Rosine, étoilaient les mailles
étroites des barreaux, et dans le coin tremblotait
une petite lampe devant la madone noire enchâs-
sée dans le mur.

Dans cette espèce de cabinet aérien, cage d'oiseau suspendue en dehors du bâtiment, pour attraper au vol les
courants d'air si précieux dans un climat brûlant, la Rosina
émiette toutes les heures qu'elle peut dérober à la surveil-
lance de son tyran. Vous voyez passer à travers les grilles
le bout de son petit pied chaussé de satin blanc, et peut-
être découvrez-vous sous le bord de la basquine plombée
un peu de sa jambe fine et nerveuse ; de temps en temps
un sifflement singulier se fait entendre, c'est le bois de l'é-
ventail qui crie en s'ouvrant et en se fermant, comme une
aile d'oiseau surpris, avec cette rapidité que les Espagnoles
seules savent lui imprimer. — Quels beaux yeux aux paupières allongées! quel flot opulent de cheveux noirs! quelles
dents petites et bien rangées, éclair blanc dans un rouge
sourire! quel teint d'ambre et de soleil, et comme Bartolo
a bien raison d'être jaloux !

J'avoue que Bartolo me plaît, et je trouve qu'on a été injuste envers lui. Qu'y a-t-il en effet de plus raisonnable que
de ne pas vouloir se laisser voler un pareil trésor, et
d'y veiller avec tout le soin possible? — Il est vrai, dit
Molière, que

Les verroux et les grilles
Sont de faibles garants de la vertu des filles.

Mais, si l'on ne peut se fier à la vertu grillée, peut-on donner sans crainte la clef du balcon à Rosine? Les femmes diront Oui, et les hommes Non. Ce qu'il y a de sûr, c'est que rien n'est plus triste et plus misérable que d'aimer et d'être vieux, et d'avoir un cœur de flamme avec des cheveux de neige. Tous ces pauvres vieillards, geôliers de fillettes, tous ces Gérontes et ces Arnolphes trompés, bafoués, bernés, ne m'ont jamais fait rire bien franchement. — Cela n'est-il pas bien amusant, d'élever une pupille à la brochette, de l'entourer de soins, d'adorations, de n'avoir au monde que cette pensée, et de se la voir enlever par le premier vaurien qui passe, sous prétexte qu'il a la démarche cambrée, la moustache en croc, et le poing sur la hanche!

Souvent, en voyant représenter le *Barbier de Séville*, j'ai pris parti pour Bartolo contre Almaviva, qui n'est qu'un coureur; contre Figaro, qui n'est bon qu'à pendre; et même, le dirai-je? contre Rosine, malgré son adorable effronterie de quinze ans, et sa naïveté résolue de petite fille embarquée dans une première intrigue...

Mais, après tout, la jeunesse ne cherche-t-elle pas la jeunesse, et qu'est-ce que la reconnaissance, le respect, la vénération, à côté de l'amour? Console-toi comme tu pourras, pauvre Bartolo; nous allons commencer l'analyse de ton supplice.

Qui est-ce qui rôde par là, le sombrero sur les yeux, soigneusement embossé dans sa cape, une lanterne sourde à la main? Eh! pardieu, c'est Fiorello, un valet du comte Almaviva, qui introduit les musiciens, les donneurs de sérénades,

ces animaux à si juste titre exécrés des tuteurs, des maris, et
des jaloux de toutes sortes. — Voilà le ramage qui commence.
Almaviva, l'œil pâmé, la main sur le cœur, chante une de
ces banalités fades et prétentieuses que de tout temps, en
tout pays, toutes les femmes, même les spirituelles, ont
trouvées charmantes ; et, cette fois, le public est de l'avis des
femmes, car sur ces vagues paroles de canevas italien, qui
signifient tout parce qu'elles ne signifient rien, le seigneur
Rossini a brodé de merveilleuses mélodies... Pourtant, le jour
se lève, et Rosine ne paraît pas, — sans doute pour ne pas faire
de peine à l'aurore ; car, supposer qu'une jeune Sévillane,
entendant du fond de sa chambre bourdonner la sérénade
sous son balcon, ne vienne pas, sur la pointe du pied, coller
sa jolie figure à moitié endormie aux mailles de la *reja*, et
pelar la paba avec le *novio*, cela n'est guère admissible pour
quiconque connaît l'Espagne ; et si je ne rendais pas compte
d'un opéra italien, je vous citerais ici une *copla* andalouse qui
affirme que la chose n'est pas possible et ne s'est jamais vue.

Aussi le comte s'en étonne, et commencerait-il à désespérer, si un homme de sa qualité pouvait douter un instant
de lui-même ; car voici plusieurs jours et plusieurs nuits
qu'il vient faire le pied de grue sous ce balcon. Il renvoie les
musiciens, qui font un bruit énorme, comme tous les musiciens quand on les prie de se taire, et se promène sous un
portique en face de la maison, en attendant l'heure où Rosine
se montre à sa fenêtre, un peu pour voir si ses œillets se sont
épanouis, beaucoup pour voir si le soupirant, si le bel inconnu
se promène de ce côté.

Mais tout à coup, dans la fraîcheur et dans le calme du
matin, on entend monter en fusée sonore, comme le cri

joyeux dont l'alouette salue le soleil, une chanson pleine de
volubilité et de caquetage... C'est Figaro qui fait son entrée,
Figaro avec sa veste historiée de boutons de filigrane, de
clinquants et de passementerie, sa culotte de punto, sa résille
(en ce temps-là il y avait encore des résilles en Espagne), sa
guitare au dos, luisant comme une écaille de tortue, et son
plat à barbe de cuivre si clair, que don Quijote l'eût pris
pour l'armet de Membrin. Tout le monde connaît cet admirable morceau, d'un effet si entraînant et si irrésistible. Vol-
tigeant de bouche en bouche, il est parvenu jusque dans la
Polynésie, et les sauvages de la mer du Sud le fredonnent en
faisant cuire leur déjeuner de coquillages.

Figaro est heureux comme un fripon qu'il est. Il jouit de
la tranquillité d'esprit des gredins; et, comme le ciel bien-
veillant l'a doué d'une conscience élastique, il pratique avec
la plus grande fraîcheur d'âme un tas de petits métiers hasardeux, mais lucratifs. Il a beaucoup de plaisir, peu de travail,
et assez d'argent; n'est-ce pas là le vrai bonheur? Il rase, il
saigne, il frise, il porte les poulets, il abouche les jeunes
cœurs faits pour s'entendre. Les cavaliers, les dames, les
amants et les jaloux, tous ont besoin de Figaro : *Figaro ci!*
Figaro là! c'est le cri qui retentit par toute la ville. Otez Figaro
de Séville, vous en ôterez la vie et le mouvement; sans lui
plus d'affaires, plus d'intrigues possibles; aucun billet doux
ne parviendra à son adresse. Comment feront les fils de famille pour soutirer de l'argent à leurs parents? Qui est-ce qui
amènera aux soupers fins la gitana au teint de citron, qui sait
si bien danser le *zorongo* en secouant sa jupe bleue constellée

d'étoiles d'argent? — car Figaro sait où logent et les yeux noirs, et les yeux bleus, et les yeux verts, et il trouvera moyen, s'il voit briller l'or à travers la soie de votre bourse, de vous faire entrer en conversation avec eux, en dépit des pères féroces et des barbons jaloux, car il est plus malin que le diable ou qu'une vieille femme. A toutes ses adresses, il joint celle de ne pas être pendu et d'être au mieux avec toutes les autorités.

« Eh! pardieu, si je ne me trompe, c'est Figaro! dit le comte. Tu es bien maigre, mon garçon? — C'est le travail, monseigneur. — Fripon! — Merci, monseigneur. — Que fais-tu à Séville? — Je rase. Et vous? — J'ai vu au Prado une jeune personne, une fleur de beauté, la fille d'un certain médecin radoteur. — Ce n'est pas sa fille, c'est sa pupille. — Tant mieux! Sous le nom de Lindor je lui fais la cour depuis quelque temps. » Quel gaillard que cet Almaviva, qui s'en va tout de suite, entre tant d'autres noms, prendre celui de Lindor, un vrai nom à redingote abricot bordée de velours noir, un nom romanesque à ravir toutes les petites filles.

«Cela se trouve le mieux du monde : je suis le barbier, le coiffeur, le chirurgien, le botaniste, le pharmacien, le vétérinaire, l'homme d'affaires de la maison, répond l'honnête Figaro, et si vous avez de l'argent tout ira bien. — Mais chut! on ouvre le balcon, retirons-nous sous les arcades. »

Rosine montre son charmant petit nez à la fenêtre, déjà inquiète de ne pas voir le beau Lindor; Bartolo est sur ses talons; il ne peut pas comprendre dans une jeune fille cette curiosité matinale de s'assurer de la beauté de la température. « Qu'avez-vous donc là? quel est ce papier que vous tenez à la main ? — Les paroles d'un air fort à la mode, de la *Précaution inutile*... Ah ! quel malheur, je viens de les laisser tomber. Courez vite me les chercher. » Vous avez compris, et le comte l'a compris aussi, que le papier qui vient de s'échapper des mains de Rosine ne contient pas un seul mot de la *Précaution inutile ;* il ne faut pas être grand sorcier pour cela. Figaro le ramasse et le porte au comte. — Bartolo ne conçoit pas sur l'aile de quel vent la chanson s'est envolée, il remonte et fait rentrer Rosine en grommelant et en se promettant bien de faire murer le damné balcon. — Pendant que Bartolo a le dos tourné, hâtons-nous de lire le billet de Rosine, car c'en est un :

« Vos soins assidus ont excité ma curiosité. Mon tuteur va sortir ; dès qu'il sera loin, tâchez de me faire savoir par quelque moyen ingénieux votre nom, votre état et vos intentions. Je ne puis jamais paraître au balcon sans l'inséparable compagnie de mon tyran, mais soyez sûr que je suis prête à tout faire pour rompre mes chaînes. »

Voilà ce qu'à force d'importunités, de vexations, de tracasseries et de surveillances odieuses, on fait écrire par une honnête et charmante fille au premier Lindor venu.

Le moyen, on le trouvera ; si ce n'est Almaviva,

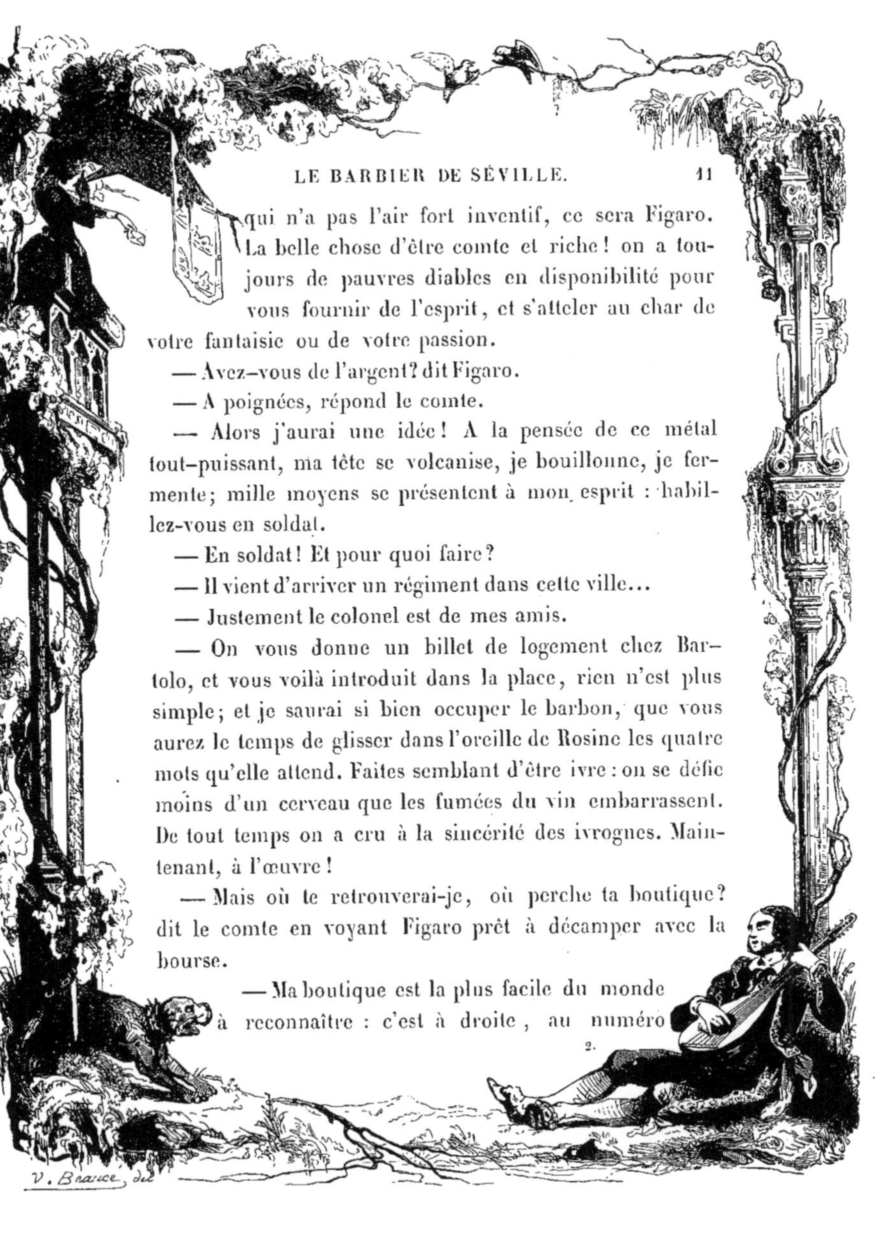

qui n'a pas l'air fort inventif, ce sera Figaro. La belle chose d'être comte et riche! on a toujours de pauvres diables en disponibilité pour vous fournir de l'esprit, et s'atteler au char de votre fantaisie ou de votre passion.

— Avez-vous de l'argent? dit Figaro.

— A poignées, répond le comte.

— Alors j'aurai une idée! A la pensée de ce métal tout-puissant, ma tête se volcanise, je bouillonne, je fermente; mille moyens se présentent à mon esprit : habillez-vous en soldat.

— En soldat! Et pour quoi faire?

— Il vient d'arriver un régiment dans cette ville...

— Justement le colonel est de mes amis.

— On vous donne un billet de logement chez Bartolo, et vous voilà introduit dans la place, rien n'est plus simple; et je saurai si bien occuper le barbon, que vous aurez le temps de glisser dans l'oreille de Rosine les quatre mots qu'elle attend. Faites semblant d'être ivre : on se défie moins d'un cerveau que les fumées du vin embarrassent. De tout temps on a cru à la sincérité des ivrognes. Maintenant, à l'œuvre!

— Mais où te retrouverai-je, où perche ta boutique? dit le comte en voyant Figaro prêt à décamper avec la bourse.

— Ma boutique est la plus facile du monde à reconnaître : c'est à droite, au numéro

2.

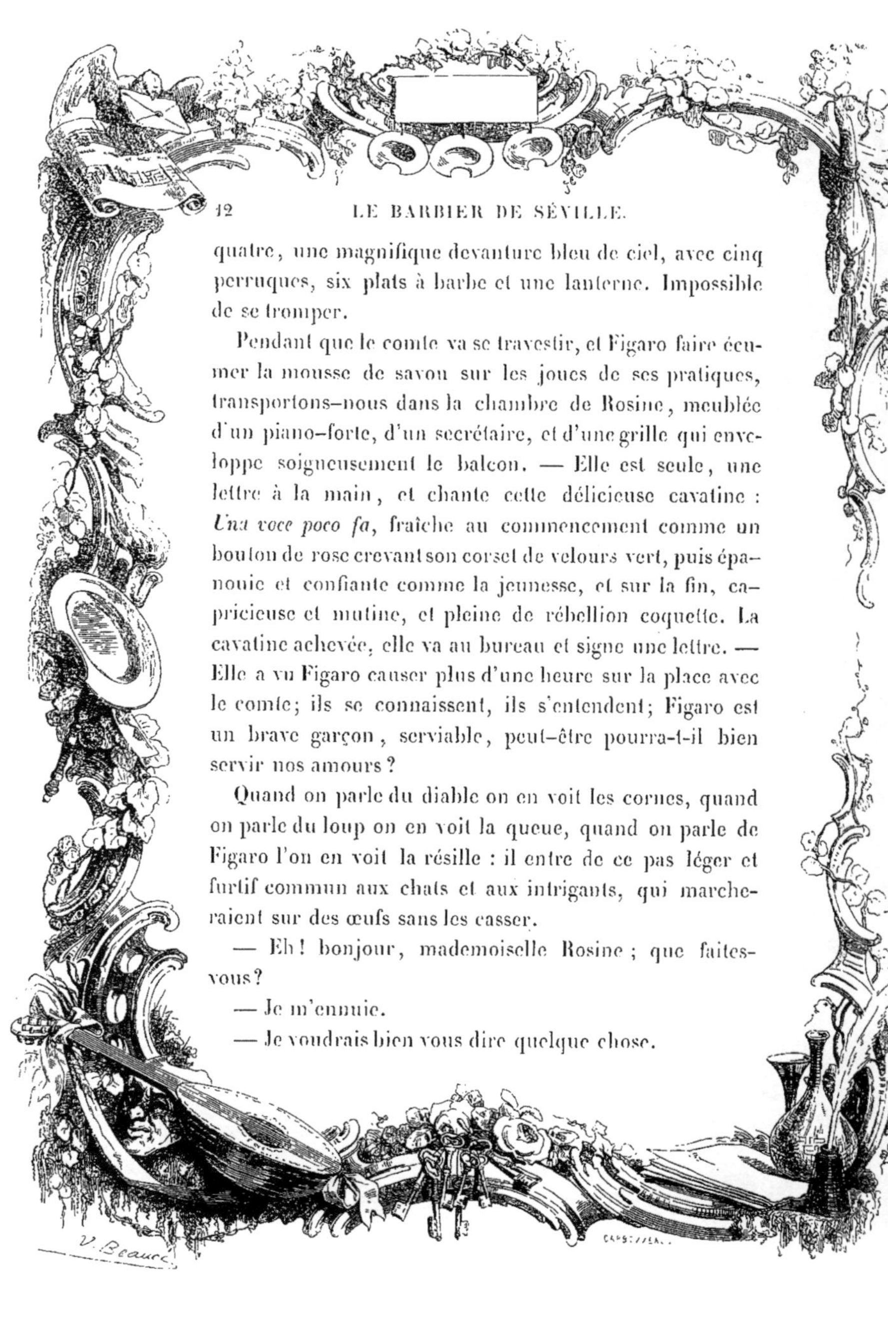

quatre, une magnifique devanture bleu de ciel, avec cinq perruques, six plats à barbe et une lanterne. Impossible de se tromper.

Pendant que le comte va se travestir, et Figaro faire écumer la mousse de savon sur les joues de ses pratiques, transportons-nous dans la chambre de Rosine, meublée d'un piano-forte, d'un secrétaire, et d'une grille qui enveloppe soigneusement le balcon. — Elle est seule, une lettre à la main, et chante cette délicieuse cavatine : *Una voce poco fa*, fraîche au commencement comme un bouton de rose crevant son corset de velours vert, puis épanouie et confiante comme la jeunesse, et sur la fin, capricieuse et mutine, et pleine de rébellion coquette. La cavatine achevée, elle va au bureau et signe une lettre. — Elle a vu Figaro causer plus d'une heure sur la place avec le comte; ils se connaissent, ils s'entendent; Figaro est un brave garçon, serviable, peut-être pourra-t-il bien servir nos amours ?

Quand on parle du diable on en voit les cornes, quand on parle du loup on en voit la queue, quand on parle de Figaro l'on en voit la résille : il entre de ce pas léger et furtif commun aux chats et aux intrigants, qui marcheraient sur des œufs sans les casser.

— Eh ! bonjour, mademoiselle Rosine ; que faites-vous ?

— Je m'ennuie.

— Je voudrais bien vous dire quelque chose.

— Moi aussi... Chut! j'entends le pas de mon tuteur...
Attendez un peu.

En effet, le Bartolo entre toussant, crachant, grognant, et reproche à sa pupille de parler toujours avec ce coquin de Figaro.

— Êtes-vous jaloux de Figaro? répond Rosine. Je l'avoue,
j'aime à causer avec lui; il m'amuse, me fait rire et me conte
cent bagatelles.

— Et ce doigt taché d'encre, que signifie-t-il?

— Je me suis brûlé le doigt et je l'ai trempé dans l'encrier.

— Il manque une feuille de papier, qu'en avez-vous fait?

— Un cornet de bonbons pour la petite Marceline; êtes-
vous content?

— Non, répond le barbon irrité; vous me contez des bil-
levesées et vous voulez m'en faire accroire.

Pendant cette querelle arrive don Basile, un grand esco-
griffe, long, sec, jaune, bilieux, ossu, malsain et venimeux
d'aspect; un de ces drôles au front plat, écrasé, aux lèvres
minces, à la langue fourchue, qui semblent être faits pour
la souquenille noire et le chapeau à larges bords, une bûche
du bois dont se taillent les espions, les inquisiteurs et les
bourreaux; — un de ces scélérats doucereux toujours prêts
aux besognes sinistres et mauvaises.

Il vient murmurer aux oreilles de Bartolo que le galant
inconnu qui rôde sous le balcon de Rosine n'est autre que
le célèbre comte Almaviva, arrivé depuis peu dans Séville.
— Il faut parer le coup, mais à la sourdine; et par quel
moyen? par une bonne petite calomnie. C'est là qu'est placé
cet air admirable où le compositeur a peut-être dépassé l'é-
crivain, et pourtant cette tirade est un des plus étincelants
morceaux qui soient tombés d'une plume humaine.

— La calomnie! d'abord un bruit léger qui rase le sol
comme une hirondelle avant l'orage, pianissimo murmure et
file, et sème en courant le trait empoisonné. Telle bouche le
recueille, et piano, piano vous le glisse en l'oreille adroite-
ment. Le mal est fait, il germe, il rampe, il chemine, et
rinforzando, de bouche en bouche, il va le diable. Puis, tout
à coup, je ne sais comment, vous voyez la calomnie se
dresser, siffler, s'enfler, grandir à vue d'œil; elle s'élance,
étend son vol, tourbillonne, enveloppe, arrache, entraîne,
éclate, tonne et devient un cri général, un crescendo public, un chorus universel qui retentit partout; et le malheureux, calomnié, avili, accablé, tombe par bonheur sous
le poids de l'indignation générale... Eh! qu'en dites-vous?

— Tout cela est bel et bon, répond Bartolo, suffisam-

ment édifié ; mais il y a un moyen encore plus sûr : j'épou-
serai la petite demain.

— Qu'on me donne de l'argent, dit Basile, dont la doc-
trine se rapproche en cela de celle de Figaro, et je me
charge d'éloigner les freluquets.

Là-dessus, l'imbécile et le fripon passent dans une autre
pièce.

— Ah ! c'est ainsi que tu t'y prends, brave canaille, dit
Figaro en sortant de sa cachette. Peste, quel gaillard avec sa
mine de citron déconfit et ses airs papelards ! Et cet autre
sot qui se figure qu'il va épouser Rosine ! Ce fin morceau
n'est pas pour sa gueule édentée, nous y mettrons bon ordre. Justement la voici, tâchons de lui parler pendant qu'ils
sont enfermés ensemble.—Senorita, savez-vous une grande
nouvelle ; vous serez mariée demain sans faute à votre aimable tuteur. Il est là-dedans occupé à rédiger le contrat
avec votre maître de musique.

— Monsieur Figaro, je vous réponds d'une chose : c'est
que ce mariage ne se fera pas. Mais, à propos, quel était
donc ce jeune homme avec qui vous parliez tantôt sur la·
place ?

— Un mien cousin, bon garçon, cœur excellent ; il est
ici pour finir ses études et faire fortune.

— Il la fera, répond Rosine.

— Mais il a un grand défaut ; c'est d'être amoureux
comme un fou !

— Et connaissez-vous celle qu'il aime ?...

— Elle est petite, mignonne, avec des yeux et des cheveux noirs superbes ; la première lettre de son nom est
un R : elle s'appelle Ro... Rosi...

—C'est moi, s'écrie la jeune fille au comble de la joie... Je ne me suis pas trompée.

— Allons, vite deux lignes d'écriture; le temps presse, dit l'expéditif barbier; mettez-vous à ce secrétaire.

— Je n'oserai jamais, fait la Rosine en tirant à demi de son corset un petit papier délicatement plié.

— La lettre était écrite ! s'écrie Figaro avec un mouvement admiratif; et moi qui... Quelle bête je suis ! O femmes ! femmes ! la moins fine d'entre vous en remontrerait au diable !

La lettre est bientôt remise, et le comte Almaviva, sûr de l'assentiment de Rosine, ne tarde pas à mettre en usage le stratagème sorti de la cervelle féconde de Figaro. Déguisé en soldat de cavalerie, il se présente au logis du revêche Bartolo,

en décrivant les zigzags les plus hasardeux, avec des gestes et des hoquets d'homme ivre. Je vous laisse à penser quelle réception lui fait le quinteux vieillard, qui cette fois n'a pas tort de se mettre en colère, en voyant ce grossier soudard envahir bruyamment sa maison. La Rosine, toujours alerte, toujours éveillée, l'œil et l'oreille au guet, accourt au bruit et s'informe de la cause de ce triomphant vacarme.

— Je suis Lindor, lui dit tout bas le comte.

— De la prudence! répond Rosine.

— Laissez tomber votre mouchoir sur ce billet, et ramassez-le, reprend le comte en décrivant un angle des plus aigus et en feignant de perdre le centre de gravité.

La Rosine escamote le poulet avec une habileté digne du plus adroit prestidigitateur, et la querelle continue entre le comte et Bartolo, qui allègue en vain, pour ne pas le recevoir, une exemption de loger des soldats. Le comte ne veut pas entendre ces raisons, et, pour effrayer le vieillard, fait prendre un peu l'air à sa flamberge, pousse des bottes et tire des estocades dans le vide

qui lui font jeter les hauts cris. Enfin, le tapage devient si fort, que la force armée intervient, au grand chagrin de Rosine et à la grande joie de Bartolo,

pour entraîner Lindor en prison, lorsque celui-ci, écartant
les alguazils d'un air impérieux et hautain, donne une lettre
à l'alcade. L'alcade, après y avoir jeté les yeux, salue plus
bas que terre et fait signe à ses hommes de lâcher le soldat,
qui se retire au milieu d'un final plein de mouvement, d'agi-
tation et de volubilité, comme Rossini seul sait les faire.

Si peu spirituel que soit don Bartolo, il a pourtant trouvé
louche la scène du soldat ivre; — la jalousie rend clairvoyants
même les barbons les plus obtus; — mais sa crédulité va être
mise encore à une plus forte épreuve; Lindor ou, si vous
l'aimez mieux, le comte Almaviva, ne tarde pas à revenir sous
le déguisement et sous le nom d'Alonzo, prétendu élève de

Basile, pour remplacer celui-ci dans la leçon de musique qu'il
a l'habitude de donner à Rosine.

Bartolo le reçoit assez aigrement et a beaucoup
de peine à croire que Basile soit aussi malade
qu'Alonzo le prétend : déjà il prend sa canne
pour aller s'assurer du fait, au grand effroi du
comte, qui ne trouve d'autre moyen de le retenir que de
lui faire une fausse confidence et de lui remettre le billet
de Rosine. Rassuré par cette preuve de dévouement à ses
intérêts, Bartolo va quérir la Rosina dans sa chambre, et
lui permet de prendre leçon avec le nouveau maître. On
parle de l'œil du lynx : le lynx est myope à côté d'une jeune
fille amoureuse. La pupille de Bartolo a reconnu au premier
coup d'œil à qui elle avait affaire.

On avance le clavecin, et le comte regarde la musique qui
est posée dessus.

— Qu'allons-nous chanter ?

— Ce rondo de Buranello.

— Il est trop vieux, dit Rosine.

— Ce boléro ?

— On ne fait qu'en miauler toutes les nuits sous les fenêtres ; rien n'est plus insupportable, répond Bartolo.

— Une barcarolle vénitienne ?

— A la bonne heure.

Et le comte fait chanter à Rosine une délicieuse mélodie
à laquelle les cantatrices qui jouent ce rôle ont grand tort
de substituer de grands morceaux fort difficiles et fort en-
nuyeux. — Les paroles en sont charmantes :
Une blondine dans ma gondole — l'autre

soir j'ai conduite ; — de plaisir, la pauvrette — sur l'eau s'est
assoupie : — elle dormait sur mon bras ; — de temps en
temps je l'éveillais, — et la barque qui la berçait — la
faisait se rendormir.

La situation ne pourrait se prolonger plus longtemps, si
le malin Figaro ne venait en aide au comte Almaviva, qui
n'est guère plus fertile en imaginative que Lélie, le maître
de Mascarille. — Il persuade au pauvre Bartolo que c'est
son jour de barbe, et sous prétexte d'aller chercher ce qu'il
faut pour le raser, il s'empare du trousseau de clefs, escamote avec une habileté de singe la clef qui ouvre la grille du
balcon, et, par mille charges plus risibles les unes que les
autres, il donne aux amoureux le temps de faire leurs con-

ventions. Il l'aveugle avec la mousse savonneuse, il lui
place la serviette devant la figure, etc.

A minuit, Almaviva viendra sous le balcon avec une échelle de cordes; tout sera préparé, et les deux amants fuiront aussitôt.

O contre-temps! — Ne voilà-t-il pas ce grand cierge de cire jaune roulé dans un morceau de drap noir, cet oiseau de mauvais augure, ce hibou, ce corbeau de Basile, qui vient par sa présence donner un démenti éclatant à la fable du comte. Aussi, lorsqu'il fait son entrée, c'est un cri général :

— Comme vous êtes pâle !

— Vous avez l'air d'un mort !

— Vous sentez la fièvre.

— Allez vous coucher et prendre médecine.

Basile, qui n'est pas plus vert que de coutume, s'étonne de ce hurrah sur sa mauvaise mine; mais une bourse que le comte glisse entre les doigts osseux du misérable, lui ouvre l'entendement; il se trouve en effet fort malade et se retire pour s'aller mettre au lit.

Un mot que le jaloux a saisi au vol lui rend tous ses soupçons; il met à la porte le faux maître de musique et son acolyte, en les chargeant d'imprécations. Ils sortent en riant, car leurs mesures sont prises, et ils n'ont plus aucun motif de chercher à rester dans la maison de leur ennemi.

Bartolo fait revenir Basile et l'interroge. Basile répond qu'il ne connaît en aucune façon Alonzo, et qu'il n'a pas d'élève de ce nom.

— Alors cet Alonzo était quelque émissaire du comte...

— Ou le comte lui-même; sa bourse le prouve, dit à part don Basile.

— Mais j'y pense, s'écrie Bartolo, ce billet qu'Alonzo m'a donné, il faut faire croire à Rosine que le comte en avait fait le sacrifice à quelque maîtresse.

En effet, la pauvre fille est indignée de voir dans les sales mains de Bartolo
ce cher billet qu'elle avait eu tant de peine à écrire en cachette, et qu'elle
avait porté si longtemps dans le pli de son corset avant de pouvoir trouver
l'occasion de le remettre. Dans son désespoir, elle consent à épouser Bartolo.
C'est une espèce de suicide.

Le barbon, transporté de joie, court chercher le notaire.

Pendant ce temps, l'heure du rendez-vous sonne, Almaviva et Figaro paraissent au haut de l'échelle, sur le bord du balcon. Rosine d'abord veut appeler; elle accuse Lindor de l'avoir trahie, mais celui-ci tombe à ses pieds,
se fait connaître, et parvient aisément à se justifier. — Quand on est joli
garçon, cela n'est jamais difficile.

Rosine consent à fuir avec le comte, et tous deux vont escalader le balcon,
lorsqu'ils s'aperçoivent que l'échelle a été enlevée. En même temps des pas
se font entendre dans l'escalier. — Qui vient par là? — Maître Basile accompagné du notaire. — Parbleu! cela tombe bien!

— Monsieur le tabellion, voici les futurs époux, dit Figaro en désignant Rosine et le comte. Vous avez le contrat ; inscrivez-y leurs noms, s'il vous plaît, et signons vite. Je suis le témoin de monseigneur, et don Basile celui de la senora...

— Moi ? par exemple !

— Ah ! vous ne lui refuserez pas ce léger service, ajoute le comte en faisant chatoyer une bague sous les yeux du misérable.

— Mais... je ne sais...

— A moins que vous ne préfériez sauter la fenêtre...

— Non pas ! non pas ! c'est trop malsain. J'aime mieux signer.

Et Bartolo, qui, après avoir retiré l'échelle, était allé querir la garde, arrive juste au moment où le contrat vient d'être parafé. — Il veut faire arrêter Almaviva et Figaro, qu'il accuse de s'être introduits chez lui par escalade ; mais le comte décline son titre, et comme en définitive il offre d'épouser Rosine sans dot, l'avare tuteur donne son consentement au mariage, trouvant qu'il y gagne encore plus qu'il n'y perd.

Donnons, avant de finir, quelques détails sur les vicis-
situdes éprouvées par le chef-d'œuvre de Rossini. — Le
jeune maître avait vingt-quatre ans lorsqu'il composa *le
Barbier de Séville* à Rome pour le théâtre *Argentino*.

Un opéra avait déjà été écrit sur ce sujet, en Russie,
vers la fin du siècle dernier, par le célèbre Paësiello, compositeur favori de Catherine. *Le Barbier de Séville* du maître
napolitain, après avoir reçu un accueil très-froid dans la
ville éternelle, y fit ensuite fanatisme, et la tentative de Rossini fut regardée comme un sacrilége; c'est comme si chez
nous quelqu'un s'avisait de refaire l'*Andromaque* de Racine.

La première représentation fut tellement orageuse que
Rossini n'osa pas tenir le piano à la seconde, se prétendit
malade, et se coucha attendant avec anxiété les résultats
de cette nouvelle épreuve.

Vers minuit, il entend un grand tumulte, il voit briller
des torches à travers les fenêtres, des pas multipliés retentissent sur l'escalier... Le pauvre maëstro se blottit tout
tremblant sous les couvertures, croyant que les Romains
voulaient lui faire expier, en l'écharpant, le crime d'avoir
éclipsé l'œuvre de Paësiello. Mais non : la chance avait
tourné, *le Barbier* avait été *aux étoiles;* c'était une ovation,
une sérénade qu'on venait donner à Rossini, salué dès
lors le plus grand maître de l'Italie et du monde!

THÉOPHILE GAUTIER.

LE
DIABLE BOITEUX

BALLET PANTOMIME EN TROIS ACTES

PAR

MM. CORALLI ET EDMOND BURAT DE GURGY

MUSIQUE DE M. CASIMIR GIDE

FANNY ELSSLER.

LE DIABLE BOITEUX

Le *Diable boiteux* — *el Diablo cojuelo* — est un roman
de Le Sage imité de l'espagnol, et que tout le monde sait par
cœur; c'est aussi un ballet qui a obtenu une vogue connue et
méritée. — Le programme en est dû à un jeune littérateur,
Edmond Burat de Gurgy, enlevé à la fleur de son âge et de
son talent par une maladie de poitrine; la pantomime et la danse en
ont été réglées par M. Coralli, que l'on retrouve toujours quand il s'agit
de succès chorégraphiques. Le *Diable boiteux* a été le ballet par excel-
lence de Fanny Elssler, cette Allemande qui s'était faite Espagnole; Fanny

Elssler, la cachucha incarnée, la cachucha de Dolorès, élevée à l'état de modèle classique; Fanny Elssler, la plus vive, la plus précise, la plus intelligente danseuse qui ait jamais effleuré le plancher d'un théâtre du bout de son orteil d'acier. Elle s'en est allée, l'ingrate! en Amérique, chez les sauvages et les Yankées, qu'elle a rendus fous avec le babil de ses castagnettes et les ondulations de ses hanches, à ce point que les sénateurs traînaient son carrosse et que les populations entières la suivaient avec des cris et des fanfares! — Bien qu'elle soit partie, hélas! et sans doute pour ne plus revenir, nous autres qui l'avons vue, nous tâcherons de fixer quelques traits fugitifs de cette charmante physionomie, de ce talent si fin et si vrai.

Fanny Elssler est grande, bien prise et bien cambrée; ses jambes sont tournées comme celles de la Diane chasseresse: la force n'y altère en rien la grâce; la tête, petite comme celle d'une statue antique, s'unit par des lignes nobles et pures à des épaules satinées qui n'ont pas besoin de la poudre de riz pour être blanches; ses yeux ont une expression de volupté malicieuse extrêmement piquante, à laquelle ajoute encore le sourire un peu ironique de la bouche arquée à ses coins. Du reste, ce masque, régulier comme s'il était de marbre, se prête à rendre tous les sentiments, depuis la douleur la plus tragique jusqu'à la gaieté la plus folle. Des cheveux châtains très-doux, très-soyeux et très-brillants, ordinairement séparés en bandeaux, entourent ce front aussi bien fait pour porter le cercle d'or de la déesse que la couronne de fleurs de la courtisane. — Bien qu'elle soit femme dans toute l'acception du mot, l'élégante sveltesse de ses formes lui permet de revêtir le costume d'homme avec beaucoup de succès. — Tout à l'heure c'était la plus jolie fille, maintenant c'est le plus charmant garçon du monde; c'est Hermaphrodite, pouvant séparer à volonté les deux beautés fondues en lui.

Le ballet du *Diable boiteux*, outre tous les agréments qu'il renferme, a l'avantage de montrer l'adorable danseuse sous son double aspect.

Au lever du rideau, le théâtre représente, s'il faut en croire le livret, la salle du grand Opéra de Madrid, décorée pour un bal. Ce ne sont que colonnes, dorures, cristaux, constellations de lustres étincelants, des magnificences à faire croire qu'on est à l'Opéra de Paris. Nous nous sommes demandé quel pouvait être ce théâtre si splendide, si grandiose. Est-ce le théâtre *del Principe?* — ou celui des Arts? — ou celui du Cirque? — car l'*Oriente* n'est pas encore terminé, — ou bien encore la salle que Philippe IV avait fait élever au milieu de la grande pièce d'eau du *Buen Retiro?* Mais qu'importe après tout si la décoration est belle et le spectacle animé? Pour nous, ce qui est beau est toujours vraisemblable.

Don Cléofas Zambulo, écolier d'Alcala, est venu chercher fortune au bal; et, comme c'est un gaillard de bonne mine, taillé tout exprès pour la galanterie, un cavalier jeune, gai, spirituel et hardi plus que pas un, il n'a point eu de peine à trouver ce qu'il cherchait. A peine est-il entré depuis un quart d'heure, et déjà le voici en intrigue réglée avec un domino blanc le plus coquet du monde. Jurer au joli masque qu'il l'adore, et lui glisser, à l'appui de sa déclaration, de petits vers amoureux — dont il a, pour la circonstance, préparé plusieurs copies, — c'est ce qu'a bientôt fait notre écolier. Le domino blanc, peu cruel, lui remet une bague en échange, — une bague d'or vraiment! — et disparaît dans la foule. Don Cléofas va s'élancer sur ses pas, lorsqu'une

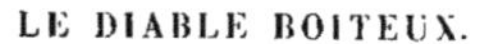

élégante pèlerine vient à son tour l'agacer. Le domino fugitif
est aussitôt mis en oubli : l'écolier lance une nouvelle déclaration, sort de sa poche un nouveau poulet, et s'empare
d'une fleur que la pèlerine n'a pas le courage de lui dispu-
ter... Mais le seigneur don Gil, un affreux jaloux qui a surpris ce manége, accourt en grognant arracher la belle du
bras de Cléofas.—Qu'à cela ne tienne ! le volage vient justement d'apercevoir certain domino rose dont les yeux lui ont
jeté au passage deux éclairs brûlants. « Beau domino, je
t'aime, je n'aime que toi ! » fait l'écolier derechef et en
étayant ses protestations d'une troisième circulaire. Or, comme
il est dit que don Cléofas ne rencontrera pas d'inhumaine, le
domino rose l'écoute avec faveur, et se laisse dérober par lui
un nœud de ruban, qui va rejoindre la fleur et la bague,
hélas ! déjà bien loin.

Cependant le don Gil n'a point perdu de vue son rival :
il songe à se venger de lui ; mais, trop lâche ou trop pru-
dent pour le provoquer en face, il éveille la jalousie du capitaine Bellaspada, le cavalier servant du domino rose. Ce Bellaspada, qui n'est lui-même qu'une espèce de matamore, n'ose
trop chercher querelle à Cléofas, et conseille à don Gil de le
faire tout simplement bâtonner par ses laquais.

Le moyen va être mis en œuvre, quand par bonheur le
domino blanc, instruit du complot, en donne avis à l'écolier, qui court prendre un déguisement féminin, espérant
ainsi pouvoir mener à bonne fin sa triple intrigue.

En effet, Cléofas est méconnaissable sous son nouveau
costume ; il le porte même avec tant de grâce et de naturel
qu'à sa rentrée dans le bal, don Gil et Bellaspada, le prenant réellement pour une femme, s'acharnent tous deux à sa

poursuite et lui proposent de concert un souper fin que le jeune
étourdi trouve piquant d'accepter. — Au dessert, les deux
amphitryons, curieux de connaître la beauté qu'ils ont fêtée,
invitent Cléofas à lever son masque... Jugez de leur stupé-
faction et de la rage où ils entrent lorsque apparaît la maligne
figure de leur rival ! Le capitaine demande raison de l'insulte
au mystificateur avec d'autant plus d'assurance qu'il le voit
désarmé ; mais Cléofas, saisissant l'épée de don Gil, se met
bravement en garde devant Bellaspada. Toutefois, celui-ci en
est quitte pour la peur, car, aux cris de son digne acolyte, la
foule accourt de tous côtés, les alguazils eux-mêmes surviennent, et l'écolier ne réussit à s'échapper de leurs mains
qu'en abandonnant son costume, et grâce à la protection du
domino rose, de la pèlerine et surtout du domino blanc.

La décoration change. — Nous sommes dans un galetas
mystérieux où il doit se cuisiner toutes sortes de ragoûts sus-
pects. — Vous avez sans doute vu quelques-uns de ces tableaux où Rembrand, Teniers et Eugène Isabey entassent,
avec un caprice de brosse et une fantaisie de désordre admirables, des matras au ventre d'hippopotame, des alambics
au bec allongé en trompe d'éléphant, des fioles au col grêle,
perchées au bord d'une planche comme des cigognes en méditation, des siphons enroulés sur eux-mêmes en manière de
serpents, des crocodiles empaillés, des bouquins agrafés de
cuivre, des parchemins jaunis, des têtes de morts au rire dé-
charné, des mappemondes, des macrocosmes, des téles-
copes, des abracadabras, des tables cabalistiques, tout ce
monde poussiéreux, rance, moisi, fétide, éraillé de la sorcel-
lerie et de l'astrologie judiciaire. — La lune éclaire d'un
rayon livide ce taudis hasardeux, allant accrocher dans l'ombre
une paillette d'argent sur la bedaine d'un énorme flacon de

verre que vous prendriez pour un de ces vases où l'on met
rafraîchir l'*agraz* en Espagne.

Cléofas, qui tout en fuyant s'est égaré sur les toits, entre
dans ce réduit

Juste comme le vin entre dans les bouteilles,

c'est-à-dire par le haut. Le laboratoire est désert : le maître est sans doute allé prendre un air de soufre avec ses
condisciples du collége de Barahona, à cheval sur un manche à balai. — L'écolier reste d'abord un peu étourdi de
sa chute, mais bientôt il se remet et considère un peu
l'endroit où il se trouve. Le résultat de cet examen ne serait
pas très-rassurant pour tout autre, mais notre écolier est un
esprit fort qu'épouvantent médiocrement les mystères de
la cabale. — Tout à coup, au milieu du silence, il croit
entendre un vague gémissement. La plainte semble partir
d'un énorme bocal posé sur une estrade au fond du laboratoire. Cléofas s'approche de ce bocal, et d'un coup de marteau le fait voler en éclats... Aussitôt il s'en échappe une
vapeur épaisse et noirâtre qui, en se dissipant, laisse voir
une espèce de nain difforme, aux jambes inégales, au pied
fourchu, d'une main s'appuyant sur des béquilles, et de
l'autre agitant une petite sonnette d'argent. — C'est Asmodée, le Diable boiteux, que les conjurations de l'alchimiste tenaient enfermé là depuis quelque vingt ans.

A l'aspect du démon, don Cléofas, malgré tout son courage, a reculé de surprise et d'effroi, ne sachant trop s'il
veille ou s'il n'est point le jouet d'un horrible cauchemar.
Mais Asmodée s'empresse de le rassurer, l'appelle son li-

bérateur, et lui déclare que dès ce moment il lui dévoue son pouvoir sur-
naturel. Le sceptique hidalgo, afin d'éprouver jusqu'où va ce pouvoir dont
il doute, prie le mystérieux personnage de lui montrer les trois charmantes
inconnues qu'il a rencontrées au bal. Asmodée trace dans l'air avec une
de ses béquilles des signes cabalistiques : au même instant le mur du
fond se déchire, et, dans une trouée d'éclatante lumière, Cléofas voit suc-
cessivement apparaître le domino blanc, la pèlerine et le domino rose.
Bien plus, sur un nouveau geste du diable, les masques des trois femmes

tombent en même temps que leurs dominos, et elles
se révèlent à l'écolier sous leur véritable costume : —
celle-ci est Paquita, une simple *manola* (grisette espagnole); celle-là doña Florinde, une danseuse
fort en vogue à Madrid, et cette autre enfin la señora
Dorotea, une jeune et riche veuve. — Cléofas les
trouve toutes également séduisantes, *entre les trois
son cœur balance*, et, avant de se prononcer en faveur de l'une d'elles, il désirerait les voir de

plus près, les connaître plus intimement. « Soit, dit le diable ; elles vont venir ici toutes les trois pour consulter l'alchimiste. Affuble-toi de la robe de ce sorcier maudit, et reçois-les à sa place. »

Ainsi dit, ainsi fait.

C'est d'abord Paquita qui se présente. La fillette veut savoir si le jeune homme qui l'a courtisée au bal l'aime d'un amour sincère, et comme elle est, en sa qualité de grisette, parfaitement illettrée, elle se fait lire par le prétendu nécromancien le billet qu'elle tient de Cléofas lui-même. L'écolier rougit involontairement de l'ignorance de Paquita, dont la conquête satisfait peu sa vanité ; aussi, pressé d'en finir avec elle, il lui avoue que son inconstant adorateur l'a déjà trahie pour une autre, et comme preuve de ce qu'il avance, il lui rend son anneau, feignant de se le procurer par un tour de magie. La manola est convaincue de son abandon et se retire désolée ; mais, au moment où elle va sortir, Asmodée, bon diable, lui dit tout bas de ne point désespérer encore, qu'il lui reste un protecteur puissant qui veillera sur elle. En effet, quand il se retrouve seul avec Cléofas, l'honnête démon lui reproche de repousser l'amour pur et désintéressé de cette jeune fille, qui vaut mieux, à son gré, que bien des grandes dames ; mais l'ambitieux écolier ne tient pas compte de ces sages remontrances,

et se félicite de les voir interrompues par l'entrée de la
señora Dorotea. — La belle veuve arrive accompagnée de
son frère, le capitaine Bellaspada, et d'une autre de nos
connaissances, le seigneur don Gil. Dorotea se dit tour-
mentée d'une maladie de langueur dont elle ignore la
cause et qu'elle prie l'alchimiste de lui expliquer, si c'est
possible. Cléofas prend un air capable, fait quelques sima-
grées, et déclare à la veuve que le seul remède à son mal
est un mari ! — Don Gil approuve fort l'ordonnance, qu'il
se flatte de voir tourner à son profit, car il aspire depuis
longtemps à la main de Dorotea. Mais l'écolier, tirant celle-
ci à part, lui conseille de n'aimer et de n'épouser que le
jeune inconnu qui lui a pris au bal un nœud de ruban, et
qui est, ajoute-t-il pour assurer le succès de sa ruse, un
personnage du plus haut rang. Puis, comme la veuve fait
des objections et paraît incrédule, hésitante, le soi-disant
magicien achève de la convaincre en lui montrant le nœud
de ruban dérobé la veille à sa ceinture. Dorotea ne doute
plus alors que l'alchimiste n'ait dit vrai, et laisse éclater
toute sa joie. Don Gil, se trompant sur le motif de sa gaieté,
croit l'instant favorable pour se déclarer, et tombe aux pieds
de la veuve en la conjurant de le prendre comme remède,
c'est-à-dire comme mari... Mais, patatras ! voilà le diable
qui s'amuse à brouiller les cartes en faisant survenir tout
à coup doña Florinde ! La danseuse cherche querelle à
son vieux Sigisbé, surpris dans la posture équivoque que
nous avons dite. Dorotea joue de son côté l'indignation, et

2.

sort accompagnée du capitaine, sans vouloir écouter les explications de don Gil, qui la suit en suppliant.

Cléofas, resté seul auprès de Florinde, s'empresse de se faire reconnaître d'elle, et de lui renouveler ses protestations d'amour ; la danseuse ne s'y montre pas insensible : elle semble même prendre plaisir à écouter l'écolier ; mais le malencontreux don Gil, qui ne sait rien faire à propos, revient au bout d'un moment interrompre le tête-à-tête. Florinde, pour cacher son trouble, feint de tomber en syncope, et Cléofas, sous prétexte de lui faire respirer des sels, envoie chercher par son rival tel flacon, puis tel autre,

puis celui-ci, puis celui-là, et, pendant ce jeu de scène, parvient à s'entendre complétement avec la danseuse. — Enfin, la belle rouvre les yeux, daigne pardonner à don Gil, et, lui prenant le bras, elle s'éloigne en faisant à l'écolier des signes d'intelligence. — Le jeune Zambulo est au comble de la joie ; il appelle Asmodée et le remercie avec effusion des services qu'il lui a rendus. « Cependant, objecte-t-il, comment finira tout ceci ? comment puis-je espérer de séduire cette veuve, cette danseuse ? — car je ne songe nullement à la manola... J'aurai des rivaux puissants à combat-

tre, et je ne suis qu'un simple écolier... Il me faudrait de
l'or, des palais, des richesses... — N'est-ce que cela? dit
le diable, je puis te satisfaire! » Et, d'un coup de sa béquille, il change le sombre laboratoire de l'alchimiste en un
délicieux séjour tout rempli des merveilles de la nature et de
l'art.

Un alcazar moresque s'élève avec ses superpositions de
terrasses du milieu des caroubiers, des lauriers-roses, des
myrtes, des grenadiers, des orangers, et de tout ce que la
flore espagnole peut offrir de plus splendide et de plus par-
fumé. — Quand le diable se mêle d'être architecte, il n'y va pas
de main morte! — Les colonnes de marbre, les plaques de
porcelaine, les fontes dorées et peintes, les portes de bois de
cèdre, les bassins d'albâtre, les murs découpés comme des
guipures ou des truelles à poisson, tout cela est réuni, mis en
place, ajusté, au bout de quelques secondes! Il ne lui faut que
lever sa béquille ou frapper la terre de son ergot fourchu pour
réaliser des Alhambras et des Généralifes.

« C'est fort bien, voilà le palais et le parc ; mais où sont
les domestiques? — Qu'à cela ne tienne! » Il n'est pas difficile
de recruter quelques coquins à qui fait pousser à la baguette
les arbres et les colonnes. — Aussitôt sort de tous les coins
une nuée de laquais chamarrés, galonnés, dorés sur toutes les
coutures : majordome, maître d'hôtel, cuisiniers, marmi-
tons, sommeliers, pages, valets de chambre, piqueurs, cou-
reurs, cochers, palefreniers; seulement, chacun de ces drôles
a une tête d'animal. Cléofas fait observer au diable qu'un
coureur à tête de lévrier paraîtrait un peu bien étrange au
Prado, et suffirait pour éveiller l'attention de la Sainte-Her-
mandad. Le diable rit de sa distraction, fait un signe, et
tous les démons, — car vous vous doutez bien que ces do-

mestiques ne pourraient montrer de certificats d'un autre maître que de Satan, — laissent tomber qui son bec, qui son museau, qui son groin, et prennent une physionomie humaine, sinon plus honnête, du moins plus présentable. — Une table chargée de vaisselle plate, de fruits, de vins et de mets qui, pour avoir été cuits sur un fourneau de

l'enfer, n'en paraissent pas moins savoureux, sort subitement de terre. — Don Cléofas, que rien ne surprend plus, s'assied tranquillement et se met à manger. Pendant son repas, un essaim de nymphes demi-nues voltigent autour de lui au son d'une musique délicieuse. — Asmodée fait bien les choses, il faut en convenir.

En se relevant pour le second acte, la toile laisse voir l'intérieur du foyer de la danse à ce même Opéra de Madrid.
Le maître de ballets donne leçon à ses élèves, ce qui ne
figure pas trop mal une scène d'inquisition, car vous savez à
quelles épreuves tortionnaires sont soumises les apprenties
sylphides et les wilis en expectative. Un incident ne tarde
pas à venir interrompre les exercices : il s'agit de deux profanes qui, bravant la consigne, veulent à toute force pénétrer
dans le sanctuaire. Inutile de vous les nommer : vous avez reconnu Cléofas et le diable boiteux, son compère. Malgré leur
insistance, les deux intrus sont parfaitement jetés dehors. Mais
avec le diable qui peut espérer d'avoir le dernier? Fermez-lui
la porte au nez, il rentrera par le trou de la serrure. Ainsi
fait Asmodée. En un clin d'œil, il escamote le professeur de
danse, dont il prend le visage et le costume, sans que nul se
soit aperçu de la substitution.

Le brave démon a bien ses motifs pour agir de la sorte :
Paquita, sa protégée, doit venir justement tout à l'heure
demander à être admise dans le corps de ballet. La pauvre
fille espère ainsi se rapprocher de Cléofas, qu'elle soupçonne
à bon droit d'en tenir pour une danseuse. Mais cela ne fait
pas le compte d'Asmodée, qui sait à quelles tentations, à
quels périls serait exposée la grisette dans ce monde de la
chorégraphie. Il a résolu de lui en fermer l'entrée. Aussi,
lorsque Paquita se présente, et, pour donner un échantillon
de son savoir-faire, essaie quelques pas d'une danse rustique
qu'elle a rapportée de son village, le faux maître de ballets,
enchérissant sur les rires et les murmures de ses élèves, lui
déclare que jamais elle ne pourra faire proprement une pirouette ni un jeté battu. La naïve enfant voit ses illusions

s'évanouir et se désole, à tel point que Florinde, qui assiste à la séance, ne peut s'empêcher d'être émue et va lui adresser quelques consolantes paroles en l'assurant de sa protection.

Mais, hélas! la danseuse doit bientôt oublier cette promesse! — Appelée le soir même à exécuter un pas de deux dans un divertissement nouveau, elle se met en devoir de le répéter devant un cercle de spectateurs privilégiés dont l'accueil lui donnera la mesure du succès qui l'attend devant le public. Or, Florinde s'aperçoit qu'elle produit très-peu d'effet, que le pas de sa partenaire est beaucoup plus brillant, mieux dessiné que le sien; en un mot, qu'elle a été complétement sacrifiée. La rage lui mord le cœur : elle exige du maître de ballets des modifications, des coupures, auxquelles celui-ci refuse de consentir, — car on se souvient qu'il n'est autre qu'Asmodée. Florinde menace alors de ne point danser. La discussion s'envenime. Certains spectateurs prennent parti pour le chorégraphe; d'autres, en tête desquels se font remarquer don Gil et Cléofas, — qui est parvenu à forcer la consigne, — défendent avec chaleur la cause de la danseuse. On ne sait jusqu'où cela pourrait aller, si la sonnette du régisseur, dominant le tumulte de sa voix perçante, ne calmait soudain l'effervescence générale, en forçant chacun de se rendre à son poste. — Ce qu'est devenue pendant cette scène la pauvre Paquita, est-il besoin de le dire? Elle s'est approchée de Florinde, puis de Cléofas ; l'une l'a repoussée, l'autre a feint de ne pas la connaître. Asmodée seul, en s'éloignant, lui a glissé ces mots à l'oreille : « Patience ! vous serez vengée d'elle et de lui ! »

Pour ceux qui n'ont jamais pénétré dans les coulisses d'un théâtre et qui rêvent de connaître l'envers du rideau, le tableau suivant doit avoir un charme tout particulier. La décoration représente la scène de l'Opéra, vue de ses derniers plans, à l'heure où le spectacle va commencer. Le régisseur vient frapper les trois coups.

On entend l'orchestre jouer l'ouverture, puis la toile du fond se lève, montrant une salle garnie de spectateurs et splendidement illuminée. — Le corps de ballet envahit la scène, et, le dos tourné vers le public, exécute un divertissement auquel succède le pas de deux que nous avons vu répéter. Florinde ne s'était pas trompée en prévoyant un échec : malgré ses efforts, ses bonds désespérés, elle ne peut obtenir le moindre applaudissement ; tous les bravos sont pour sa rivale, — tous ceux des spectateurs imaginaires, bien entendu, car Florinde, c'est Fanny Elssler, et comment supposer qu'elle puisse paraître, qu'elle puisse faire un seul pas, sans exciter l'enthousiasme ? — Il faut dire aussi qu'Asmodée a magiquement travaillé la salle, et qu'il la gouverne suivant ses desseins.

Florinde, voyant qu'elle lutte avec trop de désavantage, prend le parti de simuler une entorse, une foulure, tout ce que vous voudrez, et se laisse tomber dans les bras des comparses.

Le spectacle est forcément interrompu.

Le régisseur fait baisser le rideau, et l'on emporte la danseuse dans sa loge.

Cléofas et son diabolique compagnon l'y précèdent. Ils se cachent derrière un rideau, sur un balcon d'où ils pourront tout observer sans être vus. Florinde est amenée par les figurants, qui la déposent sur un canapé. Elle est furieuse contre elle-même, contre tout le monde, et ordonne qu'on la laisse seule... Cléofas choisit ce moment pour se montrer. — A cette apparition inattendue, la danseuse témoigne d'abord un peu d'étonnement et fait mine de se fâcher; mais l'écolier n'a pas de peine à obtenir sa grâce. Il évoque les souvenirs du bal, rappelle ce qui s'est passé la veille chez l'alchimiste, et la conversation prend un tour des plus tendres, lorsque la camériste de Florinde vient lui annoncer la visite du maître de ballets. Cléofas n'a que le temps de se cacher derrière un

paravent qui se trouve là fort à point. — Florinde accueille
l'importun chorégraphe par des reproches assez vifs, car c'est
lui surtout qu'elle accuse de l'avoir compromise, en réglant le
pas de deux comme il l'a fait; mais le brave homme se montre
si marri, se confond tellement en excuses, que la danseuse n'a
pas la force de lui garder rancune, et scelle même le raccom-
modement par un baiser. Cette faveur accordée au maître de
ballets excite la jalousie de Cléofas, qui, en sortant de sa cachette, le déclare très-nettement à Florinde. « Quoi! vous êtes
jaloux, lui dit-elle, pour un baiser diplomatique! Ne savez-
vous pas que c'est un personnage que je dois ménager? » —
Comme elle s'efforce de faire entendre raison à l'écolier, on
frappe de nouveau à la porte de la loge. Cette fois, c'est
don Gil, qui amène le médecin du théâtre. Le docteur fait
quelques prescriptions pour la forme, et se retire aussitôt.
Don Gil, qui croit alors être seul avec Florinde, tombe à ses

genoux et donne un libre cours à sa verve amoureuse, si bien

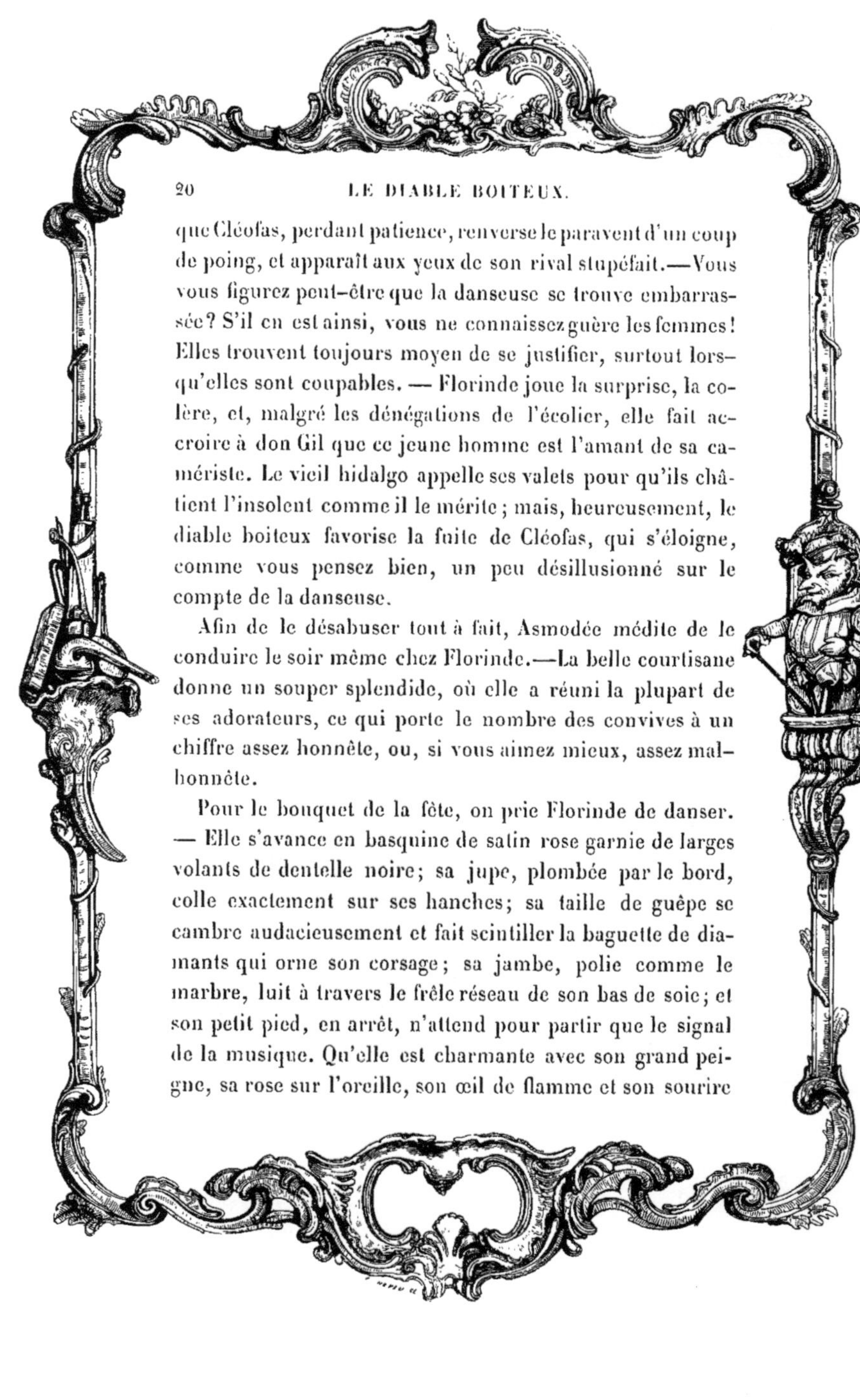

que Cléofas, perdant patience, renverse le paravent d'un coup
de poing, et apparaît aux yeux de son rival stupéfait.—Vous
vous figurez peut-être que la danseuse se trouve embarras-
sée? S'il en est ainsi, vous ne connaissez guère les femmes!
Elles trouvent toujours moyen de se justifier, surtout lorsqu'elles sont coupables. — Florinde joue la surprise, la colère, et, malgré les dénégations de l'écolier, elle fait accroire à don Gil que ce jeune homme est l'amant de sa camériste. Le vieil hidalgo appelle ses valets pour qu'ils châ-
tient l'insolent comme il le mérite ; mais, heureusement, le
diable boiteux favorise la fuite de Cléofas, qui s'éloigne,
comme vous pensez bien, un peu désillusionné sur le
compte de la danseuse.

Afin de le désabuser tout à fait, Asmodée médite de le
conduire le soir même chez Florinde.—La belle courtisane
donne un souper splendide, où elle a réuni la plupart de
ses adorateurs, ce qui porte le nombre des convives à un
chiffre assez honnête, ou, si vous aimez mieux, assez mal-
honnête.

Pour le bouquet de la fête, on prie Florinde de danser.
— Elle s'avance en basquine de satin rose garnie de larges
volants de dentelle noire ; sa jupe, plombée par le bord,
colle exactement sur ses hanches ; sa taille de guêpe se
cambre audacieusement et fait scintiller la baguette de diamants qui orne son corsage ; sa jambe, polie comme le
marbre, luit à travers le frêle réseau de son bas de soie ; et
son petit pied, en arrêt, n'attend pour partir que le signal
de la musique. Qu'elle est charmante avec son grand peigne, sa rose sur l'oreille, son œil de flamme et son sourire

étincelant! Au bout de ses doigts vermeils tremblent des castagnettes d'ébène. La voilà qui s'élance, les castagnettes font entendre leur babil sonore ; elle semble secouer de ses mains des grappes de rhythmes. Comme elle se tord! comme elle se plie! quel feu! quelle volupté! quelle ardeur! Ses bras pâmés s'agitent autour de sa tête qui penche, son corps se courbe en arrière, ses blanches épaules ont presque effleuré le sol. Quel geste charmant! Ne diriez-vous pas qu'avec cette main qui rase l'éblouissant cordon de la rampe, elle ramasse tous les désirs et tout l'enthousiasme de la salle?

Nous avons vu Rosita Diez, Lola et les meilleures danseuses de Madrid, de Séville, de Cadix, de Grenade ; nous avons vu les gitanas dans l'Albaycin ; mais rien n'approche de cette cachucha ainsi dansée par Elssler!

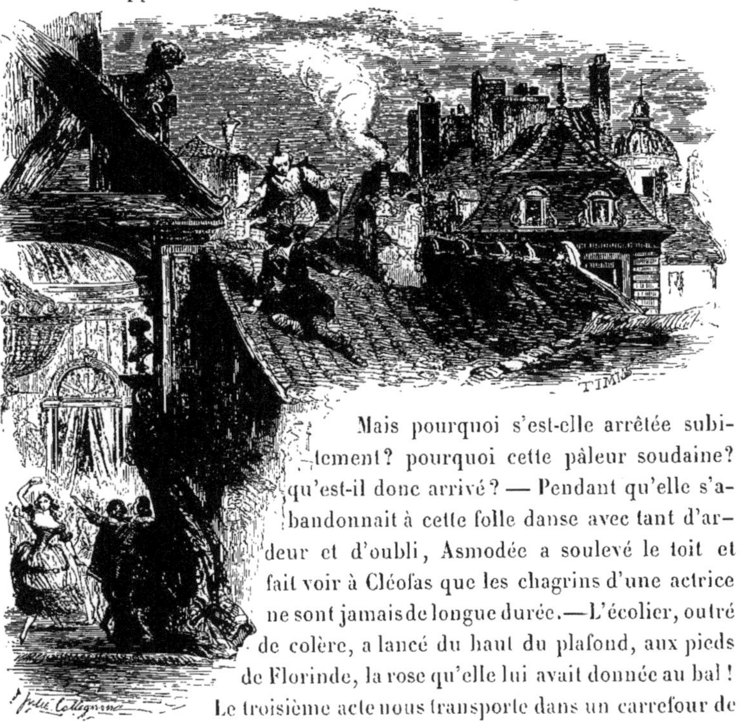

Mais pourquoi s'est-elle arrêtée subitement? pourquoi cette pâleur soudaine? qu'est-il donc arrivé? — Pendant qu'elle s'abandonnait à cette folle danse avec tant d'ardeur et d'oubli, Asmodée a soulevé le toit et fait voir à Cléofas que les chagrins d'une actrice ne sont jamais de longue durée. — L'écolier, outré de colère, a lancé du haut du plafond, aux pieds de Florinde, la rose qu'elle lui avait donnée au bal! Le troisième acte nous transporte dans un carrefour de

Madrid, devant la maison de doña Dorotea. — Cléofas, entouré de musiciens, fait exécuter une sérénade sous les fenêtres de la veuve, vers laquelle il reporte désormais tous ses
vœux. Or, comme nous l'avons dit à propos du *Barbier de
Séville*, il est impossible qu'une jeune Espagnole, entendant
au bas de son balcon résonner la sérénade, ne vienne pas
aussitôt montrer son nez au travers de la *reja*. La veuve ne
tarde donc pas à paraître, et sa pantomime fait assez comprendre au galant qu'on lui sait gré de ses attentions... Mais
voilà qu'au même instant survient cette brute de don Gil,
qui continue à courir deux lièvres à la fois. « Ouais ! se
dit-il, c'est ainsi que vont les choses ! allons en prévenir le
Bellaspada. »

Qui vient encore après lui ? Bon ! la femme de chambre de
Florinde : elle apporte à Cléofas un billet de la part de sa
maîtresse ; l'écolier le déchire sans vouloir même y jeter les
yeux, et congédie la suivante toute confuse. — Enfin la sérénade s'achève sans autre interruption. — Tandis que Cléofas
paie ses musiciens, qui ont bravement gagné leur argent,
reparaît don Gil, amenant le frère de la veuve. Celui-ci demande à l'écolier l'explication de sa conduite. Cléofas commence par dire ce qu'il est ou plutôt ce qu'il n'est pas : il se
donne pour un grand seigneur, exalte sa fortune, et finit en
déclarant au capitaine qu'il aspire à l'insigne honneur de
devenir son beau-frère. Bellaspada ne voit pas que ce soit un
motif pour lui couper la gorge : au contraire, de pareilles intentions lui semblent on ne peut plus louables, et, sans tenir
compte des signes désespérés de don Gil, il se sépare du
jeune homme en lui promettant de parler en sa faveur à
doña Dorotea.

Le diable boiteux, qui voit Cléofas rayonnant, essaie de

lui faire comprendre que Bellaspada et sa sœur ne convoi-
tent que ses prétendues richesses, et le dédaigneraient s'ils
savaient qu'il ne possède rien. Mais l'écolier n'en veut pas
croire un mot, et si ce n'était son bienfaiteur qui lui tient
ce langage, il le regarderait comme une offense personnelle.

Asmodée, pour tenter un dernier moyen, fait alors arriver Paquita. La manola plaide sa cause avec des larmes,
et sa douleur est si vraie, si touchante, que Cléofas en est
attendri malgré lui. Une lutte s'engage dans son cœur; l'a-
mour pur va triompher, quand, par malheur, un laquais
vient apporter à l'écolier, de la part de la veuve, une invitation à se présenter chez elle. Dans la joie qu'il en éprouve,
Cléofas oublie subitement la grisette; impatient de se rendre
à l'appel de Dorotea, il repousse même le diable, qui
cherche à le retenir, et qui, blessé de tant d'ingratitude,
déclare l'abandonner à sa destinée.

Cependant, au moment d'entrer chez la veuve, Cléofas
sent une main se poser sur son bras, et entend une voix
qui lui crie dans la langue du ballet : « Halte-là, beau
cavalier ! vous aimez doña Dorotea , je l'aime aussi;
donc nous allons, si vous le voulez bien, mesurer nos
épées. »

Celui qui s'exprime de la sorte est un jeune officier que
Cléofas a parfaitement le droit de ne pas reconnaître, mais
dont la moustache ne saurait nous en imposer, à nous qui
avons bonne mémoire. — C'est doña Florinde en personne.
— Elle s'y prend si galamment que l'écolier n'a bientôt
plus de prétexte pour refuser de se battre. Les deux champions croisent donc le fer, et du train dont ils y vont l'un
ou l'autre doit inévitablement rester sur la place. Mais

Paquita, qui les a vus de loin se provoquer, accourt se
jeter entre eux, et les force d'ajourner la partie, au grand

désespoir de Florinde, qui ne peut empêcher Cléofas de se
rendre auprès de Dorotea. — La danseuse et Paquita,
restées ensemble, se racontent mutuellement leur histoire. — Elles sont femmes, c'est bien naturel. — Rap-
prochées par un commun désir de vengeance, elles ou-
blient leur rivalité, et forment contre la veuve une alliance
offensive et défensive, à laquelle Asmodée vient généreu-
sement promettre son appui.

Pour commencer, le diable introduit la manola sous l'habit d'une modiste, et Florinde, sous un costume militaire, dans le boudoir de Dorotea, qui est à sa toilette. Qui de vous connaît les manolas de Madrid? C'est mieux que la grisette de Bordeaux, mieux que la modiste de Paris; c'est la vivacité du serpent, la grâce de l'oiseau : — un costume de soie et de satin, luisant sous le soleil, faisant valoir les formes les plus élégantes, et un minois qui n'est ni fripon ni fûté comme celui des bergères de Watteau, ni douceâtre ni sentimental comme celui des bergères de Gessner; mais spirituel, ardent, taquin; — du feu, de la flamme, — la passion du moment, la fantaisie reine, le caprice flamboyant, le rayon méridional qui se joue et glisse dans les ombres de la forêt. Voici donc la manola et Florinde dans le boudoir de Dorotea. Le petit officier se cache derrière un meuble, tandis que la grisette montre ses colifichets à la veuve. Celle-ci, désirant se consulter avant de faire un choix, prie la jeune marchande de laisser là ses échantillons et de revenir plus tard.

— Voilà qui sert on ne peut mieux nos projets. — Dès qu'elle se voit maîtresse de la place, zest! Florinde s'élance aux pieds de Dorotea, et lui lâche à bout portant une déclaration des plus passionnées.

— Quoi! s'y prendre de cette façon cavalière! ne pas même donner aux gens le temps de se reconnaître! c'est un peu brusquer les choses, direz-vous. Mais allez donc en remontrer à la danseuse sur ce chapitre-là; elle sait

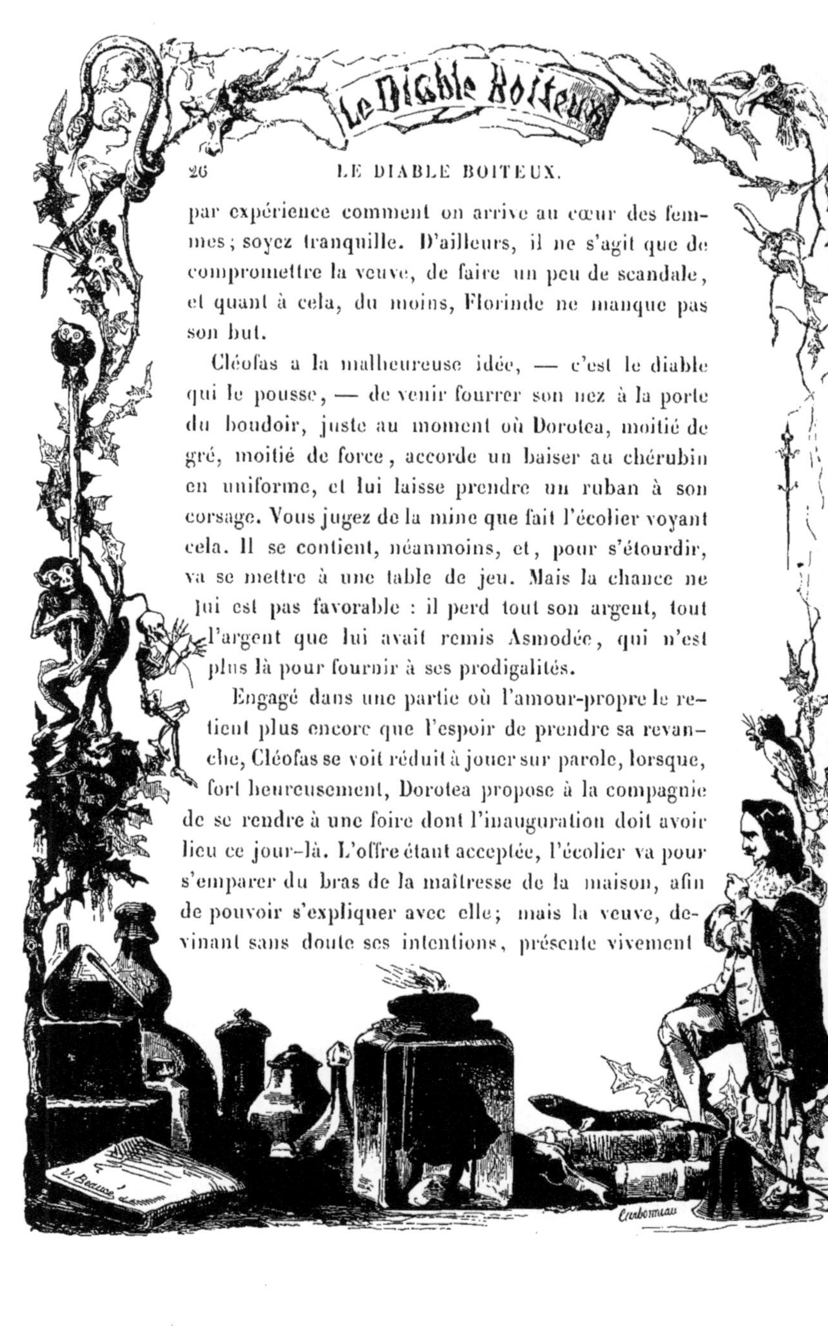

par expérience comment on arrive au cœur des femmes; soyez tranquille. D'ailleurs, il ne s'agit que de
compromettre la veuve, de faire un peu de scandale,
et quant à cela, du moins, Florinde ne manque pas
son but.

Cléofas a la malheureuse idée, — c'est le diable
qui le pousse, — de venir fourrer son nez à la porte
du boudoir, juste au moment où Dorotea, moitié de
gré, moitié de force, accorde un baiser au chérubin
en uniforme, et lui laisse prendre un ruban à son
corsage. Vous jugez de la mine que fait l'écolier voyant
cela. Il se contient, néanmoins, et, pour s'étourdir,
va se mettre à une table de jeu. Mais la chance ne
lui est pas favorable : il perd tout son argent, tout
l'argent que lui avait remis Asmodée, qui n'est
plus là pour fournir à ses prodigalités.

Engagé dans une partie où l'amour-propre le retient plus encore que l'espoir de prendre sa revan-
che, Cléofas se voit réduit à jouer sur parole, lorsque,
fort heureusement, Dorotea propose à la compagnie
de se rendre à une foire dont l'inauguration doit avoir
lieu ce jour-là. L'offre étant acceptée, l'écolier va pour
s'emparer du bras de la maîtresse de la maison, afin
de pouvoir s'expliquer avec elle; mais la veuve, de-
vinant sans doute ses intentions, présente vivement

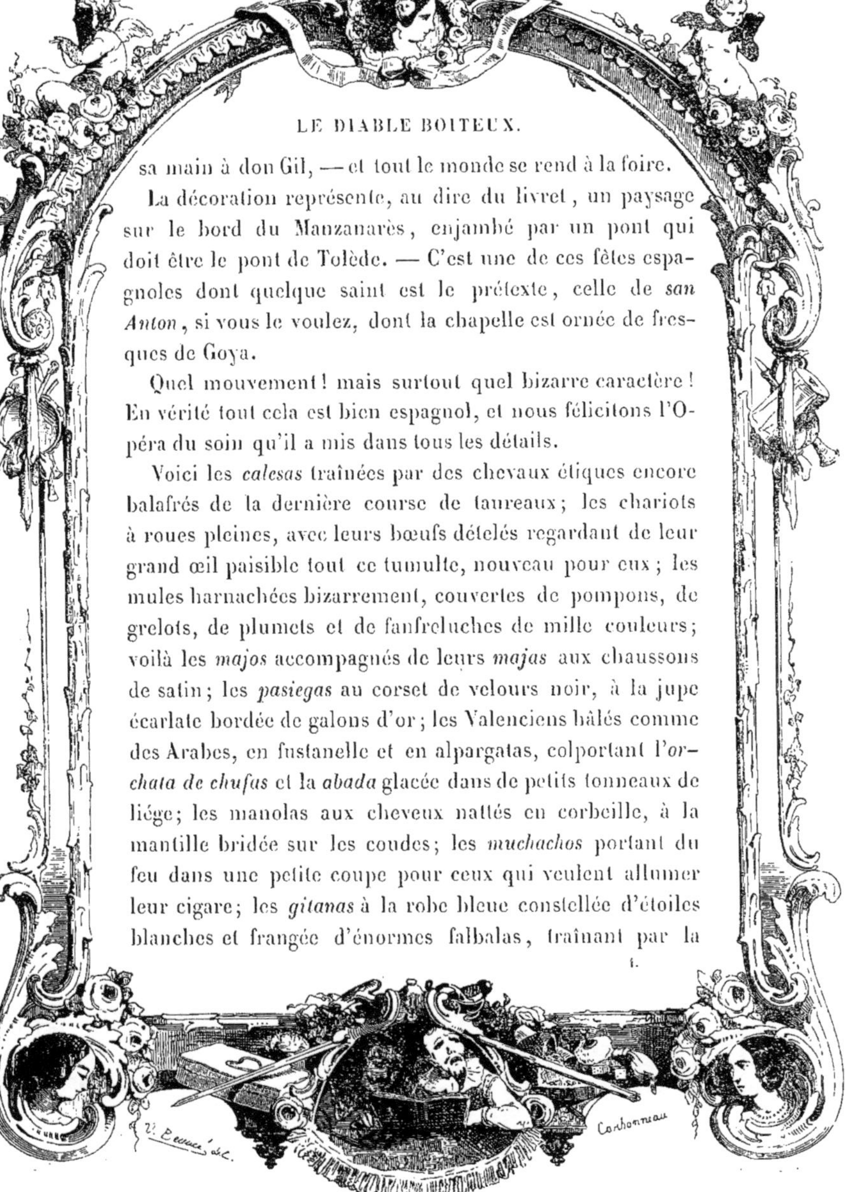

sa main à don Gil, — et tout le monde se rend à la foire.

La décoration représente, au dire du livret, un paysage sur le bord du Manzanarès, enjambé par un pont qui doit être le pont de Tolède. — C'est une de ces fêtes espagnoles dont quelque saint est le prétexte, celle de *san Anton*, si vous le voulez, dont la chapelle est ornée de fresques de Goya.

Quel mouvement! mais surtout quel bizarre caractère! En vérité tout cela est bien espagnol, et nous félicitons l'Opéra du soin qu'il a mis dans tous les détails.

Voici les *calesas* traînées par des chevaux étiques encore balafrés de la dernière course de taureaux; les chariots à roues pleines, avec leurs bœufs dételés regardant de leur grand œil paisible tout ce tumulte, nouveau pour eux; les mules harnachées bizarrement, couvertes de pompons, de grelots, de plumets et de fanfreluches de mille couleurs; voilà les *majos* accompagnés de leurs *majas* aux chaussons de satin; les *pasiegas* au corset de velours noir, à la jupe écarlate bordée de galons d'or; les Valenciens hâlés comme des Arabes, en fustanelle et en alpargatas, colportant l'*orchata de chufas* et la *abada* glacée dans de petits tonneaux de liége; les manolas aux cheveux nattés en corbeille, à la mantille bridée sur les coudes; les *muchachos* portant du feu dans une petite coupe pour ceux qui veulent allumer leur cigare; les *gitanas* à la robe bleue constellée d'étoiles blanches et frangée d'énormes falbalas, traînant par la

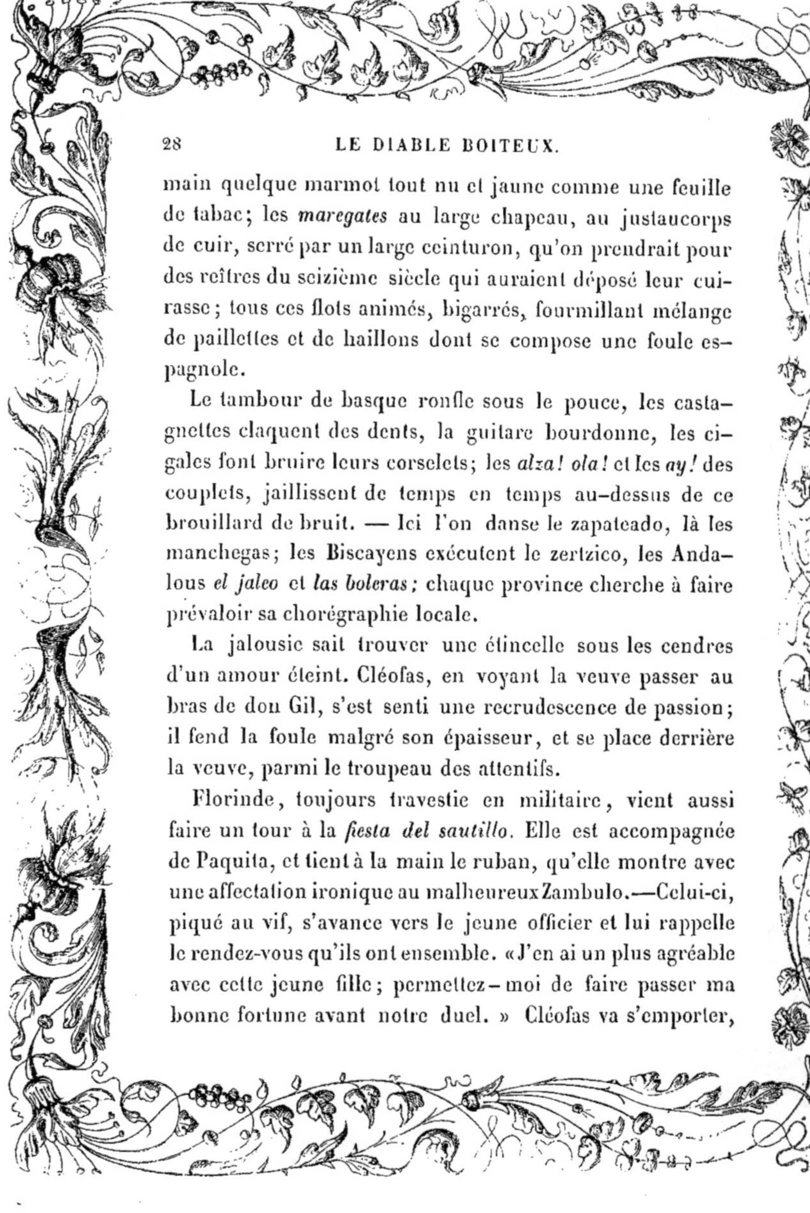

main quelque marmot tout nu et jaune comme une feuille
de tabac; les *maregates* au large chapeau, au justaucorps
de cuir, serré par un large ceinturon, qu'on prendrait pour
des reîtres du seizième siècle qui auraient déposé leur cuirasse; tous ces flots animés, bigarrés, fourmillant mélange
de paillettes et de haillons dont se compose une foule espagnole.

Le tambour de basque ronfle sous le pouce, les castagnettes claquent des dents, la guitare bourdonne, les ci-
gales font bruire leurs corselets; les *alza! ola!* et les *ay!* des
couplets, jaillissent de temps en temps au-dessus de ce
brouillard de bruit. — Ici l'on danse le zapateado, là les
manchegas; les Biscayens exécutent le zertzico, les Anda-
lous *el jaleo* et *las boleras;* chaque province cherche à faire
prévaloir sa chorégraphie locale.

La jalousie sait trouver une étincelle sous les cendres
d'un amour éteint. Cléofas, en voyant la veuve passer au
bras de don Gil, s'est senti une recrudescence de passion;
il fend la foule malgré son épaisseur, et se place derrière
la veuve, parmi le troupeau des attentifs.

Florinde, toujours travestie en militaire, vient aussi
faire un tour à la *fiesta del sautillo.* Elle est accompagnée
de Paquita, et tient à la main le ruban, qu'elle montre avec
une affectation ironique au malheureux Zambulo.—Celui-ci,
piqué au vif, s'avance vers le jeune officier et lui rappelle
le rendez-vous qu'ils ont ensemble. «J'en ai un plus agréable
avec cette jeune fille; permettez-moi de faire passer ma
bonne fortune avant notre duel. » Cléofas va s'emporter,

mais des danseurs arrivent et les séparent tout à fait à
temps.

Paquita, pour réparer l'échec qu'elle a éprouvé à la classe
de danse, exécute une danse nationale avec une grâce et
un charme infinis. Tous les assistants l'applaudissent, et
don Cléofas lui-même l'admirerait, s'il n'était encore follement assoté de la veuve, pour laquelle il dépense ses
derniers douros en présents et en colifichets qu'elle em-
poche sans se faire prier. Quand sa bourse est épuisée, ce
qui n'est pas long, il achète à crédit, car les marchands
ne peuvent s'imaginer qu'un jeune seigneur si galamment
troussé n'ait pas un maravédis vaillant ou un réal de vel-
lon.

Des Bohémiens traversent le fond du théâtre; Asmodée
a pris leur costume et s'est constitué leur chef de sa
propre autorité. Il s'avance, et propose aux assistants de
leur dire la bonne aventure. — Son état de diable lui donne
de grandes facilités pour cette noble profession; il est passé
maître en chiromancie, rabdomancie, cartomancie, né-
cromancie, alectryomancie, et autres sciences en *cie*. Il
prédit à Paquita le bonheur qu'elle désire, il arrache les
moustaches à Florinde, et démasque Cléofas, qu'il dénonce
pour être un pauvre diable passé, présent et futur.

Les créanciers poussent les hauts cris, les fournisseurs
accourent les serres ouvertes et le bec frais émoulu, pour
dévorer le misérable. — Don Cléofas se jetterait volontiers
dans le Manzanarès, si cet honnête fleuve pouvait se prêter
à un suicide, mais il n'est pas commode de se noyer dans

une rivière qu'on arrose l'été avec de l'eau de puits. — Bellaspada, pour comble de honte, voyant tomber une à une les plumes de paon dont le geai s'était paré, tire sa sœur par le bras et s'éclipse discrètement.

Florinde, elle, ne s'est pas enfuie, et glisse sa bourse pleine d'or dans la main de Paquita, car, touchée de l'amour pur et naïf de la petite manola, elle renonce au caprice qu'elle avait pour le seigneur Cléofas.

Asmodée, voyant l'écolier corrigé par cette dure leçon, lui rend son amitié, et lui donne une clochette magique pour l'évoquer, s'il a jamais besoin de ses services.

Cléofas est un peu sceptique, nous l'avons dit, et quoiqu'il n'ait pas lieu de douter de la bonne foi du diable, il veut mettre à l'épreuve la vertu du talisman; il agite la sonnette, et la petite langue d'argent n'a pas plutôt fait entendre sa voix, qu'Asmodée, qui avait disparu, jaillit soudainement de terre, quoiqu'il fût déjà aux antipodes ou plus loin.

Cléofas Zambulo peut donc désormais vivre tranquille, ayant une jolie femme et un bon diable à sa disposition. — Mais n'est-ce pas trop d'un?

Théophile Gautier.

Parmi les plus agréables ballets de l'Académie royale de musique, il en est peu qui, pour l'éclat et la fidélité des costumes, l'heureuse disposition de la mise en scène et la facilité brillante de la musique, méritent mieux que *le Diable boiteux* la vogue populaire dont il jouit encore. M. Gide, compositeur spirituel, est l'auteur de cette piquante partition.

M. Coraly, l'un des auteurs de la pièce, en a disposé la partie chorégraphique avec une élégance pleine d'originalité.

SPQR.
NOTICE
SUR
NORMA
DRAME LYRIQUE EN DEUX ACTES
DE ROMANI
MUSIQUE DE BELLINI

NOTICE SUR NORMA

Au lever du rideau, le théâtre représente une forêt druidique pleine d'ombre et de terreur. Des chênes géants, contemporains du déluge, et qui ont vu les poissons de l'Océan s'enchevêtrer dans leurs cimes, tordent puissamment leurs troncs noueux, rugueux, écaillés, sillonnés par la foudre et la pluie, et enfoncent dans les crevasses du sol, à travers les roches moussues, leurs racines articulées comme les doigts d'une main de Titan; les agarics livides, les champignons monstrueux, s'épanouissent dans la moisissure de leur base, frappée de larges plaques de rouille qu'on pourrait

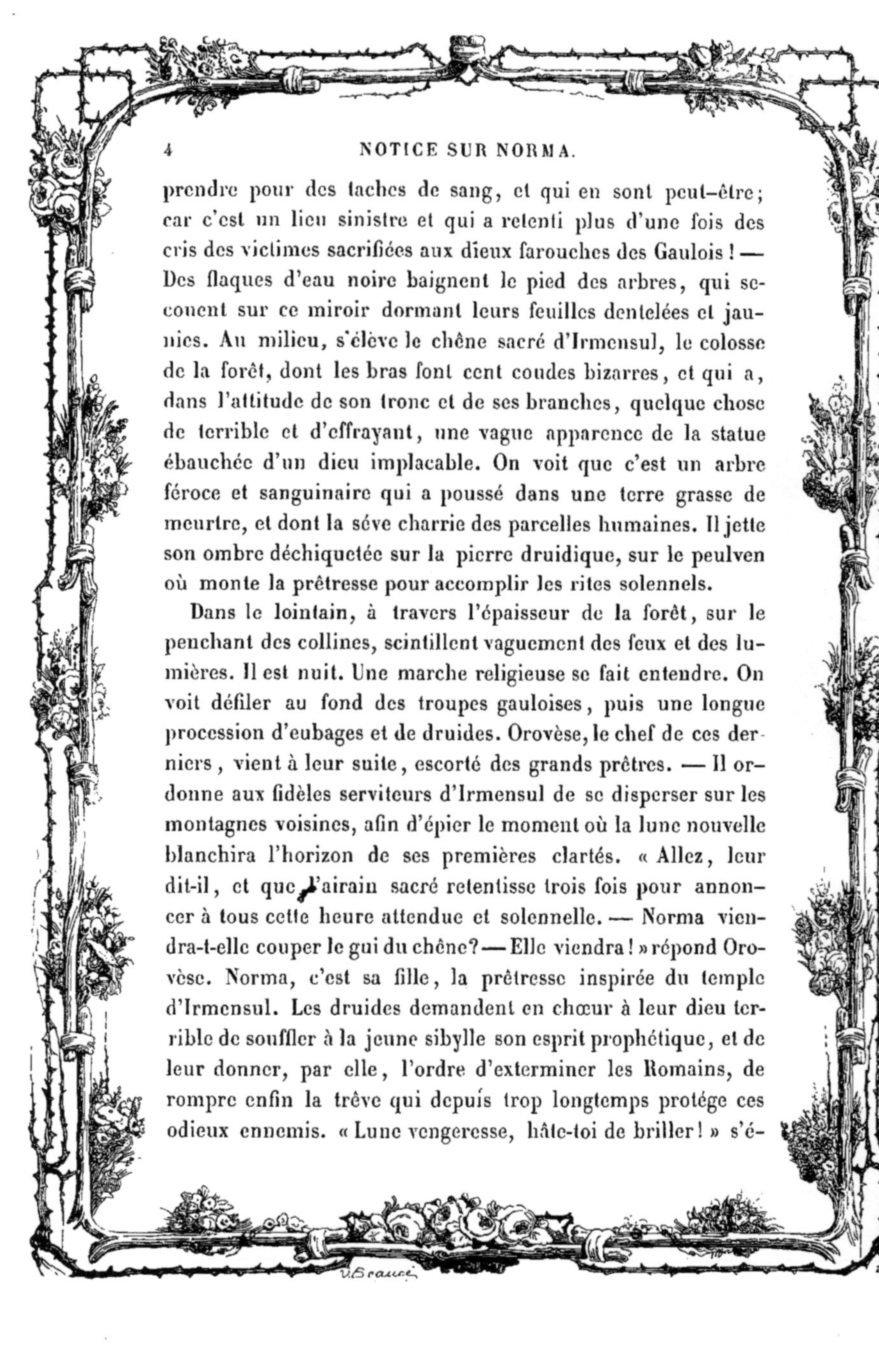

prendre pour des taches de sang, et qui en sont peut-être;
car c'est un lieu sinistre et qui a retenti plus d'une fois des
cris des victimes sacrifiées aux dieux farouches des Gaulois! —
Des flaques d'eau noire baignent le pied des arbres, qui se-
couent sur ce miroir dormant leurs feuilles dentelées et jau-
nies. Au milieu, s'élève le chêne sacré d'Irmensul, le colosse
de la forêt, dont les bras font cent coudes bizarres, et qui a,
dans l'attitude de son tronc et de ses branches, quelque chose
de terrible et d'effrayant, une vague apparence de la statue
ébauchée d'un dieu implacable. On voit que c'est un arbre
féroce et sanguinaire qui a poussé dans une terre grasse de
meurtre, et dont la séve charrie des parcelles humaines. Il jette
son ombre déchiquetée sur la pierre druidique, sur le peulven
où monte la prêtresse pour accomplir les rites solennels.

Dans le lointain, à travers l'épaisseur de la forêt, sur le
penchant des collines, scintillent vaguement des feux et des lumières. Il est nuit. Une marche religieuse se fait entendre. On
voit défiler au fond des troupes gauloises, puis une longue
procession d'eubages et de druides. Orovèse, le chef de ces derniers, vient à leur suite, escorté des grands prêtres. — Il ordonne aux fidèles serviteurs d'Irmensul de se disperser sur les
montagnes voisines, afin d'épier le moment où la lune nouvelle
blanchira l'horizon de ses premières clartés. « Allez, leur
dit-il, et que l'airain sacré retentisse trois fois pour annoncer à tous cette heure attendue et solennelle. — Norma vien-
dra-t-elle couper le gui du chêne? — Elle viendra! » répond Orovèse. Norma, c'est sa fille, la prêtresse inspirée du temple
d'Irmensul. Les druides demandent en chœur à leur dieu terrible de souffler à la jeune sibylle son esprit prophétique, et de
leur donner, par elle, l'ordre d'exterminer les Romains, de
rompre enfin la trêve qui depuis trop longtemps protége ces
odieux ennemis. « Lune vengeresse, hâte-toi de briller! » s'é-

crient-ils. Et, sur les pas d'Orovèse, ils se perdent dans les profondeurs de la forêt.

A peine le bruit de leurs voix s'est-il éteint au loin, que deux hommes paraissent mystérieusement enveloppés dans leurs chlamydes, qui les font reconnaître pour des Romains. — L'un d'eux est Pollion, proconsul des Gaules ; l'autre, Flavius, son confident, son ami. « Pourquoi nous être aventurés jusqu'ici ? observe Flavius ; les profanes trouvent la mort dans cette forêt ; Norma te l'a dit. — Norma ! s'écrie Pollion épouvanté ; Ah ! ne prononce pas ce nom qui me déchire le cœur ! — Quoi ! n'est-ce pas celui de ton amante, celui de la mère de tes enfants ? — Reproche-moi mon ingratitude, ma trahison : de mon amour pour la fille d'Orovèse il ne reste rien dans mon cœur ; tout ce premier, tout ce beau feu n'est plus que cendre ! — O ciel ! aimerais-tu donc ailleurs ? » demanda Flavius, effrayé à son tour. — Oui. Le volage lieutenant de César s'est épris d'une autre jeune Gauloise, de la prêtresse Adalgise, dont il a tout lieu de se croire aimé. Il l'avoue en frémissant à son ami, car il redoute la juste colère de Norma, que ses remords lui font voir, dans des songes horribles, vengeant sur l'innocente Adalgise, et sur ses fils plus innocents encore, son parjure et sa lâcheté insignes ! Pollion mesure l'abîme ouvert devant ses pas, et il y court, poussé par une force invincible. Il était venu dans l'espoir de rencontrer Adalgise, de lui parler ; mais les tintements du bronze, qui annoncent que la lune nouvelle vient de s'épanouir comme une fleur d'argent au jardin azuré du ciel, et la voix des druides qui accourent vers la pierre du dolmen, forcent le proconsul et son compagnon à s'éloigner en hâte de ce lieu sacré.

La foule envahit bientôt la ténébreuse enceinte. Derrière l'autel se rangent les druides, immobiles sous leurs longs manteaux blancs ; de chaque côté viennent se placer les eubages et les sacrificateurs ; plus bas sont les bardes, les guer-

riers, et, au milieu de tous, s'avance lentement Orovèse. Les pâles rayons
de l'astre nocturne éclairent déjà la cime des arbres séculaires, et la mul-
titude fanatique abritée sous leur ombre, prévenant l'arrêt que va dicter
l'oracle de son dieu, salue cette aurore mystique par un chant de guerre
et de carnage. Mais tout à coup paraît Norma entourée de ses prêtresses.

— Norma, c'est Julia Grisi, et jamais, à coup sûr, Irmensul n'eut prêtresse
plus belle et mieux inspirée. Elle va
au delà de l'idéal. Quand elle entre,
droite et fière dans les plis de sa tu-
nique, la faucille d'or à la main, la
couronne de verveine sur la tête, avec
son masque de marbre pâle, ses sour-
cils noirs et ses yeux d'un bleu ver-
dissant comme celui de la mer, c'est
dans toute la salle un cri involontaire
d'admiration ; quelles épaules et quels
bras! ce sont ceux que la Vénus de Milo
a perdus!

Norma est le triomphe de Julia Grisi.
Quiconque ne l'a pas vue dans ce rôle,
ne peut pas dire qu'il la connaît ; elle

s'y montre aussi grande tragédienne que parfaite cantatrice. Chant, passion, beauté, elle a tout; rage contenue, violence sublime, la menace et les pleurs, l'amour et la colère; jamais femme n'a ainsi répandu son âme dans la création d'un rôle.

Avec quelle démarche souveraine elle s'avance vers la pierre druidique! comme on voit qu'elle est sûre de son empire, et quels regards divinement hautains elle promène sur la foule muette et frémissante, qui attend que le dieu veuille bien parler par cette belle bouche, d'où ne tombent que des chants inspirés!

« Qui donc, s'écrie-t-elle, ose faire entendre ici une voix séditieuse? qui donc est assez présomptueux pour sonder les impénétrables secrets du destin, et présager le dernier jour de Rome?

— O ma fille! dit Orovèse, nos forêts et nos temples n'ont-ils pas été assez souillés par les aigles latines? N'est-il pas temps enfin que l'épée de Brennus sorte du fourreau?

— Non, le jour de la vengeance n'est pas encore venu : les javelots romains seraient plus forts que les haches des Sicambres... L'avenir se révèle à mes yeux : je vois que la cité des Césars doit périr, mais non par vous... Elle mourra dévorée par ses vices, usée par ses propres excès. Attendez l'heure de la justice, ne la devancez pas! Au nom du Dieu qui m'inspire, je vous ordonne la paix... et je coupe le gui sacré! »

Norma levant alors son bras, avec un mouvement d'ineffable majesté, détache de la branche le mystérieux parasite, que les jeunes prêtresses recueillent dans le van symbolique.

Les nuages se déchirent : un rayon perce le dôme de la forêt, et la lune montre la chaste pâleur de son visage. — C'est à ce moment que Norma chante le bel air qui commence ainsi :

Casta diva....

où l'âme tendre et mélancolique de Bellini semble avoir passé tout entière. A chaque note, il semble qu'on entende soupirer la brise nocturne

dans les feuilles humides de rosée; c'est quelque chose de frais, de ve-
louté, d'argentin, de bleuâtre, — si une idée de couleur peut s'appliquer
à un son, — d'un charme et d'un effet irrésistibles. Les esprits les plus
rebelles et les moins sympathiques sont forcés d'applaudir et l'air et la
cantatrice. Entendre Grisi chanter *Casta diva*, est un des plus grands
plaisirs qu'on puisse rêver : l'œil, l'oreille et l'âme sont également satis-
faits; le peintre, le musicien et le poëte y trouvent chacun l'idéal de leur
art. — Heureuse femme, trois fois douée!

La prière achevée, Norma ordonne à tout le monde de s'éloigner avec
elle, promettant de ne pas faire attendre le signal d'extermination quand
l'esprit d'en haut lui commandera de le donner. Les prêtres et les guerriers en acceptent l'augure, et font le serment de frapper alors sans pitié

les Romains, et surtout le proconsul Pollion. — Pollion! c'est lui aussi que Norma devrait le plus maudire, et qu'elle protége encore, malgré elle, contre ses frères et contre son Dieu!

Adalgise reste seule devant l'autel abandonné. — C'est là que, pour la première fois, Pollion s'est offert à sa vue; et, depuis ce jour, une force irrésistible, un charme secret l'y ramènent sans cesse, à toute heure. Elle se prosterne au pied du dolmen, en priant Irmensul d'arracher de son cœur un amour impossible et sacrilége... Mais quelle voix se fait entendre? qui murmure son nom? qui l'appelle? — Grand Dieu! c'est lui, c'est Pollion! « Éloigneto ! s'écrie la jeune fille, saisie de terreur; je ne dois pas t'écouter, mon Dieu me le défend! — Oublie ce Dieu jaloux, ce Dieu sanguinaire... Adalgise, viens dans Rome où l'Amour a des temples, où le bonheur nous attend, où

César me rappelle! — Tu pars? — Oui, demain... mais si tu
m'aimes nous fuirons ensemble! » La jeune prêtresse invoque
les serments qu'elle a prononcés, sa religion qui l'enchaîne, et
sa famille, et sa patrie : hélas! c'est le dernier cri de la vertu
qui succombe! Pollion, plus pressant, plus passionné à mesure qu'elle devient plus tremblante et plus faible, finit par lui
arracher la promesse de venir l'attendre le lendemain, à la
même heure, au pied du chêne d'Irmensul, et d'abandonner,
pour le suivre, ces vieilles forêts où elle a grandi, comme une
chaste fleur, dans l'ombre et le mystère.

Le théâtre change et représente l'habitation de Norma. — La
prêtresse, agitée, orageuse, rentre dans sa sauvage demeure.
Elle embrasse convulsivement ses fils, élevés loin de tous les
regards. Elle est heureuse à la fois et malheureuse d'être leur

mère; elle les aime et elle les hait, ou plutôt c'est Pollion qu'elle hait et qu'elle aime en eux. Le perfide lui semble couver quelque affreux dessein ; elle sait qu'il vient d'être rappelé à Rome, et elle craint qu'il ne parte sans elle et ne l'abandonne, avec ses enfants, à toute l'horreur de sa situation. — En proie à la plus cruelle incertitude, et voulant la faire cesser, dût-elle en mourir, Norma se dispose à aller trouver Pollion. Comme elle va pour sortir, entre Adalgise, pâle, tremblante, des soupirs dans la poitrine, des larmes dans les yeux. Elle se jette aux pieds de Norma, la sévère prêtresse, en implorant son indulgence ; car elle veut fuir, abandonner les autels d'Irmensul, sortir de l'ombre glaciale de la forêt sacrée : elle n'apporterait au culte de la divinité qu'une âme troublée et distraite ; elle ne s'appartient plus ; un regard a tout fait ; elle aime ! Et, lisant dans les yeux de Norma une tendre commisération pour elle, Adalgise lui décrit et les symptômes et les progrès de son amour, tout ce que la passion a de plus pur et de plus ardent. — Norma, attendrie, promet à la pauvre fille de la relever de ses vœux et de la rendre au bonheur. Cependant elle écoute avec un vague pressentiment ces confidences, qui lui rappellent par tant de traits le commencement de ses propres amours avec Pollion. « Mais cet homme à la démarche si noble, au regard si puissant, quel est-il ? quel est son nom ? s'écrie Norma de plus en plus inquiète. — Ce n'est pas un fils de la Gaule, c'est un enfant de Rome ! — Un Romain... poursuis !... — Tu le vois ! » répond Adalgise en désignant le proconsul, qui paraît sur le seuil, interdit et décontenancé de voir ensemble les deux rivales.

« Pollion ! qu'as-tu dit ? c'est lui que tu aimes et qui veut s'unir à toi !... » Norma, bouleversée par cette effroyable révélation, n'ose en croire ses oreilles et ses yeux. Adalgise a besoin de lui répéter son arrêt. « Oh ! malheur ! malheur sur toi, jeune fille ! s'écrie la prophétesse d'une voix terrible et qui fait tressaillir Pollion. — Pourquoi trembles-tu? dit-elle à celui-ci. Pour cette infortunée que tu as perdue?... Ah! tremble plutôt pour toi! tremble plutôt pour tes fils et pour moi-même! » Atterré, confondu, impuissant à se justifier, Pollion la supplie du moins de se contenir devant Adalgise, qui les écoute avec stupeur, de ne point dévoiler aux yeux de cette enfant la honte de leurs amours; et, voyant ses prières inutiles, il fait mine de vouloir sortir; mais Norma l'arrêtant d'une étreinte de son bras de marbre : « Amant sans cœur! père sans entrailles! ne te flatte pas de m'échapper; je t'atteindrai partout... Ne sais-tu pas que ma rivale est en ma puissance? — Quoi! tu oserais?... — J'oserai tout! » Pollion se dégage alors, et veut entraîner Adalgise; mais la jeune fille le repousse en s'écriant : « Tu es l'époux d'une autre... plutôt mourir que de te suivre! » Et tombant aux

pieds de Norma : « Oui, j'aurai la force d'étouffer mes soupirs, de dé-vorer mes tourments... Je périrai, lui dit-elle, pour que le cruel revienne à ses fils et à toi! »

Sur les dernières notes de ce magnifique trio, on entend résonner le bronze sacré, qui convoque les druides au temple. Norma, forcée d'assister à la cérémonie, d'une main relève Adalgise, éplorée, et de l'autre, sans dire un mot, mais la lèvre crispée et les yeux pleins d'éclairs, avec un geste superbe, elle montre la porte au proconsul, qui s'éloigne en frémissant de rage.

Au second acte, nous sommes dans l'intérieur de l'habitation de Norma. Il fait nuit, et dans un angle dorment, sur un petit lit de camp romain, les deux fils de la prêtresse, pauvres enfants, calmes au milieu de tous ces orages, et faisant peut-être de beaux rêves pleins de fleurs, de soleil, de parfums et de chants d'oiseaux. — Norma entre pâle, sinistre, avec cette beauté imposante que donne une grande résolution. Comme Psyché, elle tient à la main une lampe et un poignard; mais ce n'est pas un secret qu'elle veut pénétrer : hélas! elle sait tout, et l'avenir est plus sombre encore que le présent. « Ils dorment, et du moins ne verront pas la main qui les frappe! » C'est par tendresse que Norma est cruelle; les malheureux ne peuvent vivre : dans les Gaules, s'ils sont découverts, le supplice les attend; à Rome, il leur faudrait subir les dédains et les rigueurs d'une marâtre; mieux vaut qu'ils meurent!

Julia Grisi atteint, dans cette scène, à une hauteur que personne n'a dépassée; c'est vraiment la muse tragique, la Melpomène telle qu'Eschyle et Phidias ont pu la rêver. — Quels cris venus du cœur! quelle véhémence et quelle passion !

Au moment de porter le coup fatal, elle hésite, elle se trouble, le fer est près de lui échapper, ses entrailles de mère s'émeuvent : les tuer, eux qu'elle a conçus, qu'elle a nourris! eux, le sourire de sa tristesse, le rayon de ses nuits sombres! Mais ils sont fils de Pollion, ils paieront pour leur père, celui

qui, par sa lâche trahison, a mis le poignard aux mains de Norma. Que leur
sang retombe sur lui, et que ce remords aille troubler le bonheur du coupable jusque dans les bras de son amante! — En disant ces mots, elle s'a-
vance vers le lit de ses fils et lève le poignard... mais, saisie d'horreur à ce

moment suprême, elle recule, pousse un cri, et, tout éperdue, court appeler
Adalgise.

« Écoute, lui dit-elle d'une voix troublée et sinistre; tout à l'heure tu
étais là prosternée, suppliante à mes pieds : c'est à moi maintenant d'embrasser tes genoux, d'implorer ta pitié... Jure d'exaucer la prière que je
vais t'adresser. — Je le jure! répond Adalgise en frissonnant. — Je vais
mourir, poursuit Norma; j'ai résolu de purger ces lieux, souillés de ma
présence; mais je ne puis entraîner mes enfants avec moi... C'est à tes
soins que je les confie : sois pour eux une seconde mère... Conduis-les vers
celui que je n'ose nommer, et que le cruel devienne ton époux.... Je

lui pardonne!... — Lui, mon époux? jamais! Garde tes fils et
vis pour eux... Le ciel me délie du serment que je t'ai fait : c'est
un serment impie!» En vain Norma insiste, la noble jeune fille
refuse d'accepter le sacrifice de sa rivale. Elle cherche, au contraire, par de consolantes paroles, à la rattacher à la vie. « Espère encore! lui dit-elle dans un élan sublime de dévouement,
Pollion ne fut qu'égaré, déjà sans doute il se repent... Je cours
au camp des Romains me jeter aux pieds de l'ingrat... — Toi
qui l'aimes! — Mon amour n'était qu'un rêve : mes yeux sont
ouverts! — Et tu veux?... — Te ramener ton époux ou mourir
avec toi! — Généreuse enfant, tu l'emportes! s'écria Norma en
lui ouvrant ses bras. Que ta volonté s'accomplisse! »

L'action se transporte pour quelques instants dans une partie
sauvage de la forêt sacrée où les principaux chefs gaulois, les
brenns, sont réunis, attendant la réponse de la pythonisse d'Irmensul, consultée de nouveau par les prêtres. — Orovèse se présente, la tête basse, l'air sombre, au milieu des guerriers. Il
espérait avoir à leur promettre un meilleur avenir, et pouvoir
seconder l'héroïque ardeur qui les embrase; mais hélas! il leur
apprend que Pollion vient d'être rappelé à Rome, et que César
envoie dans les Gaules, avec de nouvelles légions, un proconsul plus redoutable encore que son prédécesseur. Norma le sait,
et Norma, interrogée, n'a rien voulu répondre. Il semble que
la Divinité ne lui parle plus et qu'elle oublie l'univers. « Sé-
parons-nous donc, dit Orovèse avec douleur, et que rien ne
transpire de notre entreprise avortée. Dévorons si bien notre
haine que Rome puisse la croire éteinte. Au jour de la vengeance, elle ne se réveillera que plus terrible! »

La décoration change une dernière fois et représente le temple
d'Irmensul, ce Mars du Nord, ce dieu farouche de la montagne
d'Ehresbourg, qui portait sur sa cuirasse une figure d'ours, sur

son bouclier un mufle de lion, et dans sa main un fouet armé de pointes d'airain, pour en frapper les vaincus au visage! Un temple aussi barbare que le dieu auquel il est destiné, de lourds fragments de roche brute entassés les uns sur les autres sans ciment, comme les blocs des constructions cyclopéennes; — quelque chose de puissamment écrasé, de vigoureusement trapu, à faire douter si c'est un ouvrage de l'art ou un jeu de la nature, tant les piliers ont l'air de fûts d'arbres pétrifiés, et les murailles de quartiers de granit éboulés dans un hasard symétrique.

Norma, calmée par les douces paroles d'Adalgise, est venue dans ce lieu attendre le retour de la jeune prêtresse. — Exaltée dans sa confiance comme dans son désespoir, elle voit déjà Pollion revenant à elle plein de repentir et d'amour, et cette pensée consolante efface le dernier pli qui rayait son beau front. Mais, ô malheur! Clothilde, sa confidente, accourt soudain lui annoncer que les prières et les larmes d'Adalgise ont été vaines. « Ah! devais-je me fier à elle? s'écria Norma, que la fureur rend injuste. Ce qu'elle voulait, c'était de sortir de mes mains, et d'aller, belle de sa douleur, se présenter à l'impie! — Elle est revenue parmi ses sœurs, désolée, éperdue, dit Clothilde, demandant comme une grâce de prononcer ses vœux. — Et lui? — Il a juré de l'enlever aux autels même du dieu! — Le traître! que ma

vengeance le prévienne... qu'il meure! » Et se précipitant
vers la statue d'Irmensul, elle frappe trois fois le bouclier
d'airain, qui vibre comme un tam-tam.

A cet appel, débouchent en foule, par toutes les issues,
prêtres et druides, bardes et guerriers, tout un peuple ému
et frémissant. Norma, prête à commander aux flots de cette
mer agitée, se place debout sur l'autel.

« Qu'y a-t-il? dit Orovèse. Le bouclier d'Irmensul a été
frappé; quels sont les décrets du dieu? qu'ordonne-t-il à
ses enfants?

— Guerre! carnage! extermination! s'écrie Norma
d'une voix stridente. — Entonnez le chant des com-
bats! »

« Guerre! guerre! la Gaule est féconde en guerriers; ils sont aussi nombreux que les chênes de ses
forêts! que les framées se baignent jusqu'au
manche dans le sang des Romains! que l'aigle
latin tombe du ciel les ailes rompues, les serres
coupées! Irmensul s'est déclaré enfin; il promet la victoire! »

« Tu n'accomplis pas le sacrifice, dit Orovèse; tu ne désignes pas la victime?

— Jamais l'autel du dieu n'a manqué de sang
humain! » répond Norma avec un calme effrayant. »

Les chants sont interrompus tout à coup par
des clameurs qui viennent du dehors. On crie

à l'impiété, au sacrilége; un homme a été supris dans l'asile des jeunes novices! Cet homme on l'amène : c'est Pollion!

« Je suis donc vengée! dit Norma.

— Qui t'a poussé à défier la colère d'Irmensul en violant ce seuil redouté? demande Orovèse, brandissant le fer sur la poitrine du Romain.

— Frappe, mais ne m'interroge pas.

— Éloignez-vous, s'écrie Norma; c'est à moi de le frapper! »

Et saisissant le poignard d'Orovèse, elle se précipite vers le proconsul... mais, au moment de porter le coup, elle s'arrête, elle hésite, toute surprise de sentir dans son cœur une pitié qui désarme son bras.

« Pourquoi tardes-tu? lui demande Orovèse.

— C'est qu'auparavant je dois l'interroger... je veux savoir quelle est la prêtresse, innocente ou complice, qui a poussé ce profane au dernier des crimes... Qu'on nous laisse tous deux! »

Quand la foule s'est écoulée, Norma offre à Pollion de le sauver, s'il veut faire le serment de fuir pour toujours Adalgise, de ne point tenter de l'enlever aux autels. — Pollion refuse; il aime mieux mourir que de racheter ses jours à ce prix.

« Tu ne sais donc pas jusqu'où peut aller ma fureur? lui dit Norma écumante. Tu ne sais donc pas que j'ai déjà levé le poignard sur tes fils!... je n'ai pas frappé; mais bientôt,

maintenant même je puis me porter à cet excès, oublier que
je suis mère!

— Ah! tue-moi plutôt! que ta haine retombe sur moi
seule! s'écrie Pollion, dont les cheveux se dressent d'é-
pouvante. Mais Norma, l'implacable Norma, lui répond que,
pour qu'elle soit satisfaite, il lui faut non pas une seule
victime mais une hécatombe; que les Romains seront massacrés par centaines, et qu'Adalgise, dénoncée par elle
tout à l'heure, comme infidèle à ses vœux, périra dans les
flammes! A cette dernière menace, Pollion tombe à genoux, les mains jointes, et, en pleurant, la supplie d'é-
pargner une innocente. »

Enfin, tu me pries! dit Norma; mais il est trop tard!
Je veux te frapper dans le cœur de ton amante; je veux
que ta souffrance soit égale à la mienne... Ministres! prêtres!
accourez! »

Tout le monde rentre.

« Je livre une nouvelle victime à votre colère, poursuit la fille d'Orovèse; une prêtresse parjure a enfreint ses
vœux, trahi sa patrie, outragé les dieux de ses pères!

— Quelle est-elle? »

Norma, près de répondre, semble un moment indécise;
elle jette un long regard sur Pollion, puis tout à coup:

« C'est moi, dit-elle, c'est moi!... Préparez le bûcher! »

Orovèse, saisi d'épouvante à cette fatale révélation, lève
au ciel ses mains ridées; ses cheveux blancs se hérissent
sous sa couronne de chêne.

3.

Le chœur prend des attitudes d'étonnement et d'effroi.

«Quoi ! Norma est coupable?»

Tel est le cri qui s'élance de toutes les bouches, sur tous les tons de la colère et de l'incrédulité.

« Oui, je suis coupable, répond Norma. Connais enfin, cruel Pollion, le cœur que tu as perdu... Tu as voulu me fuir : la flamme du même bûcher va nous envelopper, et, sous la terre, mes cendres se mêleront à tes cendres ! »

Pollion, touché d'un remords un peu tardif, sent se rallumer son amour éteint, et mourra content avec Norma, s'il meurt pardonné. La prêtresse recommande tout bas au vieil Orovèse, qui mouille de pleurs sa longue barbe blanche, d'avoir soin de ses fils et de Clothilde. Elle pardonne à l'infidèle proconsul, et le sacrificateur jette sur sa tête le voile noir qui la sépare du monde des vivants. —La toile tombe sur ce tableau lugubre.

Le sujet de *Norma*, qui rappelle la tragédie de M. Ancelot, a de la grandeur et de la poésie, et prête essentiellement aux situations musicales.

Sans posséder ce flot d'inspiration qui jaillit sans cesse de la verve rossinienne, Bellini a par intermittences des illuminations égales à ce que les maîtres ont produit de plus beau. Ce charmant compositeur, que distinguent si éminemment la sensibilité, la grâce et l'expression, ne faiblit que lorsqu'il faut remplacer l'émotion par le métier, et l'inspiration par l'habitude. Il trouve toujours l'accent juste; et même les secrets de l'harmonie, dont la théorie abstraite n'a pas été pour lui un objet de profonde étude, lui sont révélés par l'extrême bonheur de son instinct passionné. Il paraît faible, languissant et pâle dans les seuls moments où le poëte lui donne à exprimer le remplissage ou le lieu commun. Si nous osons rapprocher du nom de ce compositeur délicieux deux noms brillants et célèbres en deux autres sphères de l'art, nous pourrions trouver quelque ressemblance entre la touche molle et ravissante du Corrége, la délicatesse profonde et tendre d'André Chénier, le poëte, et la pénétrante sensibilité dont Bellini a fait preuve dans la *Norma*.

Musicien, ses études harmoniques ne sont pas assez fortes

pour couvrir, par la complication des dessins et les savantes recherches de l'orchestre, la faiblesse de la pensée venue dans un moment de fatigue ou de distraction. La partition, malgré son incontestable supériorité, offre des lacunes qu'aurait pu dissimuler aisément un compositeur, même médiocre. Les qualités de Bellini étant naturelles et non acquises, il ne peut travailler avec la volonté, et se voit obligé d'attendre que le souffle vienne. — L'*andante* de l'introduction est d'une grande noblesse de pensée et d'une remarquable distinction de style. Le récitatif solennel de Norma, dans la cérémonie druidique, est d'une beauté d'expression qui ne le cède à aucune œuvre des maîtres. En général, les récitatifs de Bellini accusent le travail réfléchi d'une remarquable intelligence, et ils sortent de cette mélopée conventionnelle si fatigante à entendre dans les œuvres des compositeurs de second ordre, ou de ceux que leur génie ne porte point vers la musique dramatique, pour laquelle le sentiment vrai de la déclamation est indispensable.

Le duo entre Norma et Adalgise, au premier acte, renferme de ces phrases pénétrantes de tendresse comme Bellini savait si bien en trouver. Le cri de Norma : *O rimen branza ! cosi trovava del mio cor la via !* est d'une ravissante suavité. — La belle phrase du trio suivant : *Pria che costui conoscere*, dans lequel Julia Grisi se montre si magnifiquement terrible, est d'une vigueur qui se rencontre rarement chez Bellini. Tout l'andante de ce trio est puissamment conçu et admirablement construit sous le rapport musical. — L'allégro qui suit ne se maintient pas à cette hauteur.

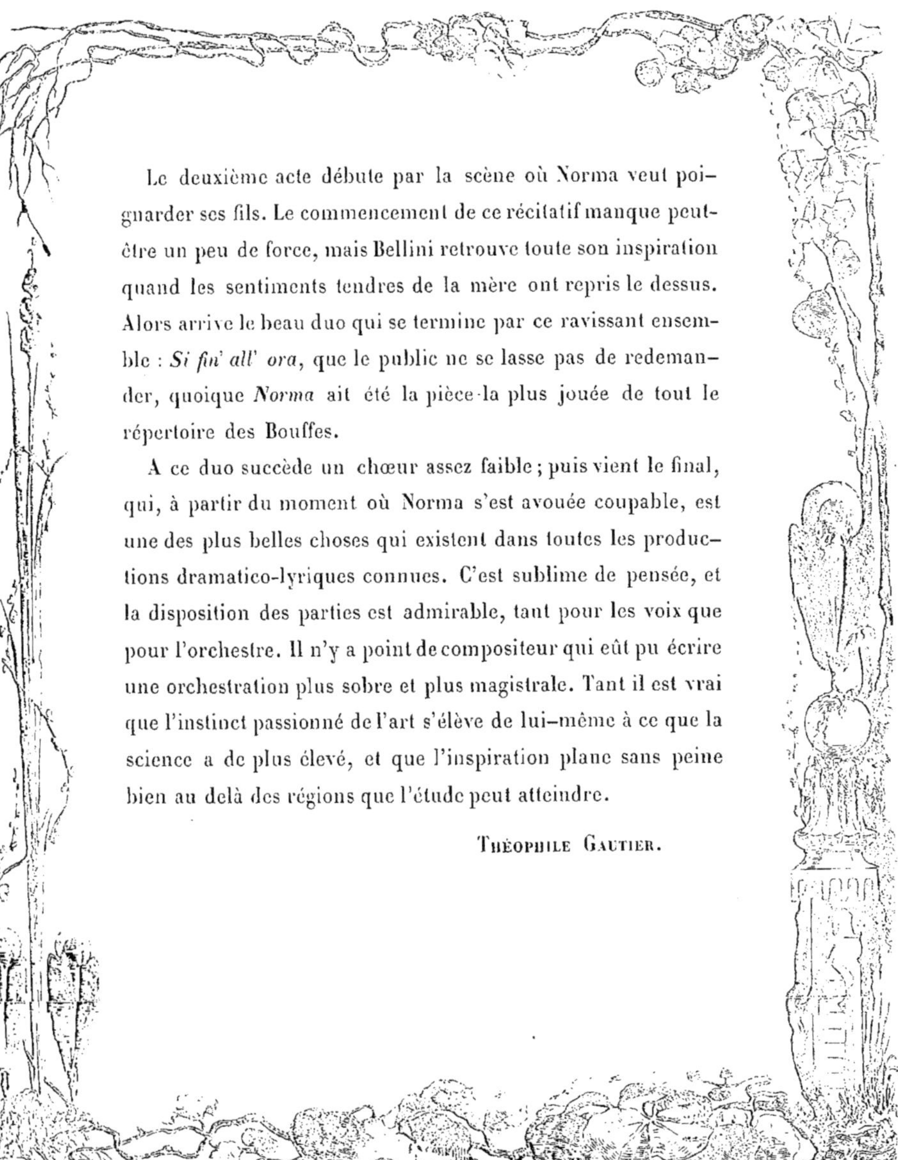

Le deuxième acte débute par la scène où Norma veut poignarder ses fils. Le commencement de ce récitatif manque peut-être un peu de force, mais Bellini retrouve toute son inspiration quand les sentiments tendres de la mère ont repris le dessus. Alors arrive le beau duo qui se termine par ce ravissant ensemble : *Si fin' all' ora*, que le public ne se lasse pas de redemander, quoique *Norma* ait été la pièce la plus jouée de tout le répertoire des Bouffes.

A ce duo succède un chœur assez faible ; puis vient le final, qui, à partir du moment où Norma s'est avouée coupable, est une des plus belles choses qui existent dans toutes les productions dramatico-lyriques connues. C'est sublime de pensée, et la disposition des parties est admirable, tant pour les voix que pour l'orchestre. Il n'y a point de compositeur qui eût pu écrire une orchestration plus sobre et plus magistrale. Tant il est vrai que l'instinct passionné de l'art s'élève de lui-même à ce que la science a de plus élevé, et que l'inspiration plane sans peine bien au delà des régions que l'étude peut atteindre.

Théophile Gautier.

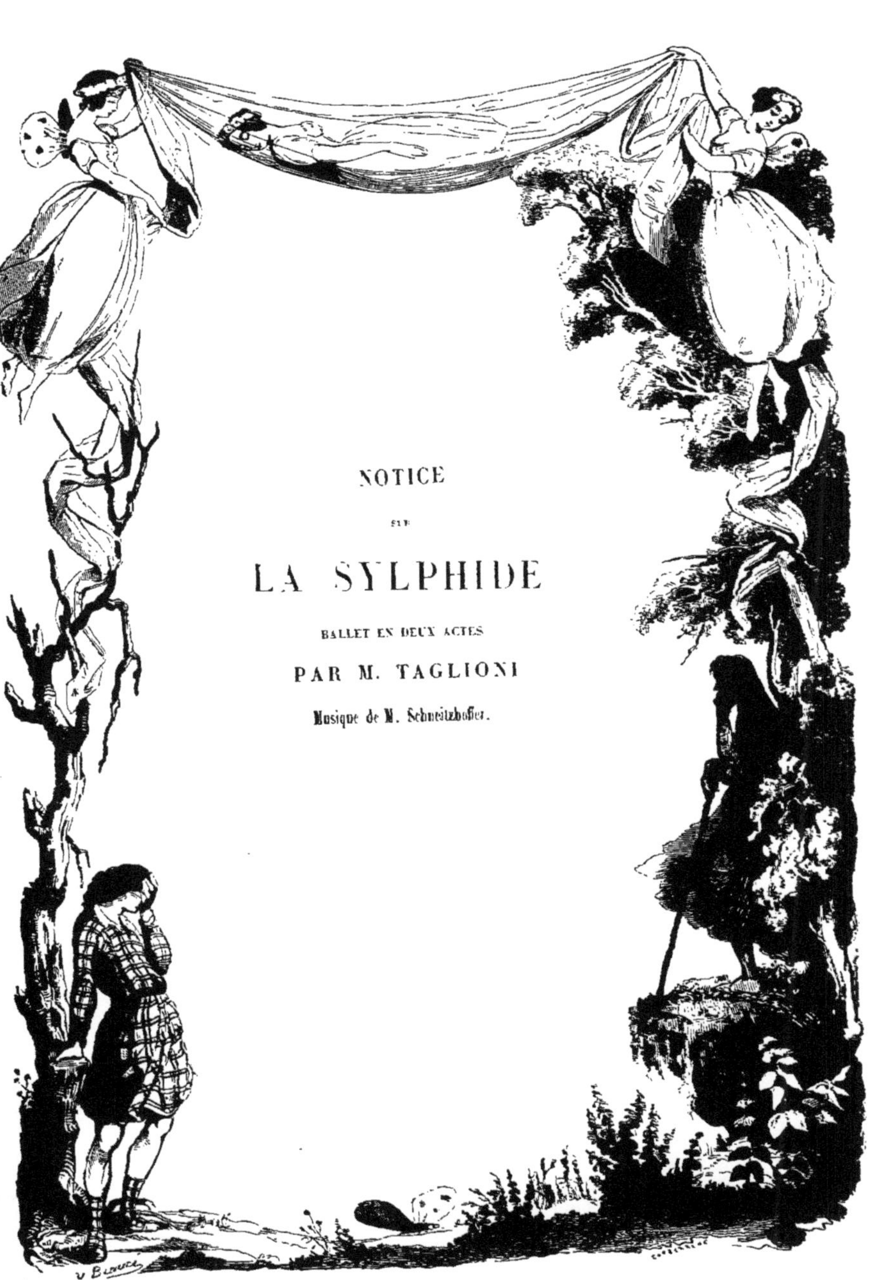

NOTICE

SUR

LA SYLPHIDE

BALLET EN DEUX ACTES

PAR M. TAGLIONI

Musique de M. Schneitzhoeffer.

NOTICE SUR LA SYLPHIDE.

Un jour, poussé par la fantaisie, la seule muse qui l'ait trouvé docile, notre ami Charles Nodier s'en va visiter les montagnes de l'Écosse. Charmant voyage d'un bel esprit oisif et rêveur, qui s'inquiète fort peu de savoir ce que va dire la *Revue d'Édimbourg !* Pâle et douce image d'un poëte insouciant qui croit avoir tout fait pour la gloire et surtout pour la joie intérieure, quand d'une course aux pays lointains il rapporte moins que rien, un conte, un rêve, une ballade. — Nodier, en effet, rapportait de son voyage en Écosse l'histoire de Trilby : Trilby, c'est le bon génie du foyer domestique, c'est le diable amoureux qui

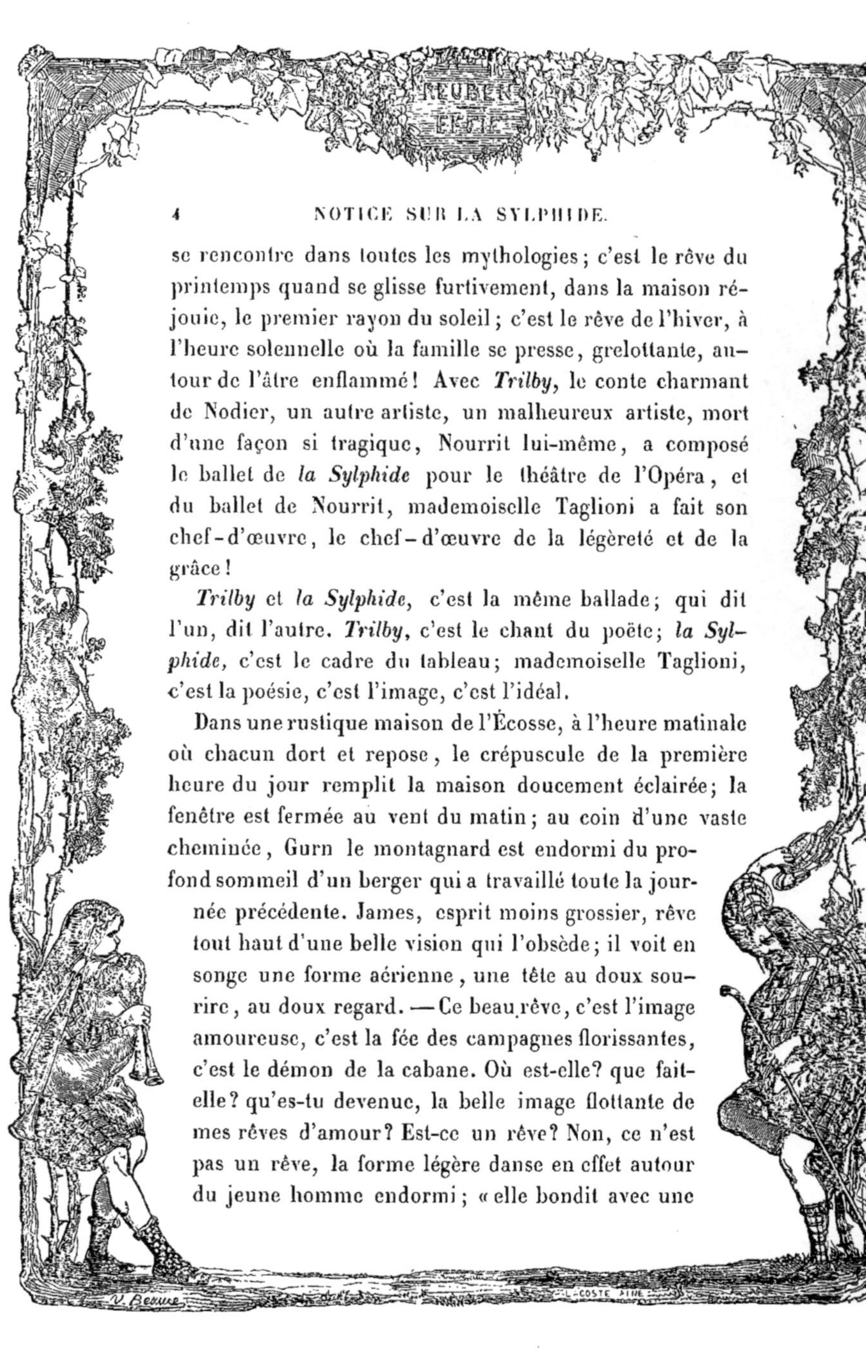

se rencontre dans toutes les mythologies ; c'est le rêve du printemps quand se glisse furtivement, dans la maison réjouie, le premier rayon du soleil ; c'est le rêve de l'hiver, à l'heure solennelle où la famille se presse, grelottante, autour de l'âtre enflammé! Avec *Trilby*, le conte charmant de Nodier, un autre artiste, un malheureux artiste, mort d'une façon si tragique, Nourrit lui-même, a composé le ballet de *la Sylphide* pour le théâtre de l'Opéra, et du ballet de Nourrit, mademoiselle Taglioni a fait son chef-d'œuvre, le chef-d'œuvre de la légèreté et de la grâce !

Trilby et *la Sylphide*, c'est la même ballade ; qui dit l'un, dit l'autre. *Trilby*, c'est le chant du poëte ; *la Sylphide*, c'est le cadre du tableau ; mademoiselle Taglioni, c'est la poésie, c'est l'image, c'est l'idéal.

Dans une rustique maison de l'Écosse, à l'heure matinale où chacun dort et repose, le crépuscule de la première heure du jour remplit la maison doucement éclairée; la fenêtre est fermée au vent du matin ; au coin d'une vaste cheminée, Gurn le montagnard est endormi du profond sommeil d'un berger qui a travaillé toute la journée précédente. James, esprit moins grossier, rêve tout haut d'une belle vision qui l'obsède ; il voit en songe une forme aérienne, une tête au doux sourire, au doux regard. — Ce beau rêve, c'est l'image amoureuse, c'est la fée des campagnes florissantes, c'est le démon de la cabane. Où est-elle? que fait-elle? qu'es-tu devenue, la belle image flottante de mes rêves d'amour? Est-ce un rêve? Non, ce n'est pas un rêve, la forme légère danse en effet autour du jeune homme endormi ; « elle bondit avec une

« joie d'enfant dans les flammes, » dit Nodier ; et dansant,
elle parle ainsi, la folâtre :

« Les fleurs que tu trouves sur ton passage, c'est moi
« qui vais les dérober pour toi à nos campagnes en—
« chantées ; les songes qui te plaisent le mieux, moi
« seule je te les envoie. — Beau jeune homme, pourquoi
« dormir ? il faudrait aimer un peu le follet de la chau—
« mière ! »

Tel est le rêve, et enfin la Sylphide a touché de sa lèvre
tremblante le front du beau jeune homme ; ce baiser, c'est
le réveil. James est debout ! O bonheur ! Il a senti la lèvre
amoureuse, il a entendu le bruit du baiser ! Son front brûle
encore ! — Mais qu'est-elle devenue, l'ombre amoureuse ?
par quel sentier invisible a-t-elle disparu, l'image charmante ?

Cependant tout se réveille dans la cabane, on frappe
à la porte, c'est la fiancée du jeune homme, fraîche et parée, qui vient dire bonjour à son jeune cousin. Ce jour,
en effet, est un grand jour : James et la belle Effie seront
mariés tout à l'heure. Les parents sont d'accord, les jeunes
filles sont parées ; il y aura fête et gala sur la montagne, et
déjà les danses commencent. Par le ciel ! pourquoi être si
triste, maître James ? Vous voilà donc amoureux d'un rêve ?
Sous le baiser de la lèvre idéale, votre front est resté brûlant et soucieux. Dansez donc et soyez gai, dansez et laissez-vous aimer de votre cousine Effie ; dansez, et fi du
rêve ! En vérité, laissez-vous faire ; si vous voulez des baisers, vous en aurez, et aussi de tendres paroles, et dans
votre main vous aurez une main vivante, non pas une
ombre. Ainsi se parle le jeune Écossais à lui-même ; et le
voilà, en effet, très-occupé de la brune Effie ; il est gai, il

est vif, il est amoureux! — Oui, mais dans cette ronde formée, si la robe blanche vient à passer, si le frôlement de l'aile jalouse vient à se faire entendre, si le regard triste et touché du lutin familier brille comme une flamme mouillée, soudain maître James quitte la main d'Effie, il se précipite à la suite du démon qui l'appelle, il ne voit plus que la Sylphide, il la suit de l'âme et du regard! — Les gens de la noce se disent : *Il est fou!* La fiancée se répète tout bas : « Il est amoureux d'une fille invisible! » Elle pleure, et pourtant elle l'aime encore, l'ingrat et le trompeur!

Resté seul, James appelle à son aide la vision évanouie : ce n'est pas un rêve, elle existe, il l'a vue, il l'a touchée; elle l'ap-

pelle, elle est là, là du côté d'où vient le jour; elle se
cache dans les fleurs du jardin. — Alors un grand bruit
se fait entendre; un coup de vent ouvre la fenêtre à demi
brisée. — Qui vient d'entrer? c'est la Sylphide! — Elle
a été apportée par le vent printanier! Elle se détache,
blanche et suave jeune fille, de la fenêtre entr'ouverte;
elle est triste, elle a pleuré, elle a tout vu, elle a vu le
triomphe d'Effie et le mariage qui s'apprête; pauvre fille
de l'air, à peine si ses deux ailes battent d'une seule aile.
— Et cependant la voilà qui se laisse attirer aux douces
paroles du jeune homme! Elle obéit au charme qui l'attire;
elle marche comme l'oiseau vole, elle est tremblante; elle arrive, dansant à la fois comme les Grâces, sautant comme les
nymphes, d'un pas doux et léger. Était-elle, en effet, assez
charmante et gracieuse et naïve? Elle arrivait sur la pointe
du pied, elle se balançait gracieuse, jetant son corps tantôt à droite, tantôt à gauche. Vous la voyez, elle vous
échappe, coquette, malicieuse, naïve, nymphe et lutin,
tout l'esprit du rôle; le récit et l'analyse n'ont que faire en
tout ceci; Charles Nodier lui-même, l'écrivain charmant et
railleur, n'est plus rien, comme poëte, à côté de mademoiselle Taglioni; il n'a plus qu'à admirer, à applaudir.

Ce qui fait le charme de ce petit drame, c'est que la
fiction est habilement mêlée à la vérité; l'idéal tient de
très-près à la vie réelle; le héros appartient également à la
fille de la terre et à la fille des nuages. Une affreuse sorcière
aux longs cheveux blancs, à la bouche impie, à la main
osseuse, visage ridé et méchant, gâte quelque peu ce

frais ensemble; mais le moyen de raconter une chronique de l'Écosse, et de se passer de la sorcière? C'est la sorcière qui jette les mauvais sorts, c'est elle qui ouvre la porte aux mauvais rêves , c'est elle qui dérange toujours quelque chose au bonheur des gens heureux; quand elle passe, la fleur s'affaisse sur sa tige, l'oiseau arrête son chant commencé; la jeune fille pâlit, le jeune homme le plus hardi veut en vain cacher sa pâleur; la jeune mère, d'un geste convulsif, presse son enfant sur son cœur : elle est l'ennemie acharnée de la beauté, de la jeunesse. La sorcière n'a jamais

été jeune, elle est née à soixante ans , l'âge des femmes de lettres; elle apporte avec elle l'effroi et la vengeance; elle se venge de celles qui sont belles, qui sont aimées, de celles qui aiment. Elle est la première qui ait dit à la pauvre Effie : « James, ton jeune fiancé, ne t'aime pas. » Puis elle est partie laissant ce doute cruel dans ce jeune cœur.

Gurn le butor, le jaloux, l'autre amoureux d'Effie, quand
une fois il a bien dormi, ne s'occupe plus qu'à chercher les
moyens d'accabler son rival. Il est perfide et fin, il est
sournois ; il guette le *je ne sais quoi* qui va venir ; il est
plus clairvoyant qu'Effie elle-même, car de ses gros yeux
stupides, mais jaloux, il découvre la légère Sylphide ; il
prend ce bel oiseau ailé pour une femme de la terre ; il l'a
vue recevoir un baiser, et il s'en va pour avertir la fiancée.
« Accourez, accourez tous, une femme est là, brillante et
« parée ; elle m'a vue, elle s'est cachée dans le fauteuil de
« la grand'mère, sous le plaid du jeune homme. » —
On accourt ; Gurn est triomphant, James est troublé.
Effie, d'une main tremblante, soulève le plaid qui cache sa
rivale. O bonheur ! le fauteuil est vide ! le démon est
parti.

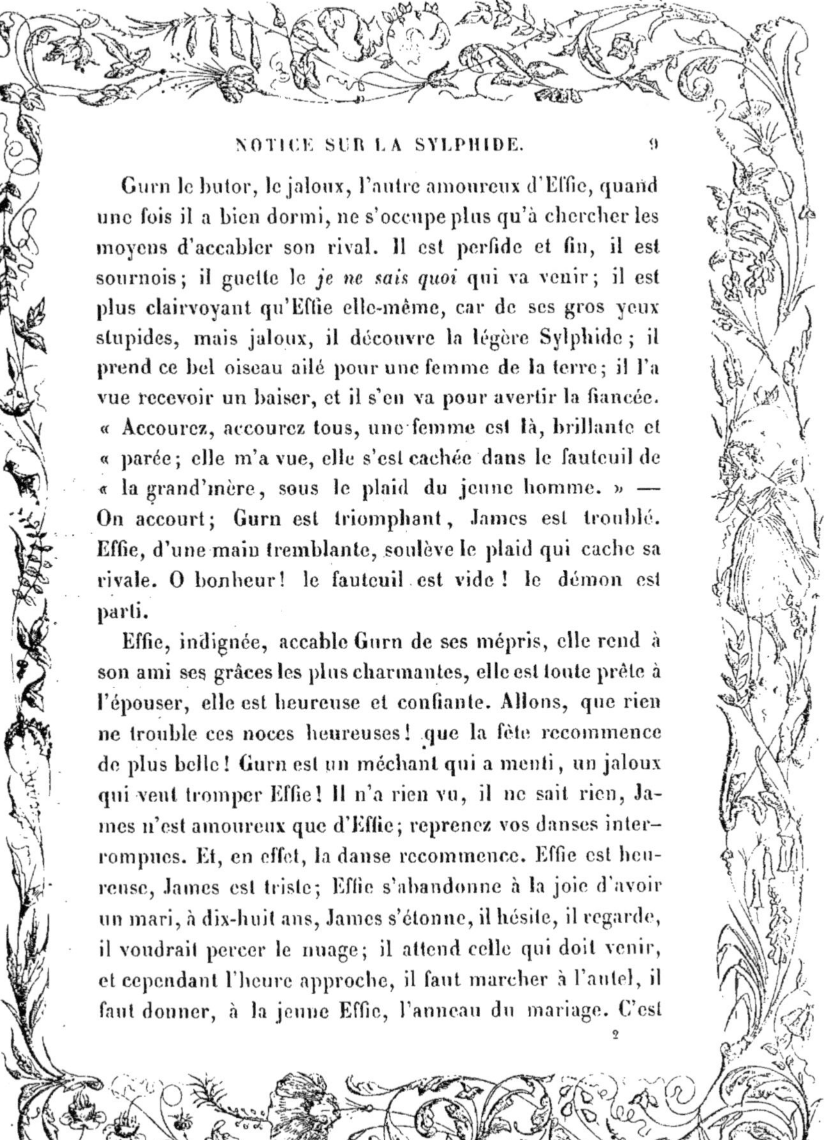

Effie, indignée, accable Gurn de ses mépris, elle rend à
son ami ses grâces les plus charmantes, elle est toute prête à
l'épouser, elle est heureuse et confiante. Allons, que rien
ne trouble ces noces heureuses ! que la fête recommence
de plus belle ! Gurn est un méchant qui a menti, un jaloux
qui veut tromper Effie ! Il n'a rien vu, il ne sait rien, James n'est amoureux que d'Effie ; reprenez vos danses interrompues. Et, en effet, la danse recommence. Effie est heureuse, James est triste ; Effie s'abandonne à la joie d'avoir
un mari, à dix-huit ans, James s'étonne, il hésite, il regarde,
il voudrait percer le nuage ; il attend celle qui doit venir,
et cependant l'heure approche, il faut marcher à l'autel, il
faut donner, à la jeune Effie, l'anneau du mariage. C'est

alors, il est temps, que reparaît la Sylphide, invisible et présente, invisible
pour tous, excepté pour celui qu'elle aime.
A cette vue, James oublie toutes choses :
plus de mariage, plus de noces, plus
d'Effie, la fantaisie l'emporte, la Sylphide est la plus forte. Elle fuit, James
la suit à perdre haleine ; l'un et l'autre
disparaissent dans le lointain, emportés
par la même passion. Charles Nodier
vous raconte cela mieux que nous ne
saurions faire. « La jeunesse seule a pour
« vous le charme de la beauté ; c'est
« pour elle que vous m'avez quittée,
« fantaisie de mon sommeil que je n'ai
« fait qu'exprimer. »

Telle est la première partie de ce récit
fantastique ; l'imagination peut en revendiquer sa bonne part ; mais cependant cela
ne dépasse pas les limites convenues.—
Laissez-vous conduire, suivez la fille de
l'air dans ses demeures que couvre un vert
feuillage.

Il fait nuit, la nature est en deuil, l'oiseau funèbre prolonge sa plainte monotone; la lune se couvre d'un nuage sanglant. Dans l'endroit le plus sombre de la forêt, à l'entrée de l'obscure caverne, la sorcière accomplit ses incantations magiques; elle accourt, non pas seule, mais suivie de toutes les vieilles du sabbat, et ces horribles femmes s'abandonnent à leur horrible joie tant qu'elle peut aller.

« Telles sont les fêtes que se donnent les sorcières à certaines épo-
« ques des lunes d'hiver. Ce sont des rires glapissants et féroces, des
« éclats de voix singuliers, des chants qui paraissent appartenir à un

« autre monde, tant ils sont grêles et fugitifs. Ces femmes
« sont vêtues de tristes haillons souillés de cendre et
« de sang. Mais enfin, quand l'œuvre de ténèbres est
« accompli, se montre dans le ciel rasséréné l'aube mati-
« nale, et les horribles vieilles se répandent comme la fu-
« mée blanche, emblème du soufre dévoré par. la flamme,
« dans les ombres des bois et dans les nuages du ciel ! »

— *Horrible est le beau, agréable est l'horreur. Volons à
travers le brouillard et l'air impur !* Ainsi parlent les sorcières de Macbeth.

Les sœurs du Destin se sont prises par la main, elles
vont sans cesse parcourant les terres et les mers, et ainsi
tournent, tournent, tournent trois fois. — Trois fois le tigre
a miaulé, trois fois le hérisson a gémi. — La sorcière s'a-
bandonne à son incantation magique : œil de lézard,
pied de grenouille, langue de chien, fiel de bouc, nez de
Turc, et, comme dit Macbeth : — Eh bien ! hideuses vieilles du mystère, des ténèbres et de l'heure de minuit, que
faites-vous là ? — Une œuvre sans nom !

— A la fin, l'horrible vieille obtient, de ses enchantements, un talisman de mort, — une écharpe rose
à faire envie à toutes les filles de la terre.

Que sait-on ? c'est peut-être bien une moralité cachée, c'est un enseignement qui pourra profiter aux
jeunes coquettes de vingt ans. Hélas! en effet que de jeunes cœurs ont été perdus pour moins que cela... une
écharpe! Que de misères représentent un collier de
perles, une escarboucle, une plume flottante, un coli-
fichet d'une heure! Faites votre profit de cette moralité, jeunes filles qui venez à l'Opéra !

« Peu à peu, à mesure que vient le jour (c'est tou-

« jours Nodier qui parle), les vapeurs du lac élargissent les
« losanges flottantes de leurs réseaux de brouillard ; celles
« que le brouillard n'a pas encore dissipées se bercent sur
« l'occident, comme une trame d'or tissée par les fées du
« lac pour l'ornement de leurs fêtes. C'étaient de petits nua-
« ges humides où l'orangé, le jonquille, le vert pâle, lut-
« taient, suivant les accidents d'un rayon ou le caprice de
« l'air, contre l'azur, le pourpre et le violet. Tout se con-
« fondait dans une nuance indéfinissable et sans nom...
« Alors arrive la reine majestueuse de ces rivages ; elle sort
« de ces grottes enchantées où l'on marche sur des tapis de
« fleurs marines, à la clarté des perles et des escarboucles
« de l'Océan. »

Quand elle reparaît cette fois, la Sylphide n'est pas
seule, elle conduit par la main ce jeune homme dont
elle a été si longtemps l'hôte invisible. Certes, le chemin est difficile, le roc est escarpé, le précipice est profond,
à peine si l'épais brouillard qui nous enveloppait tout à
l'heure s'est dispersé, chassé par un rayon du soleil. Il
faut marcher d'un pas timide sur ces pentes glissantes,
sur lesquelles les chasseurs du chamois auraient peine
à se bien tenir. Mais notre jeune homme est résolu à
tout braver, il obéit à la main qui le guide, où va la
Sylphide, il ira ; il est à elle, pour la suivre il a tout
oublié, tout quitté, il est son amant, il est son esclave :

« Attache-moi comme ton esclave, comme ton hôte,
« esprit vagabond du foyer domestique, toi qui as rem-
« pli mon sommeil d'illusions si douces et si char-
« mantes ; ou du moins, si je n'ai pas de place dans
« tes domaines, mon amour aérien, rends-moi le foyer
« d'où je pouvais t'entendre et te voir, la terre mo-

« deste de la cendre que tu agitais le
« soir pour éveiller une étincelle, le
« tissu aux mailles invisibles qui court
« sur les vieux lambris, et qui te prê-
« tait son hamac flottant dans les nuits
« tièdes de l'été. — Reviens, reviens dans
« ma cabane ; s'il se peut, je ne te dirai plus
« que je t'aime, je n'effleurerai plus ta robe, même
« quand elle cèderait, en courant vers moi, au cou-
« rant de la flamme et de l'air. — Je te nommerai
« tout bas, personne ne m'entendra. — Tout
« ce que je veux, c'est de te savoir là et de
« respirer un air qui touche à l'air que tu res-
« pires, qui a passé si près de ton souffle,
« qui a circulé entre tes lèvres, qui ait été pénétré
« par tes regards ! » Ainsi parle le poëte, ainsi danse
la fille de l'air ! La fête est grande dans la forêt en-
chantée ; les sylphides aux blanches ailes traversent
l'espace comme autant de colombes amoureuses ;
c'est fête partout, dans les arbres, sous les
arbres, dans l'eau limpide ; nul ne dirait
que, tout à l'heure encore, les horribles sorcières s'abandonnaient, en ce lieu, à leurs
incantations magiques.

Autour de la Sylphide, voltigent d'une aile
timide et cadencée les sylphides ses sœurs ;
l'air est rempli de suaves mélodies, la cam-
pagne étend sous leurs pas son tapis
de verdure. Heureuse et coquette,

et quelque peu épouvan-
tée de son triomphe, la
Sylphide s'abandonne à
ses poses les plus charmantes. Il fallait
voir mademoiselle Taglioni, dansant le pas
du second acte! Ce pas-là était son chef-d'œuvre. Pas une femme ne le danse et ne le dan-
sera, comme elle le dansait. Nous avons vu,
dans ce rôle presque impossible, Fanny Elssler
toute animée du succès de la *Cachucha*,
Fanny Elssler n'a jamais pu danser le pas
du second acte! — Une belle jeune fille de
la Norwége, une enfant de la même patrie,
mademoiselle Lucile Grahn est la seule qui
ait indiqué, après la Sylphide, le grand pas
de *la Sylphide*. Madame Flora Fabri, élégante
et dansante italienne, a pris à mademoiselle Taglioni ce qu'elle a pu lui
prendre; elle a laissé à qui de
droit, le pas du second acte.

Et comme mademoiselle
Taglioni était charmante, courant
sur les fleurs sans les courber,
cueillant les fleurs du rosier, ou
découvrant dans le vieux chêne
le nid de l'oiseau! « Cet hôte des
« étés, le martinet, nous annonce
« que l'haleine des cieux les

« cherche avec amour. Partout où ces oiseaux nichent et se voient fré-
« quemment, l'air est toujours limpide et pur. »

Puis tout d'un coup, lorsqu'elle s'est bien montrée dans toutes ses
grâces légères, disparaît la Sylphide. — Elle fuit, mais pas si vite qu'on
ne puisse l'atteindre, ou du moins qu'on ne puisse entrevoir sa robe flottante et le petit bout de son aile cachée dans le vert feuillage du chêne. —
Puis, quand elle est disparue, quand elle est rentrée là-haut dans son domaine, l'amant de chanter sa complainte amoureuse :

« Où est-elle? Qu'est-elle devenue, la fugitive? L'amour que j'ai pour
« toi n'est pas une affection de la terre, et tu ne sais pas combien il y a
« d'amour hors de la vie, et combien cet amour est calme et pur! » Pourtant James est inquiet, il est troublé; il voudrait pouvoir retenir sa douce

vision ! Alors reparaît la sorcière, le génie du mal ; l'horrible vieille tient en sa main fiévreuse le tissu funeste auquel ont travaillé d'une main haineuse toutes les sorcières de l'Écosse, et même celles qui disaient à Macbeth :
— *Tu seras roi, Macbeth !*

Hélas ! n'écoute pas la sorcière, malheureux ! jette loin
de toi ce tissu funeste ; attends que revienne la Sylphide,
elle reviendra ramenée par l'amour. En effet, la voilà, tout
là-haut dans le nuage, au sommet de l'arbre, sur la pointe
de l'herbe qui pousse et qu'elle touche sans la courber ; elle
se moque de toi, mon amoureux ; elle te défie de la suivre
dans ses domaines aériens ! C'est un défi charmant ; ce sont
des câlineries impossibles à raconter. Il y faut mettre bien
de la malice et de la grâce : un peu de jeunesse et de beauté
n'y saurait nuire ; que le décorateur soit habile à la façon de
Ciceri ou de Feuchères, que le musicien s'abandonne à ses
inspirations les plus charmantes ; le musicien de la Sylphide
s'appelle d'un nom terrible et difficile à prononcer : *Schneitz-*

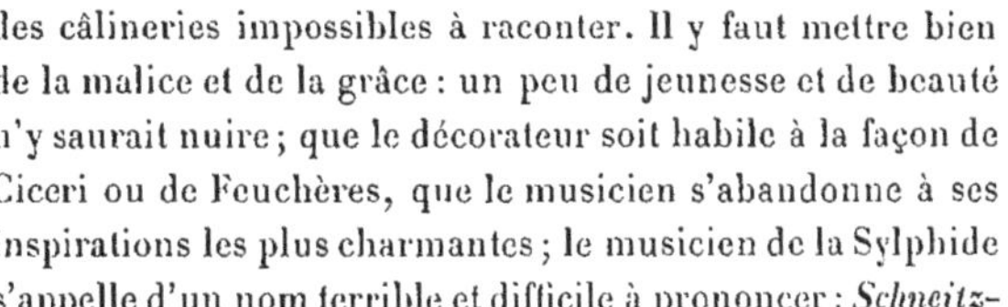

hoffer. Il a écrit, à propos de cette touchante élégie, de très-beaux airs sur lesquels la danse va toute seule. — Cependant, cachée dans son nuage, la Sylphide se rit des efforts de son amoureux. Elle s'amuse de ses inquiétudes, de son dépit ; elle ressemble à la Galathée qui se cache dans les saules du rivage. — Précaution inutile ! On saura bien la prendre au piége ; jeune fille, on saura bien te forcer à revenir sur la terre comme une simple mortelle, ou tout au moins comme fait l'alouette voltigeante, sur le miroir qui s'agite en scintillant. Voici donc la ruse que James imagine. Il fait semblant de ne plus s'inquiéter de la nymphe fugitive ; il n'y pense plus ; il va de çà, de là, sans lever les yeux vers le nuage ; en même temps il tire de son sein l'écharpe vomie par l'enfer. — Fraîche écharpe d'un rose vif, frêle tissu printanier qui porte la mort. — En effet, le charme a réussi ; la Sylphide sera prise au piége. Agaçante, agacée, elle arrive, d'un pied mutin, d'un regard curieux, d'un geste timide. — Plus d'une fois l'écharpe échappe à cette main si légère. — O malheur ! ô maudite soit la sorcière qui a jeté ses haines dans ce frêle tissu ! — Cette écharpe brillante, c'est la mort ! Posée sur cette fraîche épaule, l'écharpe ravage et tue, les deux ailes de la Sylphide tombent, arrachées par une force surnaturelle ; elle-même, la précieuse vision, elle s'affaisse comme fait la fleur que le soc de la charrue a couchée dans le sillon. A peine a-t-elle le temps de dire un dernier adieu, d'adresser un dernier sourire à l'homme qu'elle a tant aimé : —

elle meurt pleurante et
pleurée! Elle quitte à regret cette double fête de la
terre et du ciel. Elle renonce, non pas
sans larmes, à ce jeune homme tant aimé,
enfant des montagnes d'Écosse, qu'elle avait
entouré de ses tendresses invisibles. Peu de
drames sont plus touchants, peu de drames
sont plus vraisemblables. — La réalité, dans les
arts de l'imagination, se compose de tout ce qui
nous trouve crédules. Si vous nous savez
plaire et nous tenir attentifs par quelque récit
bien inventé, abandonnez à elle-même la fantaisie, laissez la folle du logis agir en maîtresse
souveraine, et ne vous inquiétez pas du reste.
Voilà le grand mérite des contes bien faits,
plus ils sont impossibles et plus nous sommes
tentés d'y croire. Les *Mille et une
Nuits*, ce rêve tout éveillé de
l'Orient, il y faut croire et
surtout si vous entourez de
miracles visibles la lampe mer-
veilleuse d'Aladin. Le poëme de
Nodier, ce gai *Trilby*, il faut y
croire et surtout quand une belle
jeune fille de vingt ans viendra
prêter, à cette histoire, la grâce et
la poésie de sa bienfaisante jeu-

nesse. Le malheur, c'est d'être obligé de
raconter ces belles choses à ceux qui les ont
vues, peut-être même à ceux qui les ont
sous les yeux; oui, ce soir, dans une belle
loge à l'Opéra de Paris, ou à la Scala, ou
bien au théâtre Saint-Charles, ou à Pétersbourg, dans la salle resplendissante de toute
la puissance impériale. — Allez donc lutter
avec le drame étincelant que chacun peut
toucher des yeux et du cœur! Achevons cependant le récit commencé; c'en est fait,
James reste seul sur la terre; son beau
rêve lui échappe à jamais, sa douce vision a
disparu pour ne plus revenir. — Les sylphides ont emporté leur sœur expirée comme
une fleur brisée avant le soir.

Quand la Sylphide a disparu dans les

airs, la réalité se montre de nouveau. — Là-bas dans le
lointain, au son des cloches, au cri joyeux de la cornemuse,
Gurn triomphant, conduit à la chapelle du village la jeune
Effie déjà consolée. Pauvre James! et pourtant qui voudrait
te plaindre? Il faudrait plaindre aussi le poëte, l'amoureux,
le rêveur, le jeune homme, toutes les âmes en peine de l'idéal.

On parlera longtemps encore de mademoiselle Taglioni
la Sylphide, car ces deux noms sont inséparables, et *la
Sylphide* restera comme sa création la plus charmante. Depuis tantôt quinze belles années de succès et de triomphes, ce
beau petit récit que mademoiselle Taglioni racontait si bien,
nous était une fête toujours nouvelle, la fête des yeux plus que
des sens, la fête heureuse et riante, qui ne laisse après elle
ni un regret ni un désir. L'Écosse entière a applaudi *la Sylphide;* Naples et Pétersbourg, Londres et Stockholm, le Midi
et le Nord, les glaces et les fleurs. Jamais concert d'éloges
plus unanimes ne s'est élevé sur les pas d'une artiste plus
aimée; mais aussi jamais artiste plus complète ne l'a mieux
mérité dans aucun art. Mademoiselle Taglioni est la fille éclatante de la Norwége; mais c'est Paris qui l'a vue naître,
c'est là qu'elle a rencontré ses poses, ses grâces, ses idées
les plus charmantes; c'est à Paris qu'elle a composé ses plus
beaux drames : *La Révolte au Sérail, la Fille du Danube, la
Belle au bois dormant, la Sylphide,* sont des créations pari-
siennes. Pour mademoiselle Taglioni, dans ce chef-d'œuvre
qu'on appelle *Guillaume Tell,* Rossini, quand Rossini s'a-
bandonnait encore à l'inspiration qui est en lui, a composé
la jolie chanson et la jolie danse :

Un bel oiseau ne suivrait pas
Tes pas!

et elle était aussi légère que cette scintillante musique. Pour
mademoiselle Taglioni, Meyerbeer le terrible, dans son troisième acte de *Robert le Diable*, a composé le pas ravissant de
cette ombre en peine qui achève la défaite du héros. — Elle
seule elle a touché à l'idéal de la passion, elle a fait de la
danse un art chaste, même dans son emportement. Naguère
encore, quand elle s'est montrée pour ne plus revenir, l'a-
vons-nous vue assez légère, assez charmante, assez sylphide !

En vérité, il n'y avait qu'elle au monde qui dansât ainsi.
Elle était si pâle, elle était si chaste et si triste! En même
temps on savait si bien qu'elle était à l'aise, là-haut, sur nos
têtes, et qu'elle n'aurait pas de vertiges ! C'était une danse
toujours nouvelle, une grâce toujours nouvelle; nul effort,
nulle gêne, tout cela lui venait comme le chant vient à
l'oiseau ; et quand elle s'arrête enfin, quand elle descend
de ce deuxième ciel où elle était si bien, c'est qu'elle ne
veut pas nous fatiguer à la suivre plus loin que le nuage
rose dans lequel elle se perdait si souvent.

Portée à ce degré de légèreté et d'élégance, la danse devient, tout à fait, un art digne de tenir sa place à côté des
plus beaux arts. Cet art a frappé même les meilleurs esprits
et les plus graves. Naguère encore, à propos (qui le croirait?)
de M. de Rancé, le réformateur de la Trappe, M. de Cha-
teaubriand, s'arrêtant dans le récit de ces austérités chré-
tiennes, se mettait à saluer, d'un sourire jeune encore,
la danse de Marie Taglioni, et ce nom-là, inattendu dans
un si grave sujet, ajoutait une grâce nouvelle à ce livre tout
rempli des plus austères et mélancoliques reflets.

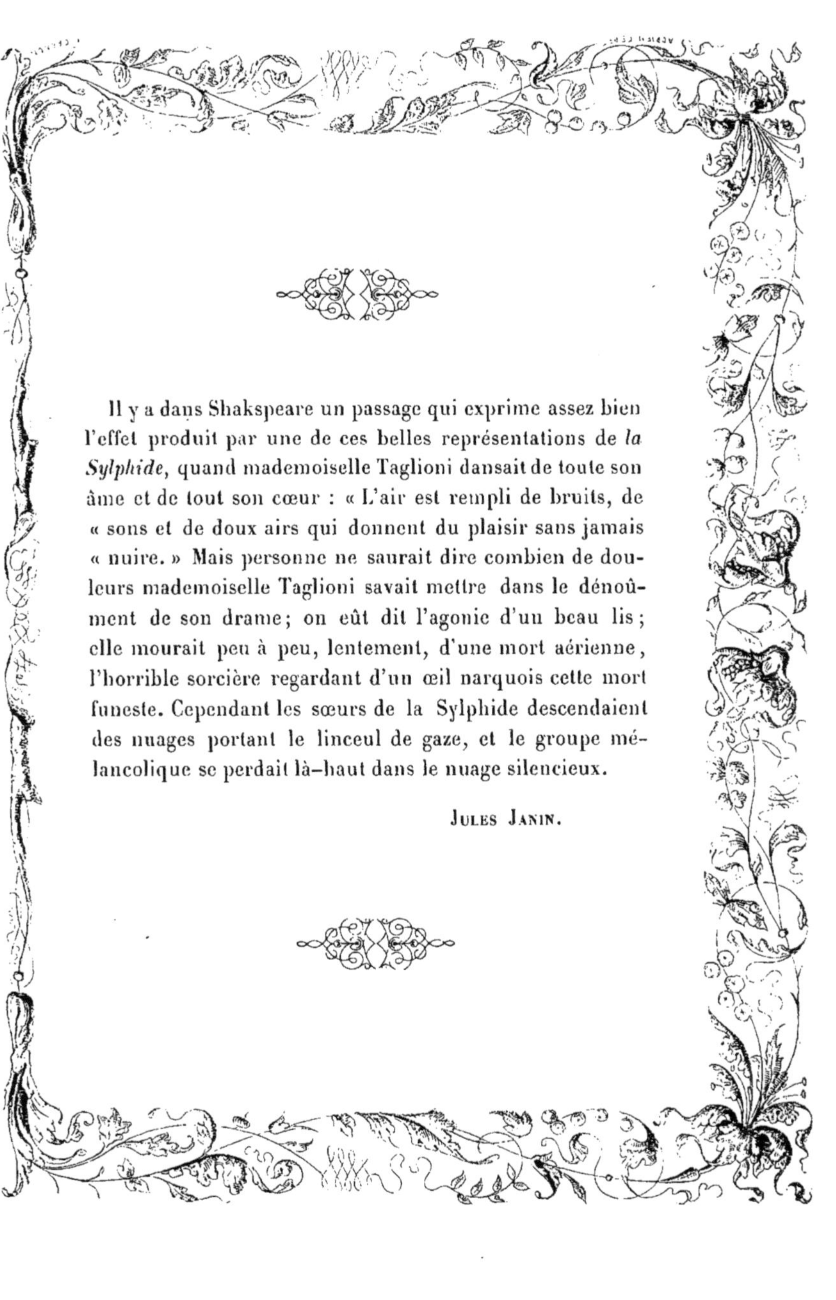

Il y a dans Shakspeare un passage qui exprime assez bien l'effet produit par une de ces belles représentations de *la Sylphide*, quand mademoiselle Taglioni dansait de toute son âme et de tout son cœur : « L'air est rempli de bruits, de « sons et de doux airs qui donnent du plaisir sans jamais « nuire. » Mais personne ne saurait dire combien de douleurs mademoiselle Taglioni savait mettre dans le dénoûment de son drame ; on eût dit l'agonie d'un beau lis ; elle mourait peu à peu, lentement, d'une mort aérienne, l'horrible sorcière regardant d'un œil narquois cette mort funeste. Cependant les sœurs de la Sylphide descendaient des nuages portant le linceul de gaze, et le groupe mélancolique se perdait là-haut dans le nuage silencieux.

Jules Janin.

DON GIOVANNI DRAMMA GIOCOSO.

NOTICE

SUR

DON JUAN

DRAME BOUFFON EN DEUX ACTES

PAROLES DE L'ABBÉ CASTI

MUSIQUE DE MOZART

NOTICE SUR DON JUAN.

Dramma giocoso !

Ainsi parle le titre... drame joyeux ! Cela est bon à
dire. Mais quelle œuvre de théâtre a jamais ému plus de
cœurs, fait verser plus de larmes, et laissé des traces aussi vives dans
les âmes des nations ?

Le destin de cette idée est vraiment merveilleux. Il fallait qu'elle res-
sortît bien profondément des idées modernes, qu'elle fût européenne et
chrétienne par-dessus toutes les idées, pour faire une telle fortune, par-
courir une telle route, inspirer de telles créations. *Don Juan !...* Prononcer

1.

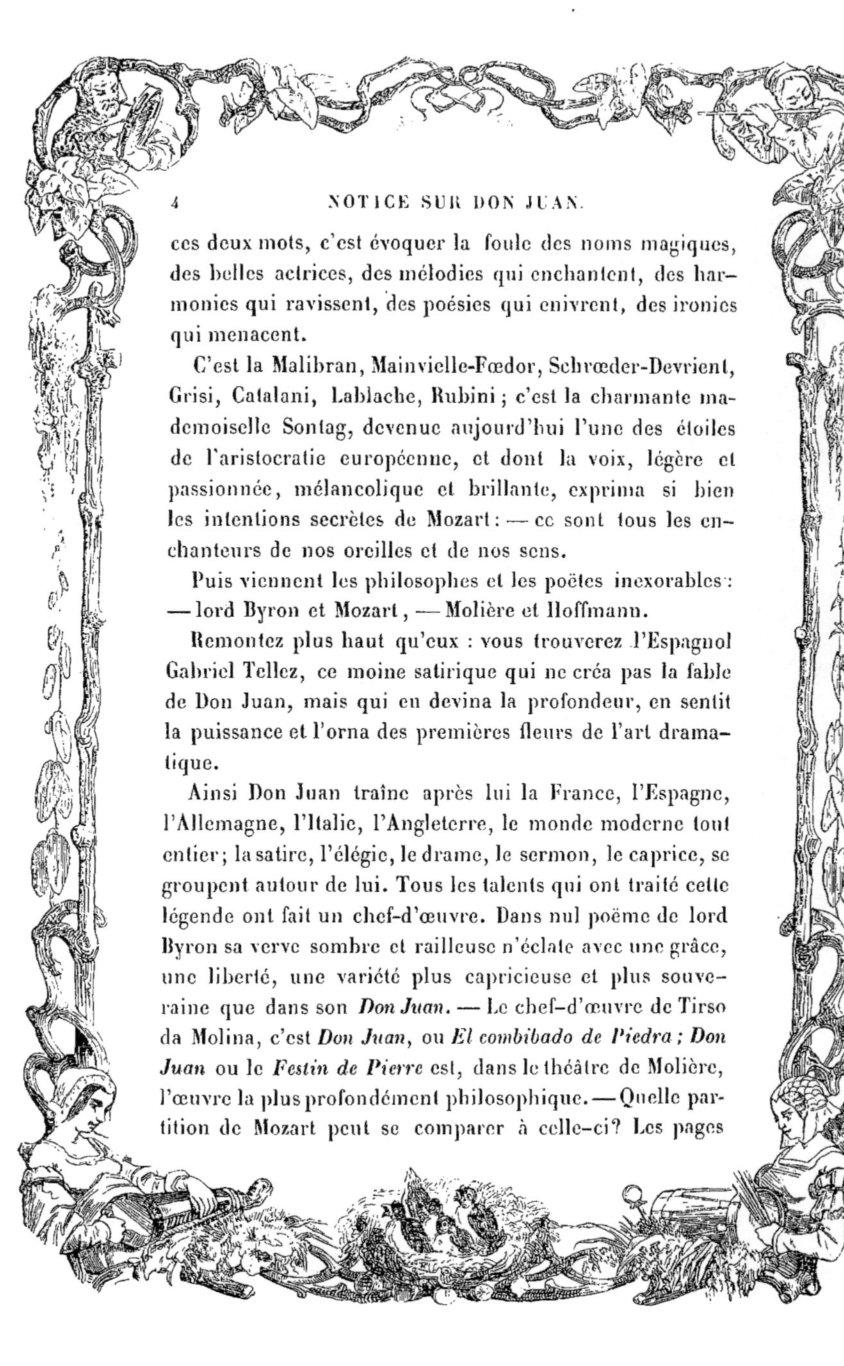

ces deux mots, c'est évoquer la foule des noms magiques, des belles actrices, des mélodies qui enchantent, des harmonies qui ravissent, des poésies qui enivrent, des ironies qui menacent.

C'est la Malibran, Mainvielle-Fœdor, Schrœder-Devrient, Grisi, Catalani, Lablache, Rubini ; c'est la charmante mademoiselle Sontag, devenue aujourd'hui l'une des étoiles de l'aristocratie européenne, et dont la voix, légère et passionnée, mélancolique et brillante, exprima si bien les intentions secrètes de Mozart : — ce sont tous les enchanteurs de nos oreilles et de nos sens.

Puis viennent les philosophes et les poëtes inexorables : — lord Byron et Mozart, — Molière et Hoffmann.

Remontez plus haut qu'eux : vous trouverez l'Espagnol Gabriel Tellez, ce moine satirique qui ne créa pas la fable de Don Juan, mais qui en devina la profondeur, en sentit la puissance et l'orna des premières fleurs de l'art dramatique.

Ainsi Don Juan traîne après lui la France, l'Espagne, l'Allemagne, l'Italie, l'Angleterre, le monde moderne tout entier ; la satire, l'élégie, le drame, le sermon, le caprice, se groupent autour de lui. Tous les talents qui ont traité cette légende ont fait un chef-d'œuvre. Dans nul poëme de lord Byron sa verve sombre et railleuse n'éclate avec une grâce, une liberté, une variété plus capricieuse et plus souveraine que dans son *Don Juan.* — Le chef-d'œuvre de Tirso da Molina, c'est *Don Juan, ou El combibado de Piedra ; Don Juan ou le Festin de Pierre* est, dans le théâtre de Molière, l'œuvre la plus profondément philosophique. — Quelle partition de Mozart peut se comparer à celle-ci ? Les pages

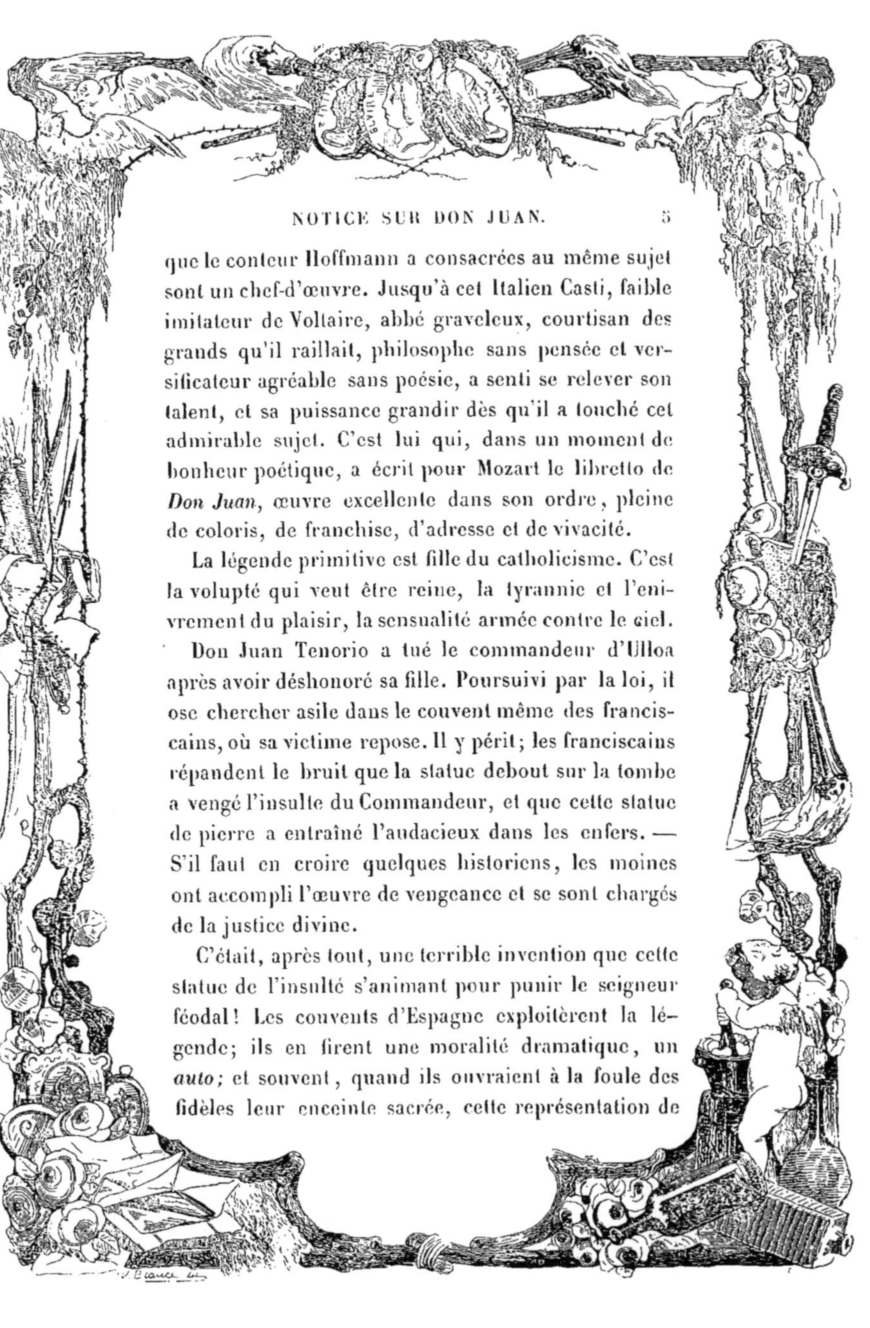

que le conteur Hoffmann a consacrées au même sujet
sont un chef-d'œuvre. Jusqu'à cet Italien Casti, faible
imitateur de Voltaire, abbé graveleux, courtisan des
grands qu'il raillait, philosophe sans pensée et ver-
sificateur agréable sans poésie, a senti se relever son
talent, et sa puissance grandir dès qu'il a touché cet
admirable sujet. C'est lui qui, dans un moment de
bonheur poétique, a écrit pour Mozart le libretto de
Don Juan, œuvre excellente dans son ordre, pleine
de coloris, de franchise, d'adresse et de vivacité.

La légende primitive est fille du catholicisme. C'est
la volupté qui veut être reine, la tyrannie et l'eni-
vrement du plaisir, la sensualité armée contre le ciel.

Don Juan Tenorio a tué le commandeur d'Ulloa
après avoir déshonoré sa fille. Poursuivi par la loi, il
ose chercher asile dans le couvent même des franciscains, où sa victime repose. Il y périt; les franciscains
répandent le bruit que la statue debout sur la tombe
a vengé l'insulte du Commandeur, et que cette statue
de pierre a entraîné l'audacieux dans les enfers. —
S'il faut en croire quelques historiens, les moines
ont accompli l'œuvre de vengeance et se sont chargés
de la justice divine.

C'était, après tout, une terrible invention que cette
statue de l'insulté s'animant pour punir le seigneur
féodal! Les couvents d'Espagne exploitèrent la légende; ils en firent une moralité dramatique, un
auto; et souvent, quand ils ouvraient à la foule des
fidèles leur enceinte sacrée, cette représentation de

l'athée don Juan, frappé de mort par une statue vengeresse, frappa le cœur des assistants d'un effroi salutaire.

Au commencement du XVIIe siècle, un Beaumarchais en capuchon, qui s'appelait Gabriel Tellez et se faisait nommer Tirso da Molina, homme de génie d'ailleurs, se rappela cette légende et la transforma en drame puissant. De ce don Juan Tenorio qui tue un vieillard et enlève une fille, il fit le symbole général de la volupté sensuelle, du besoin de jouir, de l'égoïsme voluptueux. Ici, il ne s'agit plus d'une seule maîtresse aimée, abandonnée, séduite; don Juan veut l'amour de toutes les femmes. Armé de la richesse et du pouvoir, il concentre sur lui seul tout ce que la terre et le ciel donnent ou promettent de jouissances. Fille de pêcheur, marquise, princesse, bourgeoise, tout lui convient. Il rit de Dieu et des hommes; — il ne songe pas à l'un; — il écrase les autres.

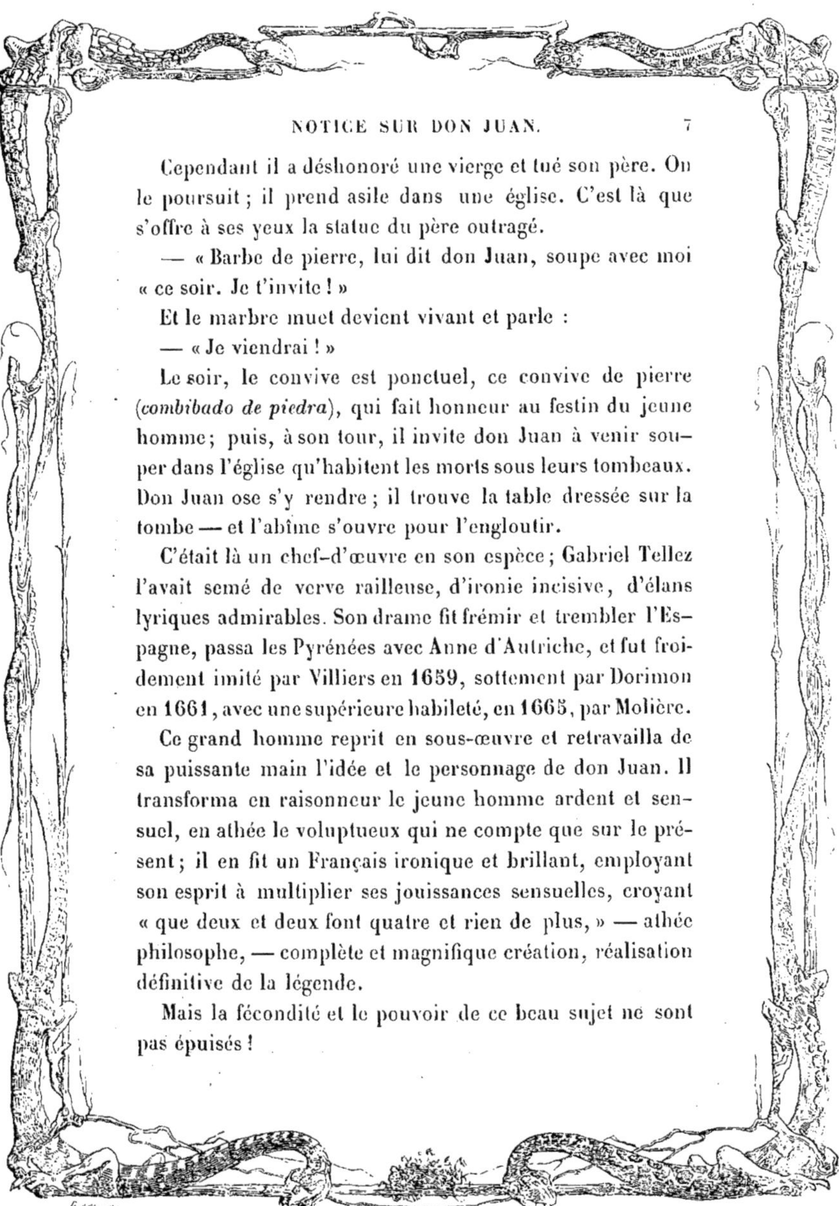

Cependant il a déshonoré une vierge et tué son père. On le poursuit ; il prend asile dans une église. C'est là que s'offre à ses yeux la statue du père outragé.

— « Barbe de pierre, lui dit don Juan, soupe avec moi « ce soir. Je t'invite ! »

Et le marbre muet devient vivant et parle :

— « Je viendrai ! »

Le soir, le convive est ponctuel, ce convive de pierre (*combibado de piedra*), qui fait honneur au festin du jeune homme ; puis, à son tour, il invite don Juan à venir souper dans l'église qu'habitent les morts sous leurs tombeaux. Don Juan ose s'y rendre ; il trouve la table dressée sur la tombe — et l'abîme s'ouvre pour l'engloutir.

C'était là un chef-d'œuvre en son espèce ; Gabriel Tellez l'avait semé de verve railleuse, d'ironie incisive, d'élans lyriques admirables. Son drame fit frémir et trembler l'Espagne, passa les Pyrénées avec Anne d'Autriche, et fut froidement imité par Villiers en **1659**, sottement par Dorimon en **1661**, avec une supérieure habileté, en **1665**, par Molière.

Ce grand homme reprit en sous-œuvre et retravailla de sa puissante main l'idée et le personnage de don Juan. Il transforma en raisonneur le jeune homme ardent et sensuel, en athée le voluptueux qui ne compte que sur le présent ; il en fit un Français ironique et brillant, employant son esprit à multiplier ses jouissances sensuelles, croyant « que deux et deux font quatre et rien de plus, » — athée philosophe, — complète et magnifique création, réalisation définitive de la légende.

Mais la fécondité et le pouvoir de ce beau sujet ne sont pas épuisés !

A la fin du XVIIIe siècle et au commencement du XIXe, deux grands poëtes, — un maître des émotions musicales, — un roi de la fantaisie poétique, — Mozart et Byron, vont le saisir au passage. Je ne parlerai pas ici du pair d'Angleterre, qui, fatigué de vivre, de jouir, d'aimer, de séduire, de braver les femmes et de conquérir la gloire, s'enfermait le soir dans son caveau des environs de Pise et créait les strophes chatoyantes de ce poëme de *Don Juan*, qui a fait rire et pleurer l'Europe entière. Ne nous occupons que de Mozart. Vers le milieu de sa rapide et puissante carrière, l'abbé Casti fit pour lui ce libretto qui, je l'ai déjà dit, est un chef-d'œuvre. Les couleurs en sont variées et bien fondues, les contrastes hardis et bien ménagés; tout y est harmonieux, facile, entraînant, musical. Il a donné au grand homme une charpente excellente, Mozart en fait un palais de féerie; entrons-y, et qu'un autre homme de génie nous serve de guide, — Hoffmann, ce musicien, conteur et peintre, que la flamme des arts dévora de trop bonne heure; — Hoffmann, le commentateur le plus ingénieux et le plus profond du drame lyrique de Mozart.

La belle ouverture de Mozart pénètre cette âme d'artiste. Voyez comme il la comprend bien : et quelle critique positive et juste que celle du conteur fantastique!

« L'*andante* se fait entendre, dit-il. L'effroi me saisit; le « terrible et souverain royaume des morts laisse s'exhaler « des accents qui me glacent. L'horreur m'environne. Bien- « tôt éclate la fanfare joyeuse placée à la septième mesure « de l'allégro; elle résonne comme les cris de plaisir d'un

« criminel ; je crois voir des démons sortir de la nuit profonde, puis des
« figures animées et gaies danser à la surface d'un abîme sans fond. Le
« conflit de la nature humaine avec les puissances inconnues qui l'entou-
« rent s'offre clairement à mon esprit. Enfin, la tempête s'apaise, le
« rideau se lève. »

Voici donc venir Leporello, le charmant poltron, le compagnon de don
Juan, le Gracioso qui n'a pour aubaine que les coups de bâton et les alga-
rades, tant des ennemis de son maître que de don Juan lui-même.

Notte e giorno fatigar !

« Triste métier que celui de valet d'un roué ! Peu de bénéfices, beaucoup de peines ! Pour lui tous les plaisirs, à moi tous les chagrins ! » Il
chante ainsi ; mais suivons Hoffmann, un poëte commentant un poëte :

« Don Juan, dit-il, se précipite sur la scène ; — derrière lui accourt dona

Anna, retenant le coupable par son manteau. Quel aspect ! elle eût pu être

plus légère, plus élancée, plus majestueuse dans sa démarche : mais quelle tête ! des yeux d'où jaillissent, comme
d'un point électrique, l'amour, la haine, la colère, le désespoir! des cheveux aux anneaux noirs, qui flottent sur le
cou d'un cygne ! une mousseline blanche, qui recouvre et
trahit à la fois des charmes qu'on ne vit jamais sans danger! Son sein, encore soulevé par l'émotion, s'abaisse et
s'élève violemment. Et quelle voix! écoutez-la :

Non sperar, se non m'uccidi ! »

— C'est bien la signora Grisi qu'Hoffmann a pressentie ;
c'est elle qu'il a décrite d'avance. Mais il continue :

« A travers le tumulte des instruments s'échappent,
comme par éclairs, les accents infernaux. Le crime va se
commettre. Le vieux père accourt, tire l'épée et paie de sa
vie son hasardeux courage contre un si terrible adversaire.
Il tombe! Don Juan et Leporello s'avancent ensemble sur
le devant de la scène.

« Don Juan, se débarrassant de son manteau, se montre
en costume de satin rouge richement brodé. Oui, certes,
voilà une noble et vigoureuse stature ! Son visage est mâle,
ses yeux sont perçants, ses lèvres mollement arrondies ;
quelle puissance dans ce front! quelle magie dans ce regard ! Il semble que les femmes, dès qu'elles en ont subi
la magique étincelle, ne puissent plus s'en détacher et
soient contraintes d'accomplir leur ruine. — Couvert d'une
veste rayée de rouge et de blanc, d'un petit manteau gris
et d'un chapeau blanc à plumes rouges, Leporello contraste
fort avec son honorable maître. Il y a chez lui un singulier
mélange de bonhomie, de finesse, d'ironie et de gravité.
Ils escaladent le mur, ils fuient.

« Mais des flambeaux reluisent ! dona Anna et don Ottavio paraissent :
un petit homme paré, maniéré, de vingt et un ans tout au plus. Comme
fiancé d'Anna, il demeure sans doute dans la maison, puisqu'on a pu
l'appeler si promptement : il a entendu le bruit tout d'abord, et avec un
peu plus de promptitude, il aurait pu accourir — peut-être sauver le père ;
mais auparavant il fallait qu'il se parât, et le délicat fiancé craint la fraîcheur de la nuit :

> « *Ma qual mai s'offre, o Dio !*
> « *Spettacolo funesto*
> « *Agli occhi miei !* » —

Tout est douleur, terreur, épouvante.
Ce n'est pas assez pour don Juan d'avoir
déshonoré la fille, il a tué le père. Ainsi
s'ouvre ce beau drame : la grotesque
douleur de Leporello, l'aventureuse joie
de don Juan, la pâle et douce tristesse
du fiancé, se combinent et se
croisent dans l'habile et vi-

goureuse trame des premières scènes. Et quel effroi vous saisit, quand le pied de la jeune fille heurte le cadavre ensanglanté de son père ! Elle le baigne de ses larmes, elle appelle sur le meurtrier inconnu la colère céleste. Quel duo et quel récitatif ! que de désespoir dans ces accents !

Ce n'est point assez d'une seule victime : on ne reconnaîtrait pas don Juan. Bientôt la triste Elvire approche, sacrifiée aussi à l'égoïsme de volupté qui la dévore : — une autre victime de sa fascination. « Elle porte encore, dit Hoffmann, les traces d'une grande beauté, mais d'une beauté flétrie, et vient se plaindre du traître don Juan ; elle le cherche, elle le poursuit avec cette rage désespérée de la femme qui sait qu'elle n'est plus aimée. » Le compatissant Leporello la console, on sait comment : — « Que pouvez-vous attendre, madame, et que pouvez-vous espérer ? C'est un homme à ja-

mais perdu pour vous! Quoi! vous irez le rechercher
dans cet océan de femmes, princesses, duchesses,
camérières, de quinze à quarante ans, de la zone
torride et du pôle! Allons, faites-en votre deuil! »
Puis il lui débite ce catalogue délicieux, si bien dé-
taillé par Lablache, des blondes et des brunes, des
veuves et des jeunes filles que le nouveau Joconde
s'est amusé à inscrire sur son calepin de séduction :

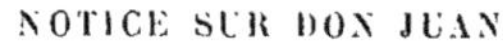

Madamina, il catalogo e questo...

« Six cent quarante et une en Italie; deux cent
trente et une en Allemagne ; cent en France ; quatre-
vingt-onze en Turquie ; en Espagne, seulement mille
et trois.

Cento in Francia ; in Turchia novantuna ;
Ma in Spagna, son gia mil e tre. »

L'habile traducteur du *libretto* a très-bien reproduit la libertine gaieté de l'abbé Casti dans ce chant
joyeux :

Madame, des beautés qu'il aime
Je tiens l'inventaire moi-même ;
Noms de famille et de baptême,
La liste est complète, je crois.
En Allemagne, cent quarante ;
L'Italie en a deux cent trente ;
En France, quatre cent cinquante ;
Et chez les Turcs rien que soixante...
Mais en Espagne, oh ! mille et trois!

> Vous y trouvez des comtesses,
> Des bourgeoises, des altesses,
> Des grisettes, des duchesses.
> Jusques à des chanoinesses !...
> Des femmes de mille espèces,
> De tout âge et de tout rang.
> Mon maître est tout à chacune ;
> Dans fa blonde il voit la lune,
> La comète dans la brune ;
> C'est un culte qu'il leur rend.
> En décembre, il veut la grasse,
> En juin, à la maigre il passe ;
> La petite a plus de grâce,
> La grande en éclat l'efface, etc.

La scène va changer de face ; voici Zerline, puis Mazetto ; tout ce joyeux chœur de paysans, cette farandole pastorale qui tranche si merveilleusement sur le fond sombre et passionné du drame.

De princesses, de comtesses, de grandes dames, don Juan en a vraiment assez. C'est à la paysanne Zerline qu'il

adresse ses hommages ; elle va se marier au pauvre Mazetto, et elle l'aime ; mais Zerline est faible, elle est femme ;
don Juan lui offre sa main, sa fortune, son cœur ; elle va
céder à la séduction, quand Elvire paraît à temps : Elvire, la
douairière de ces beautés délaissées. Elle arrache la jeune
villageoise aux dangereuses étreintes du séducteur.

Cependant bientôt tous les cœurs que l'égoïsme voluptueux de don Juan a blessés se réunissent autour de lui.
Anna d'abord lui demande secours contre le meurtrier de
son père ; elle ignore que ce meurtrier c'est don Juan lui-
même. Mais n'est-il pas gentilhomme ? N'est-ce pas à lui
qu'il appartient de défendre le faible, de protéger la femme
opprimée, de secourir l'innocence, de venger les victimes ?

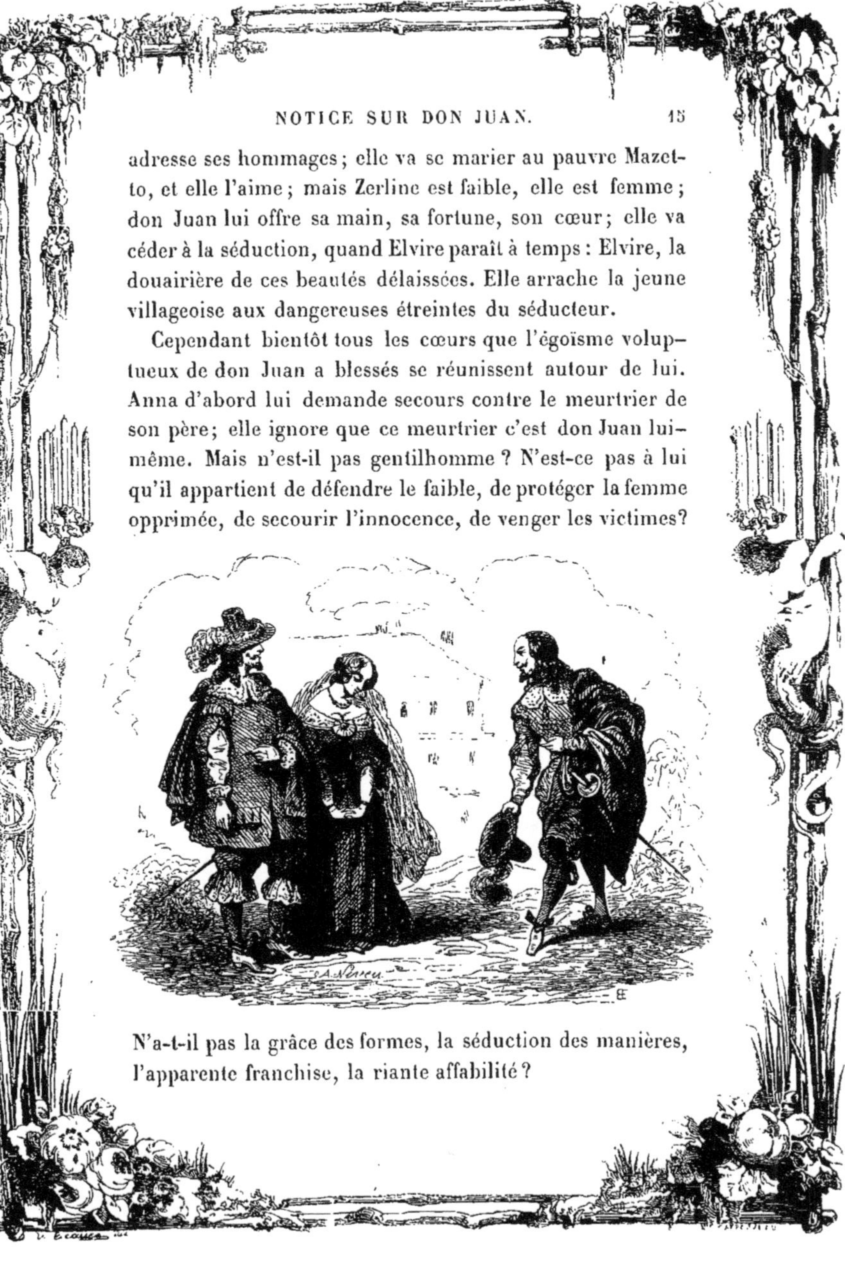

N'a-t-il pas la grâce des formes, la séduction des manières,
l'apparente franchise, la riante affabilité ?

C'est précisément là ce qui fait sa force ; tous ces dons éclatants de la civilisation et de la nature lui servent à exercer et étendre sa tyrannie voluptueuse et son égoïsme sensuel. Les ressources de son esprit, de son audace et de sa fortune lui viennent en aide au moment où éclate le danger qu'il aime à braver. « Rien ne l'étonne, rien ne le terrasse et ne l'accable. Il évite les uns, trompe les autres, et emploie à seconder ses efforts Leporello, qui est bien digne de servir un tel maître.

« Tout à coup l'ennui le prend au milieu de ce grand massacre de bonheurs féminins ; il veut, pour se désennuyer, une fête immense, une fête peuplée de femmes ; alors il épanche, comme le dit si bien Hoffmann, son mépris pour ses semblables, dont il ne fait que des instruments de plaisir, et sa voix éclatante et souple fait retentir l'air brusque et coupé :

Fin che dal vino !...

« Le bal va s'ouvrir ; avant le bal il faut à don Juan un passe-temps et une distraction : la naïve Zerline a piqué sa curiosité blasée ; il veut savoir ce que vaut la résistance d'une fille rustique ; il presse son triomphe et n'est pas loin de le remporter, quand son audace est arrêtée en beau chemin par la présence incommode du niais et jaloux Mazetto.

Enfin commence la fête, et de terribles masques paraissent. Ce sont Anna, Elvire, Ottavio déguisés ; leur trio est une prière qui monte en accords purs et douloureux

vers le ciel. Bientôt le fond du théâtre s'ouvre. La joie éclate : le choc
des verres retentit ; les paysans et tous les masques que la fête de don Juan
a réunis dansent et forment des groupes animés. Notre petite Zerline,
vive et amoureuse, console par des traits charmants le pauvre Mazetto
que la jalousie poignarde.

« Mais les trois masques conjurés pour la vengeance s'avancent lente-

ment ; tout devient solennel. Une demi-clarté mélancolique est répan-
due sur les grands arbres et les vastes pelouses du vieux château. Les
masques pénètrent dans la salle de danse. On se remet à danser jusqu'au moment où Zerline, que don Juan veut enlever, échappe aux ten-
tatives du séducteur. Grand scandale dans le bal. Don Juan s'avance
bravement, l'épée haute, au-devant de ses ennemis. Il fait sauter le fer

3

des mains du rival, se fraie un chemin à travers la multi-
tude qu'il met en désordre, et triomphe en riant de l'indignation générale. »

Le beau final! et que ce mouvement de passions contraires est ardent, facile à comprendre, puissant d'effet,
énergique et entraînant! Il faut avouer que l'abbé Casti
a bien servi le grand compositeur. Jamais trame mieux
tissue, jamais canevas mieux préparé, ne furent offerts à un
homme de génie par un homme de talent.

Au commencement du
second acte, le Sancho de don Juan,
ce bon Leporello au manteau rayé,
voudrait bien de tout son cœur quitter son
maître. Il a peur que l'enfer vienne châtier bientôt un voluptueux qui sacrifie le monde à ses plaisirs, et que lui, po-
veretto, prenne sa part de cette punition méritée. Cependant
les arguments de don Juan sont d'une grande puissance sur l'esprit du
valet ; ils arrivent sous la forme de piastres fortes, et, comme don Juan
ne les épargne pas, Leporello se laisse convaincre. Une nouvelle fantaisie
amoureuse porte don Juan à essayer des femmes de chambre. — Voilà
donc le valet qui troque ses habits contre ceux de son maître, endosse le

manteau brodé du seigneur, lui donne son bizarre accoutrement de valet,
et ne prévoit pas que lui-même va tout à l'heure être la dupe de celui dont il
a servi les ruses.

Notre ami Leporello, transformé en don Juan, est fort embarrassé de
sa splendeur; c'est encore une comédie que don Juan se prépare. Il y
a du Voltaire en lui, du Beaumarchais et du Casanova de Steingalt. Le
personnage a grandi depuis l'époque où le moyen âge ne voyait en lui
qu'un mauvais sujet qui a des maîtresses et se bat souvent en duel; don
Juan s'amuse de tout, et le but unique de la vie humaine lui paraît être de
railler la vie et les hommes. Comment

fera ce manant sous l'écorce du gentilhomme? comment écoutera-t-il les
douloureuses plaintes des femmes
sacrifiées par don Juan et qui
prendront le valet pour le maître? comment recevra-t-il leurs
caresses? Et s'il se laisse prendre à leurs paroles, quelle peur
sera la sienne, au moment où
don Juan reparaîtra
lui-même?

Toutes ces choses arrivent, toute cette comédie se joue au bénéfice de don Juan, qui, pour la rendre complète, va, la mandoline en écharpe, soupirer sa romance amoureuse sous la fenêtre d'une femme de chambre qui lui a paru jolie.

Bientôt le paysan Mazetto accourt, accompagné de ses amis ; tout le village est en rumeur ; les paysans brandissent leurs bâtons : chacun s'apprête à tirer vengeance de ce terrible séducteur, auquel princesse et fille des champs ne résistent jamais. Où trouver le coupable ? Mazetto le cherche partout et ne trouve que le faux Leporello, c'est-à-dire don Juan lui-même ; c'est à lui qu'il confie sa jalouse fureur et sa conspiration. Là-dessus, notre don Juan, en vrai gentilhomme qu'il est, le rosse d'importance.

Pauvre Mazetto !

Zerline reparaît ; elle lui chante un si joli petit air ! Elle possède un remède, un remède admirable, un remède excellent, un remède simple, agréable, *buonino, e naturale...* et les apothicaires ne le font pas :

> *E lo Speziale,*
> *Non lo sa far, no.*

Puis elle s'en va trottant et chantant, la main de Mazetto sur son cœur,

> *Sentilo battere*
> *Toccami qua !*

Heureux Mazetto !

Dans ce petit air, fort bien fait par l'abbé, se retrouvent la malice égrillarde et l'esprit libertin de ce Grécourt de l'Italie. Leporello cependant, Sosie menteur de son maître, tombe entre les mains des vengeurs qui cherchent don Juan de tous côtés : Ottavio, Zerline et Anna mettent la main sur lui. Hélas! ce n'est que Leporello qu'ils rencontrent; lui, qui fuit le danger, ne veut pas rester en otage, tombe à genoux, prie, supplie, demande grâce; et enfin, se sauvant à toutes jambes, il se hâte d'aller retrouver son maître.

Rapide, légère, passionnée, la musique de Mozart a couru jusqu'ici à travers tous les caprices de ce beau drame, auquel tant de génies ont concouru. Elle va s'élancer au dénoûment tragique d'un pas plus terrible encore, plus grave et non moins vigoureux. Peu à peu l'orchestre annonce, par de sourdes et lointaines préparations, que la vengeance passera des mains impuissantes des hommes aux mains toutes-puissantes de Dieu.

Tout va changer. La terreur s'annonce par cette enceinte fermée, ces grands murs, cette grave statue d'un vieux guerrier à cheval, cette clarté de la lune qui tombe pâle sur le visage pâle et sur le coursier immobile.

Don Juan a continué ses fredaines amoureuses; il en prépare de nouvelles. Il s'enivre de ces plaisirs qui ne taris-
sent pas pour lui; à la sensualité il joint l'ironie, qui
rendra sa volupté plus piquante. Au milieu de ces grandes
tombes blanches qui semblent menacer, il imagine de
nouveaux moyens de plaisir, il rêve des intrigues bizarres et d'un goût original, quand tout à coup la statue parle!
La menace et l'anathème s'échappent de ces lèvres froides.
C'est le Commandeur, le père d'Anna, le vieillard dont l'é-
pée de don Juan a percé la poitrine, qui prend la parole et
annonce la vengeance de Dieu.

« Invite-le à souper ce soir, dit don Juan à Leporello, ou
je te tue! »

Leporello frissonne, et d'une voix tremblante il invite le
Commandeur: la statue répond à l'invitation, en abaissant
avec lenteur sa tête de pierre. Leporello voudrait bien se
cacher et s'engloutir dans le centre du globe.

« Ah! tu as peur, s'écrie don Juan; eh bien! ce sera moi
qui l'inviterai!

— Commandeur! viendras-tu souper?

— Oui! »

Il viendra; et sa promesse ne sera pas vaine. Enten-
dez retentir cette harmonie audacieuse, bravade jetée à
l'enfer :

Gia la mensa e preparata!

Tout est illuminé chez don Juan; il veut recevoir digne-
ment son hôte qui vient du royaume des morts.

« Il s'assit, dit Hoffmann, faisant sauter les bouchons les
uns après les autres, et livrant passage aux esprits impé-
tueux qui frémissaient de leur joug. C'était dans une cham-

bre peu profonde, avec une haute fenêtre gothique, qui laissait entrevoir la lune dans les sombres nuages de la nuit. La table était couverte des mets les plus exquis; les légères Andalouses formaient pour le distraire leurs plus voluptueux enlacements. Bientôt apparaît Elvire, qui, les yeux pleins de larmes et la voix de sanglots, tombant à genoux devant l'infidèle, lui

rappela tous ses serments; on voyait les éclairs traverser le ciel, et on entendait l'approche sourde de l'orage. »

En face de ce tableau extraordinaire, mêlé de terreur et de volupté, on se rappelle les belles strophes de lord Byron, qui, dans son *Childe-Harold*, décrivant les mêmes scènes, a reproduit les émotions de sa jeunesse, lorsque les voûtes gothiques et sombres du manoir légué par ses ancêtres retentissaient du bruit de ses orgies. « Là chantaient et dansaient « d'aimables et brillantes beautés, douces à voir, faciles de cœur, charmes « dangereux, fleurs trop fragiles. Leurs formes délicates, répétées par les « vieux miroirs de Venise, n'inspiraient plus qu'indifférence au jeune « homme fatigué de plaisirs et dont la main laissait échapper languissam- « ment la coupe pleine de nectar. »

« —Quelqu'un frappe violemment. Elvire, les jeunes filles s'enfuient, et, au milieu des accords effroyables des esprits infernaux, s'avance le colosse de pierre. Le sol tremble sous les pas tonnants du géant. — Leporello

pâlit, il se cache sous la table; et lorsque l'envoyé de Dieu somme don Juan de se repentir, don Juan prononce, à travers la tempête, le tonnerre et les affreux hurlements des démons, son terrible no !

« L'heure est arrivée. La statue disparaît, une épaisse vapeur remplit la salle, elle se dissipe et laisse voir des figures effroyables; don Juan se démène au milieu des tourments de l'enfer; — on ne l'aperçoit plus que voilé de nuages et environné de démons. Une terrible explosion a lieu enfin. — Don Juan, les démons ont disparu; Leporello demeure étendu sans mouvement dans un coin de la salle.

« — Que de bien vous fait l'apparition des autres personnages qui cherchent inutilement don Juan ! Il vous semble que vous venez d'échapper à la puissance des divinités infernales.

« Vous êtes libre — et le cœur oppressé respire ! »

C'est surtout dans l'analyse du caractère de don Juan , tel que l'a fait vivre la musique immortelle de Mozart, que Hoffmann se montre digne de son compatriote : le poëte comprend le poëte ; les âmes qui ont reçu la consécration dans le temple devinent seules ce qui est ignoré des profanes.

« On juge légèrement, dit-il, si l'on croit que Mozart ait pensé et composé sur un motif puéril une semblable musique. Un bon vivant qui aime le vin et les filles, qui invite follement à sa table la statue de pierre d'un vieil homme qu'il a tué en se défendant !... Certes, il n'y a pas là beaucoup de poésie. Ces futilités valent-elles la peine que les puissances infernales montent sur la terre ? Don Juan mérite-t-il qu'une statue prenne une âme et descende tout exprès de son cheval de marbre pour l'avertir de la colère du ciel ?

« Non, ce n'est pas cela !

« La nature avait pourvu don Juan, le plus cher de ses enfants, de tout ce qui élève l'homme au-dessus de la foule condamnée à souffrir et à travailler ; elle lui avait prodigué les dons qui rapprochent l'humanité de l'essence divine ; elle l'avait destiné à briller, à vaincre, à dominer. Elle avait animé d'une organisation magnifique ce corps vigoureux et accompli, cette poitrine, d'une étincelle céleste ; elle lui avait donné une âme profonde, une intelligence vive et rapide. — Les désirs qu'enfantait cette puissante organisation l'enivrèrent, une ardeur incessamment entretenue fit bouillonner son sang, et entraîna le jeune homme vers des plaisirs sensuels toujours renouvelés ; l'espoir d'y trouver une satisfaction qu'il cherchait partout en vain le perdit.

« En effet, il n'est rien sur la terre qui élève plus l'homme dans son intime pensée que l'amour. C'est l'amour dont l'influence immense et victorieuse éclaire notre cœur, et y porte à la fois le bonheur et la confusion. Peut-on

s'étonner que don Juan ait espéré d'a-
paiser par l'amour les désirs qui déchirent son sein, et que le démon ait
tendu son piége? C'est lui qui inspira
à don Juan la pensée que, par l'amour,
par la jouissance des femmes, on peut
déjà accomplir sur la terre les promesses célestes que nous portons écri-
tes au fond de notre âme : désir infini
qui nous apparaît dès le premier jour
avec le ciel. Volant sans relâche de
beauté en beauté, jouissant de leurs
charmes jusqu'à satiété, jusqu'à l'i-
vresse la plus accablante ; se croyant
sans cesse trompé dans son choix,
espérant atteindre l'idéal qu'il poursui-
vait, don Juan se trouva enfin écrasé
par les plaisirs de la vie réelle, et mé-
prisant surtout les hommes, il dut
s'irriter surtout contre ces fantômes

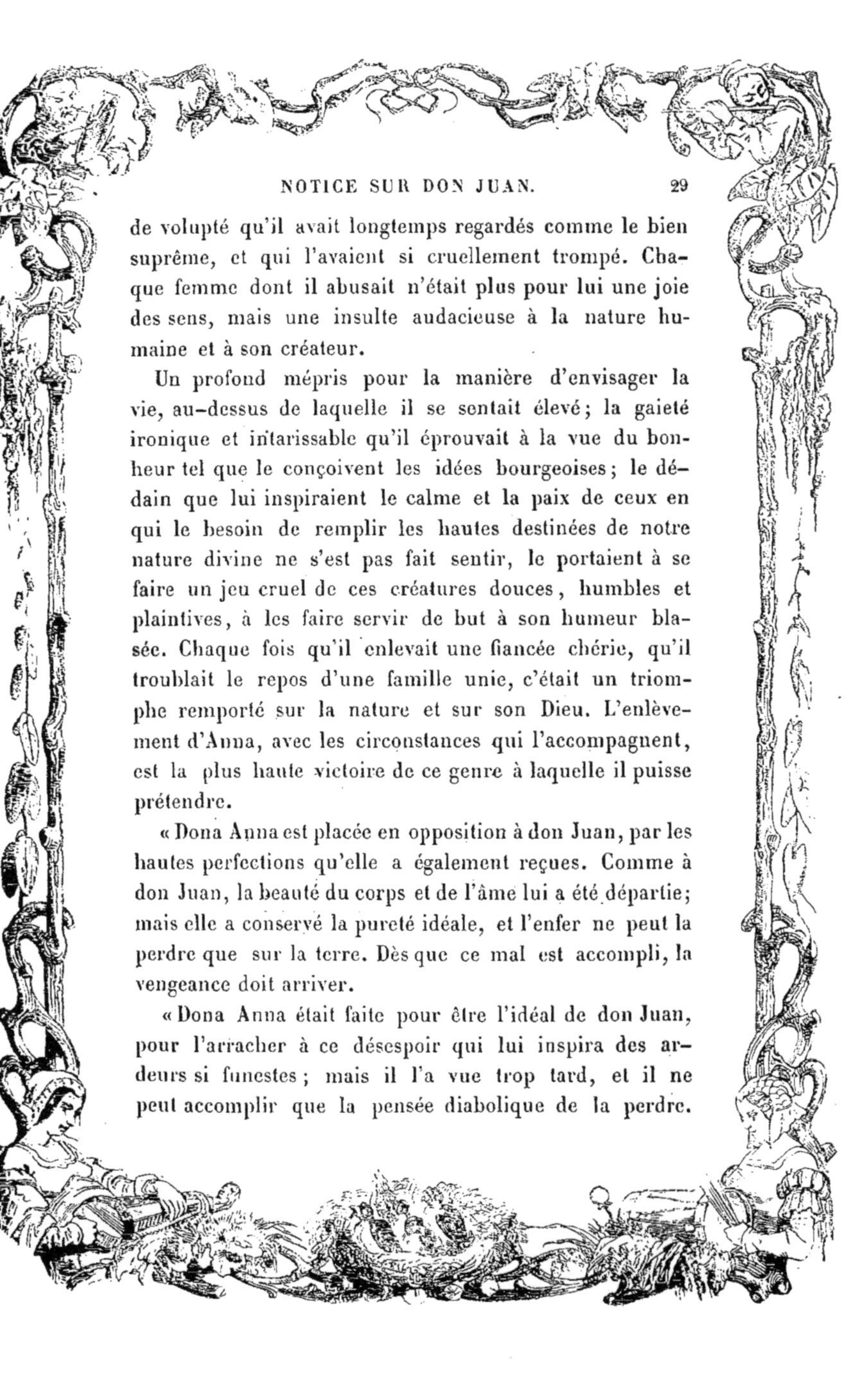

de volupté qu'il avait longtemps regardés comme le bien
suprême, et qui l'avaient si cruellement trompé. Chaque femme dont il abusait n'était plus pour lui une joie
des sens, mais une insulte audacieuse à la nature humaine et à son créateur.

Un profond mépris pour la manière d'envisager la
vie, au-dessus de laquelle il se sentait élevé ; la gaieté
ironique et intarissable qu'il éprouvait à la vue du bonheur tel que le conçoivent les idées bourgeoises ; le dédain que lui inspiraient le calme et la paix de ceux en
qui le besoin de remplir les hautes destinées de notre
nature divine ne s'est pas fait sentir, le portaient à se
faire un jeu cruel de ces créatures douces, humbles et
plaintives, à les faire servir de but à son humeur blasée. Chaque fois qu'il enlevait une fiancée chérie, qu'il
troublait le repos d'une famille unie, c'était un triomphe remporté sur la nature et sur son Dieu. L'enlève-
ment d'Anna, avec les circonstances qui l'accompagnent,
est la plus haute victoire de ce genre à laquelle il puisse
prétendre.

« Dona Anna est placée en opposition à don Juan, par les
hautes perfections qu'elle a également reçues. Comme à
don Juan, la beauté du corps et de l'âme lui a été départie ;
mais elle a conservé la pureté idéale, et l'enfer ne peut la
perdre que sur la terre. Dès que ce mal est accompli, la
vengeance doit arriver.

« Dona Anna était faite pour être l'idéal de don Juan,
pour l'arracher à ce désespoir qui lui inspira des ar-
deurs si funestes ; mais il l'a vue trop tard, et il ne
peut accomplir que la pensée diabolique de la perdre.

— Elle n'est pas sauvée; elle succombe !

Lorsque don Juan apparaît au dé-
but de l'action, déjà l'attentat est
consommé. Le feu de l'enfer qui
brûle en son âme a rendu toute résistance inutile. Lui seul, lui don
Juan, pouvait exciter en elle ce voluptueux égarement qui l'a mise
dans ses bras. Après la chute de
l'infortunée, toutes les suites funestes de sa faute s'accomplissent à la
fois.

La mort de son père, tué par la
main de don Juan; ses fiançailles
avec le froid, l'ordinaire, l'effémi-
né don Ottavio, qu'elle croyait aimer autrefois; l'amour même qui la
dévore, qui a brûlé son sein dès le
moment où elle s'est livrée, tout lui
fait sentir que la perte de don Juan

peut seule lui rendre le repos, mais que ce repos sera
la mort pour elle ! Aussi excite-t-elle sans cesse son fiancé
glacial à la vengeance ; elle poursuit elle-même le traître,
et elle ne recouvre un peu de calme qu'après
l'avoir vu en proie aux vengeances éter-
nelles. Seulement elle ne veut pas céder à
ce fiancé si avide de noces : *Lascia, ô caro,
un anno ancora, allo sfogo del cor mio!*
Elle ne survivra pas à cette année ! Don
Ottavio ne verra jamais dans
ses bras celle qui a été mar-
quée de l'empreinte brûlante
de la passion de don Juan ! »

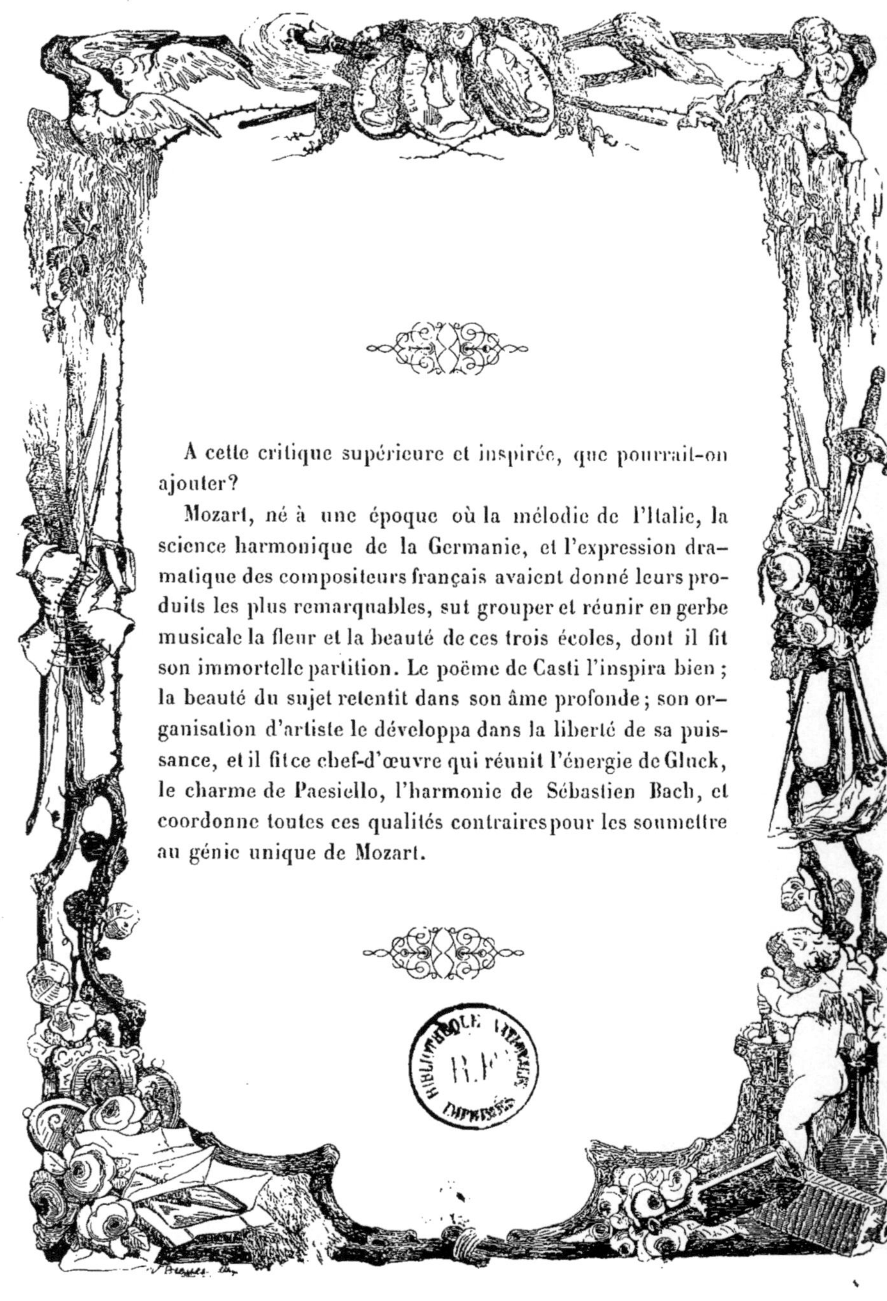

A cette critique supérieure et inspirée, que pourrait-on ajouter?

Mozart, né à une époque où la mélodie de l'Italie, la science harmonique de la Germanie, et l'expression dramatique des compositeurs français avaient donné leurs produits les plus remarquables, sut grouper et réunir en gerbe musicale la fleur et la beauté de ces trois écoles, dont il fit son immortelle partition. Le poëme de Casti l'inspira bien ; la beauté du sujet retentit dans son âme profonde ; son organisation d'artiste le développa dans la liberté de sa puissance, et il fit ce chef-d'œuvre qui réunit l'énergie de Gluck, le charme de Paesiello, l'harmonie de Sébastien Bach, et coordonne toutes ces qualités contraires pour les soumettre au génie unique de Mozart.

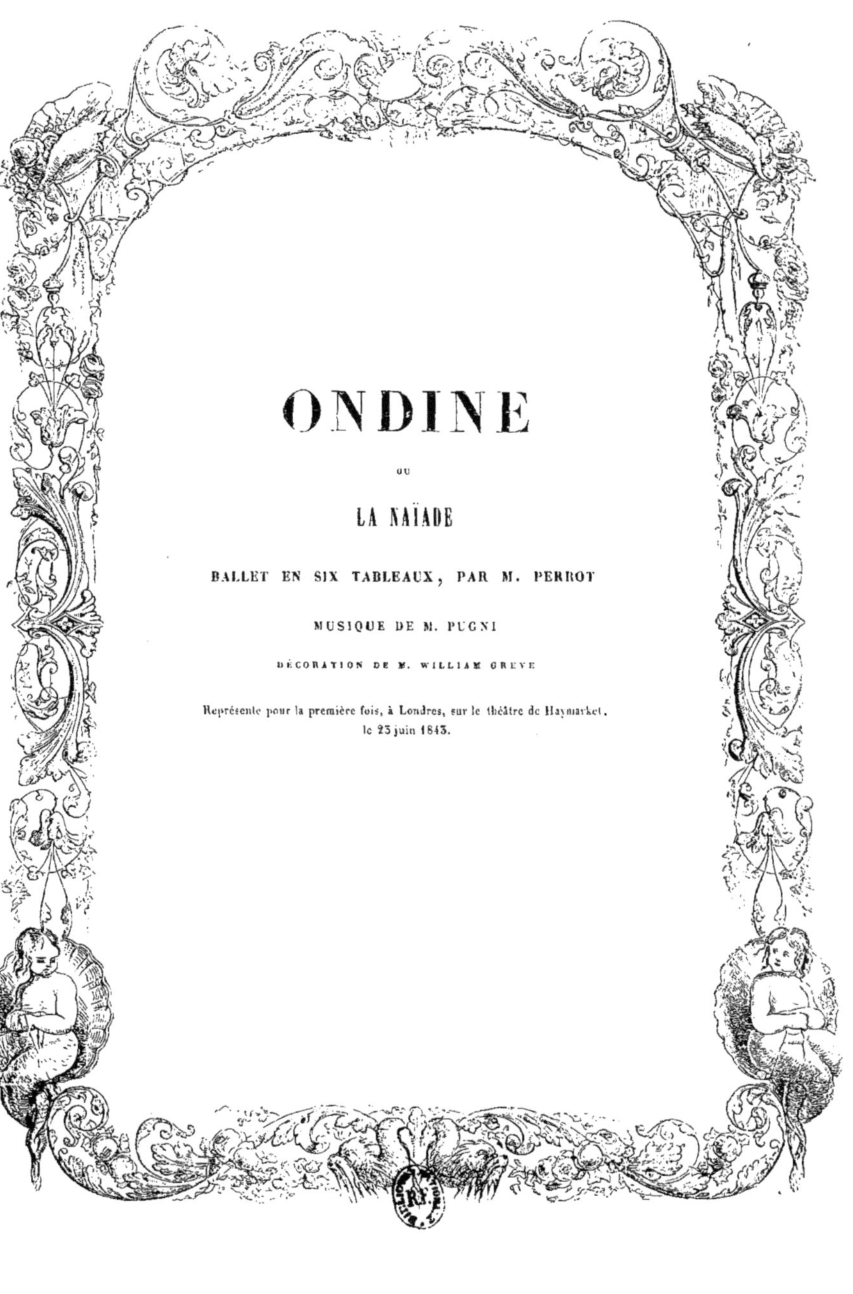

ONDINE

ou

LA NAÏADE

BALLET EN SIX TABLEAUX, PAR M. PERROT

MUSIQUE DE M. PUGNI

DÉCORATION DE M. WILLIAM GREVE

Représenté pour la première fois, à Londres, sur le théâtre de Haymarket,
le 23 juin 1843.

ONDINE

Peu de traditions sourient à l'imagination plus
gracieusement que celle-ci.

Tous les lacs allemands sont peuplés d'Ondins
et de belles Ondines, jolis êtres, bienveillants ou
malveillants, mais toujours malins et fantasques, qui habitent le fond des
eaux.

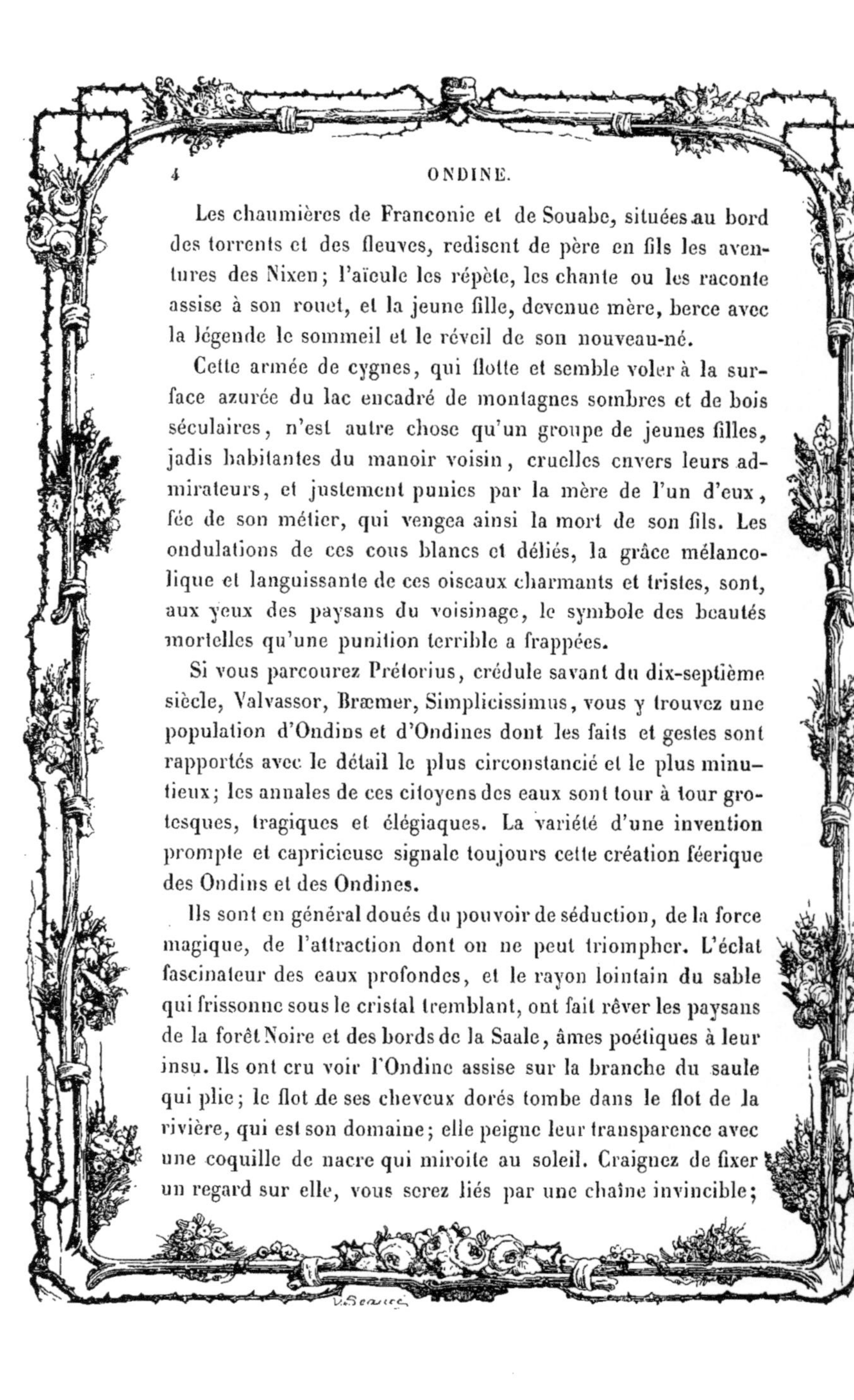

Les chaumières de Franconie et de Souabe, situées au bord
des torrents et des fleuves, redisent de père en fils les aven-
tures des Nixen; l'aïeule les répète, les chante ou les raconte
assise à son rouet, et la jeune fille, devenue mère, berce avec
la légende le sommeil et le réveil de son nouveau-né.

Cette armée de cygnes, qui flotte et semble voler à la surface azurée du lac encadré de montagnes sombres et de bois
séculaires, n'est autre chose qu'un groupe de jeunes filles,
jadis habitantes du manoir voisin, cruelles envers leurs ad-
mirateurs, et justement punies par la mère de l'un d'eux,
fée de son métier, qui vengea ainsi la mort de son fils. Les
ondulations de ces cous blancs et déliés, la grâce mélancolique et languissante de ces oiseaux charmants et tristes, sont,
aux yeux des paysans du voisinage, le symbole des beautés
mortelles qu'une punition terrible a frappées.

Si vous parcourez Prétorius, crédule savant du dix-septième
siècle, Valvassor, Bræmer, Simplicissimus, vous y trouvez une
population d'Ondins et d'Ondines dont les faits et gestes sont
rapportés avec le détail le plus circonstancié et le plus minu-
tieux; les annales de ces citoyens des eaux sont tour à tour gro-
tesques, tragiques et élégiaques. La variété d'une invention
prompte et capricieuse signale toujours cette création féerique
des Ondins et des Ondines.

Ils sont en général doués du pouvoir de séduction, de la force
magique, de l'attraction dont on ne peut triompher. L'éclat
fascinateur des eaux profondes, et le rayon lointain du sable
qui frissonne sous le cristal tremblant, ont fait rêver les paysans
de la forêt Noire et des bords de la Saale, âmes poétiques à leur
insu. Ils ont cru voir l'Ondine assise sur la branche du saule
qui plie; le flot de ses cheveux dorés tombe dans le flot de la
rivière, qui est son domaine; elle peigne leur transparence avec
une coquille de nacre qui miroite au soleil. Craignez de fixer
un regard sur elle, vous serez liés par une chaîne invincible;

vous la suivrez dans ses palais humides et merveilleux ;
vous serez enchaîné par des liens de diamant au fond de
ce monde inconnu et invisible d'où vous ne reviendrez
jamais.

L'idée de ce monde sous-marin a singulièrement troublé
les imaginations ingénues des races septentrionales primi-
tives. La profondeur des lits de rivière et le merveilleux des
plages ensevelies sous les flots de l'Océan, leur ont inspiré
des rêveries sans fin, mères de légendes pleines d'un étrange
intérêt.

« En 1796, dit la *Gazette nationale des Allemands*, un petit enfant se noya dans l'Elbe, attiré par un Ondin qui pré-
tendait jouer avec lui. Sa mère se rendit à l'église et pria
beaucoup, six jours et six nuits, demandant que du moins
les ossements de son fils lui fussent rendus pour qu'elle
pût les ensevelir. Comme elle sortait de la chapelle et descendait sur la grève, un premier coup de vent lui apporta
la tête, un second le corps, un troisième les jambes. Ayant
ramassé le tout, elle enveloppa ces débris dans un linge
bien blanc, et les porta dans l'église.

Au moment où elle entrait, le paquet lui sembla très-
lourd, et de plus en plus lourd à mesure qu'elle avan-
çait. Enfin elle le déposa sur les marches de l'autel ,
et l'enfant se mit à crier en rejetant son enveloppe, au
grand étonnement de tous les assistants. Il ne lui man-
quait absolument qu'une seule phalange du petit doigt
de la main gauche, que la mère chercha avec beaucoup de
soin. C'est une des principales reliques de l'église de Cus-
trin. »

Du côté de Leybach, les jours de fête, lorsque les Ondins
et les Ondines s'ennuient, ils vont se mêler à la danse des
paysans et surtout des pêcheurs, pour lesquels ils ont une
prédilection naturelle.

On les reconnaît à leurs dents vertes, et à une cheve

lure admirablement épaisse et flottante. On se souvient encore, dans le pays, d'un accident qui, s'il faut
en croire Valvassor, suivit, en 1547, la présence d'un
de ces Ondins. Il s'était mêlé à une noce villageoise;
c'était un grand personnage à la taille svelte et aux yeux
d'un bleu glauque, qui, le premier dimanche de juillet, vint sans cérémonie s'asseoir à la table que les
paysans de Leybach avaient dressée sous le grand tilleul du marché.

On admira sa politesse et sa bonne grâce; mais lorsque les convives se levèrent de table et dansèrent, la
première villageoise à laquelle il tendit la main pour
la mener à la danse reconnut avec terreur que cette
main était toute moite, et froide comme la glace. A mesure qu'elle dansait, cette impression devint moins vive;
elle parut même prendre grand plaisir à rester près de
lui. Après la danse, on les vit s'éloigner lentement du
grand tilleul, s'enfoncer dans les profondeurs de la forêt, et enfin se précipiter ensemble et enlacés dans la
rivière de Leybach.

La principale idée, le symbole fondamental de ces
légendes, c'est l'attrait irrésistible exercé par les Ondins,
l'impossibilité d'échapper à leur puissance surnaturelle.
Ce sont tantôt des épouses, tantôt des servantes, qu'ils
dérobent aux mortels; quelquefois des soldats, des mé-
decins ou même des *notaires* (dit la légende), selon le
besoin qu'ils peuvent en avoir. Quant aux malheureux
qui se noient dans leurs eaux, ils ne les lâchent ja-

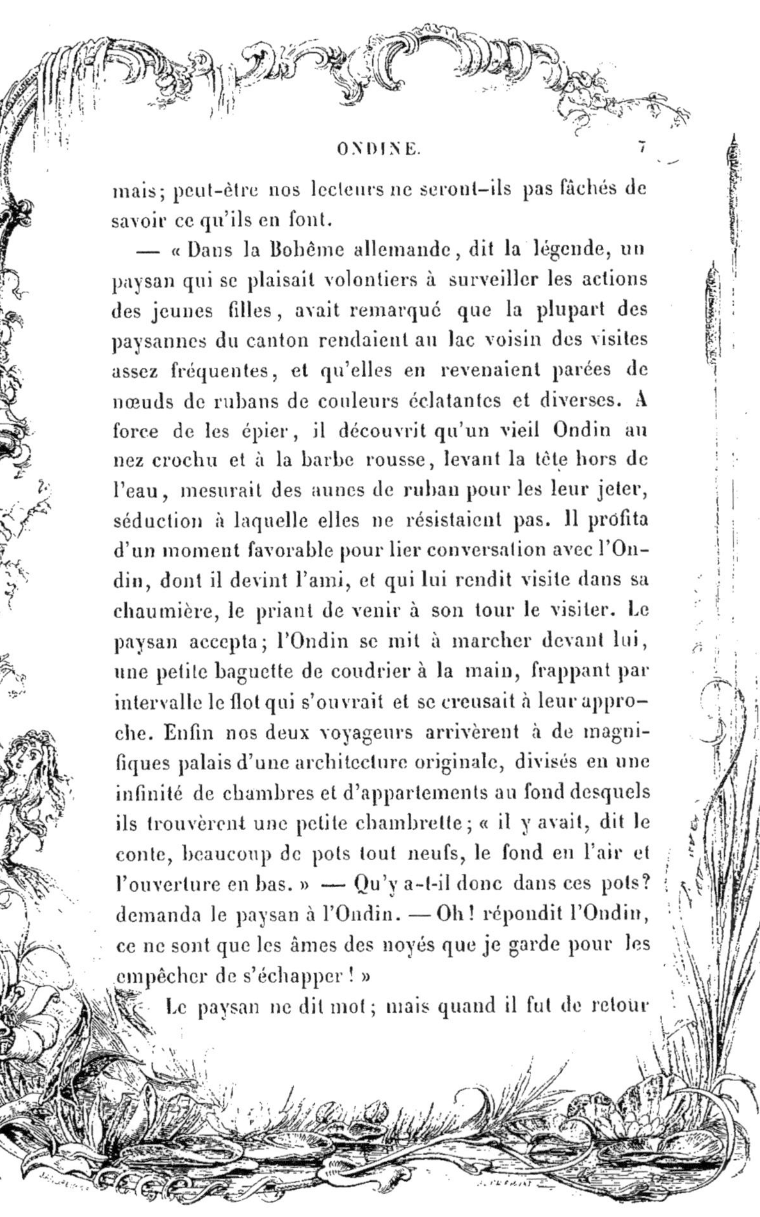

mais; peut-être nos lecteurs ne seront-ils pas fâchés de savoir ce qu'ils en font.

— « Dans la Bohême allemande, dit la légende, un paysan qui se plaisait volontiers à surveiller les actions des jeunes filles, avait remarqué que la plupart des paysannes du canton rendaient au lac voisin des visites assez fréquentes, et qu'elles en revenaient parées de nœuds de rubans de couleurs éclatantes et diverses. À force de les épier, il découvrit qu'un vieil Ondin au nez crochu et à la barbe rousse, levant la tête hors de l'eau, mesurait des aunes de ruban pour les leur jeter, séduction à laquelle elles ne résistaient pas. Il profita d'un moment favorable pour lier conversation avec l'Ondin, dont il devint l'ami, et qui lui rendit visite dans sa chaumière, le priant de venir à son tour le visiter. Le paysan accepta; l'Ondin se mit à marcher devant lui, une petite baguette de coudrier à la main, frappant par intervalle le flot qui s'ouvrait et se creusait à leur approche. Enfin nos deux voyageurs arrivèrent à de magnifiques palais d'une architecture originale, divisés en une infinité de chambres et d'appartements au fond desquels ils trouvèrent une petite chambrette; « il y avait, dit le conte, beaucoup de pots tout neufs, le fond en l'air et l'ouverture en bas. » — Qu'y a-t-il donc dans ces pots? demanda le paysan à l'Ondin. — Oh! répondit l'Ondin, ce ne sont que les âmes des noyés que je garde pour les empêcher de s'échapper! »

Le paysan ne dit mot; mais quand il fut de retour

dans sa chaumière, le souvenir de ces pauvres âmes l'in-
quiéta fort; il résolut de les mettre en liberté. Comme il
savait très-bien de quelle manière l'Ondin s'y était pris pour
se frayer passage, il fit comme ce dernier, suivit exactement
le même chemin, et fut assez heureux pour retrouver la petite chambre. Il retourna tous les pots l'un après l'autre;
les âmes des noyés se hâtèrent de remonter hors de l'eau
sous la forme de bulles d'air. L'Ondin se courrouça, et le
lendemain le paysan trouva sa cabane submergée. Depuis
cette époque, le lac n'offrit plus un seul poisson à la ligne
ou aux filets du pêcheur. »

Les *Nixen-Brunnen*, ou fontaines des Ondines, abondent
dans toute l'Allemagne, et les récits bizarres qui se rapportent
à leur existence rempliraient un volume. Une des plus jolies
de ces légendes est celle de la demoiselle de Magdebourg
qui sortait de son palais aquatique pour aller à la bouche-
rie avec un joli petit tablier blanc dont le bout était toujours
mouillé et ne pouvait sécher, quoi que l'on fît. Sa tournure
était modeste, son maintien décent, sa grâce pudique ; elle
avait de grands yeux noirs magnifiques : seulement on s'a-
percevait avec surprise que les cils des paupières étaient d'un
bleu vert et très-longs. La jeune Nix plut à un jeune bou-
langer qui la suivit jusqu'à la rivière, et voulut absolument
y descendre avec elle. La Nix le repoussait, lui disant qu'il y
avait du danger, que ses parents étaient méchants, et qu'elle
serait désolée de lui causer aucun préjudice. Malgré ses efforts et ceux d'un vieux batelier du rivage, qui essayait de le
détourner, il se hasarda, et pénétra au fond des eaux. —
« Si les choses vont bien, dit-elle au batelier, vous verrez

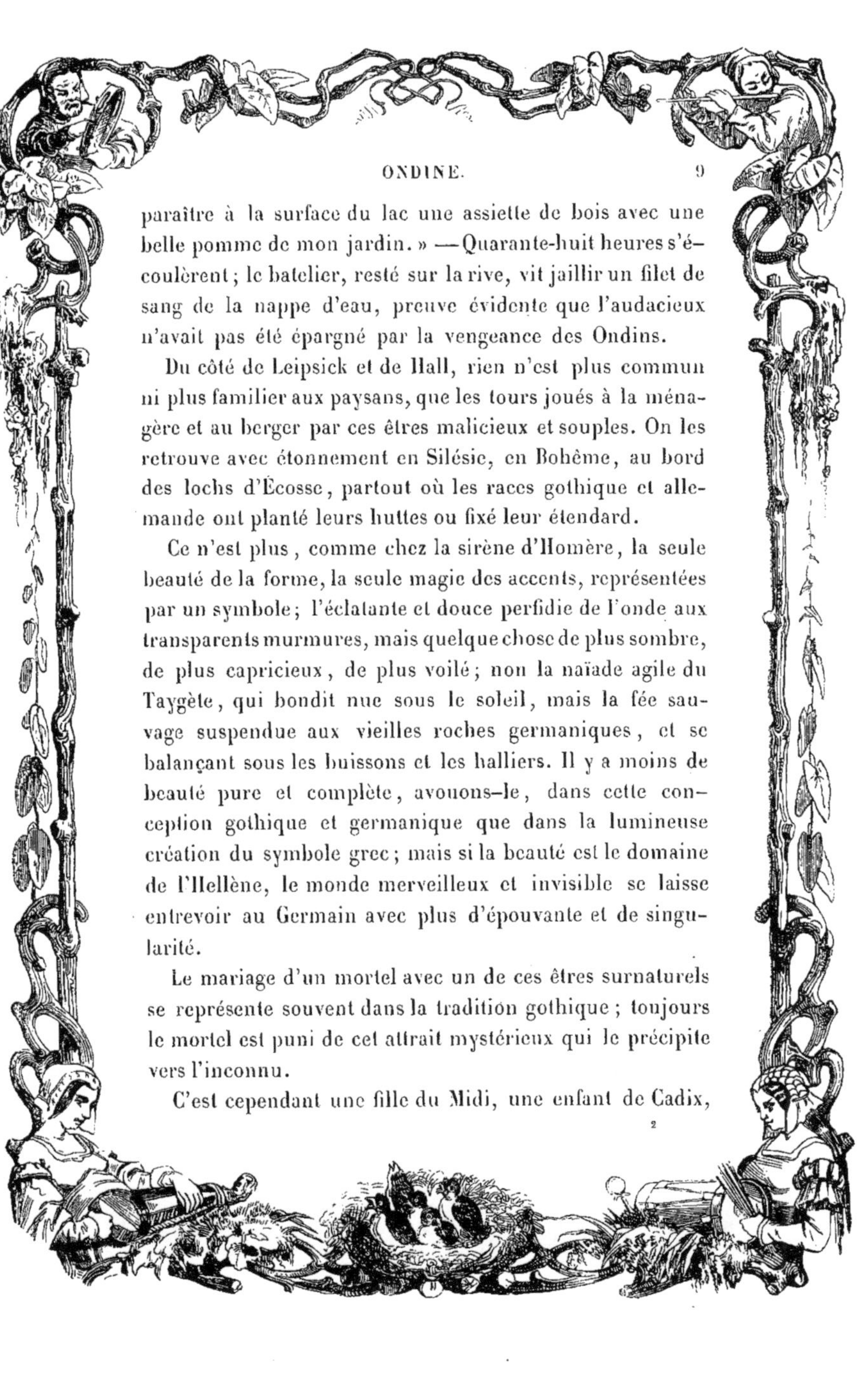

paraître à la surface du lac une assiette de bois avec une belle pomme de mon jardin. » —Quarante-huit heures s'écoulèrent ; le batelier, resté sur la rive, vit jaillir un filet de sang de la nappe d'eau, preuve évidente que l'audacieux n'avait pas été épargné par la vengeance des Ondins.

Du côté de Leipsick et de Hall, rien n'est plus commun ni plus familier aux paysans, que les tours joués à la ménagère et au berger par ces êtres malicieux et souples. On les retrouve avec étonnement en Silésie, en Bohême, au bord des lochs d'Écosse, partout où les races gothique et allemande ont planté leurs huttes ou fixé leur étendard.

Ce n'est plus, comme chez la sirène d'Homère, la seule beauté de la forme, la seule magie des accents, représentées par un symbole ; l'éclatante et douce perfidie de l'onde aux transparents murmures, mais quelque chose de plus sombre, de plus capricieux, de plus voilé ; non la naïade agile du Taygète, qui bondit nue sous le soleil, mais la fée sauvage suspendue aux vieilles roches germaniques, et se balançant sous les buissons et les halliers. Il y a moins de beauté pure et complète, avouons-le, dans cette conception gothique et germanique que dans la lumineuse création du symbole grec ; mais si la beauté est le domaine de l'Hellène, le monde merveilleux et invisible se laisse entrevoir au Germain avec plus d'épouvante et de singularité.

Le mariage d'un mortel avec un de ces êtres surnaturels se représente souvent dans la tradition gothique ; toujours le mortel est puni de cet attrait mystérieux qui le précipite vers l'inconnu.

C'est cependant une fille du Midi, une enfant de Cadix,

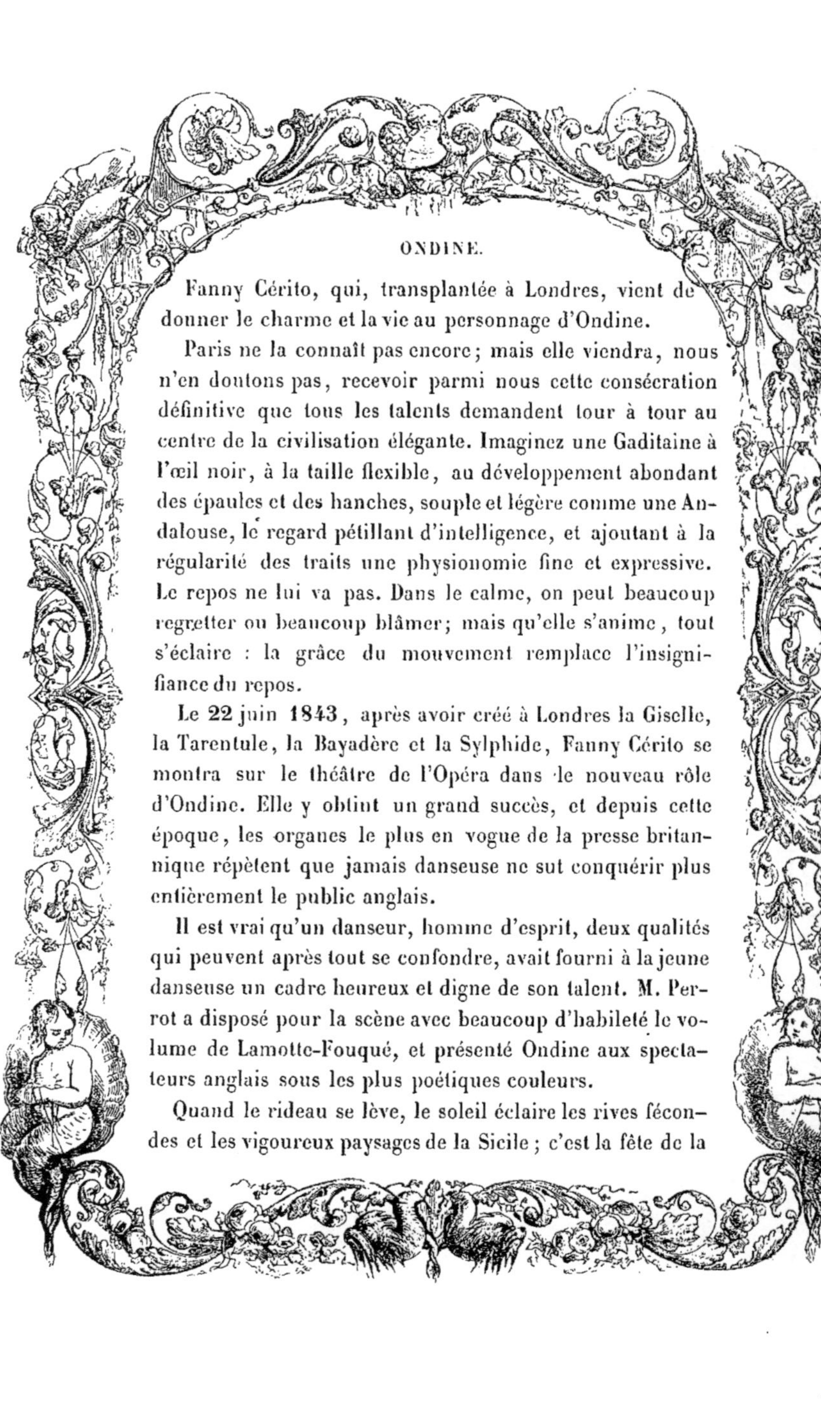

Fanny Cérito, qui, transplantée à Londres, vient de donner le charme et la vie au personnage d'Ondine.

Paris ne la connaît pas encore ; mais elle viendra, nous n'en doutons pas, recevoir parmi nous cette consécration définitive que tous les talents demandent tour à tour au centre de la civilisation élégante. Imaginez une Gaditaine à l'œil noir, à la taille flexible, au développement abondant des épaules et des hanches, souple et légère comme une Andalouse, le regard pétillant d'intelligence, et ajoutant à la régularité des traits une physionomie fine et expressive. Le repos ne lui va pas. Dans le calme, on peut beaucoup regretter ou beaucoup blâmer ; mais qu'elle s'anime, tout s'éclaire : la grâce du mouvement remplace l'insignifiance du repos.

Le 22 juin 1843, après avoir créé à Londres la Giselle, la Tarentule, la Bayadère et la Sylphide, Fanny Cérito se montra sur le théâtre de l'Opéra dans le nouveau rôle d'Ondine. Elle y obtint un grand succès, et depuis cette époque, les organes le plus en vogue de la presse britannique répètent que jamais danseuse ne sut conquérir plus entièrement le public anglais.

Il est vrai qu'un danseur, homme d'esprit, deux qualités qui peuvent après tout se confondre, avait fourni à la jeune danseuse un cadre heureux et digne de son talent. M. Perrot a disposé pour la scène avec beaucoup d'habileté le volume de Lamotte-Fouqué, et présenté Ondine aux spectateurs anglais sous les plus poétiques couleurs.

Quand le rideau se lève, le soleil éclaire les rives fécondes et les vigoureux paysages de la Sicile ; c'est la fête de la

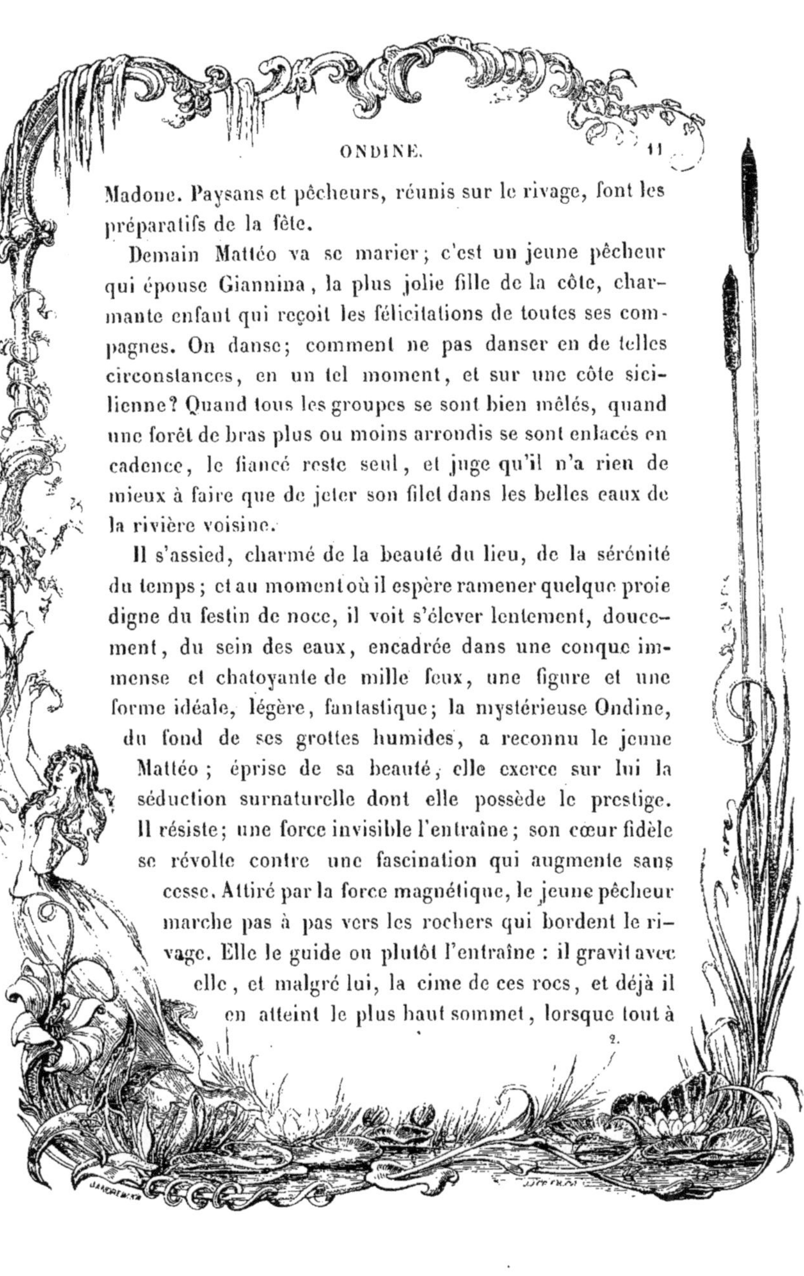

Madone. Paysans et pêcheurs, réunis sur le rivage, font les préparatifs de la fête.

Demain Mattéo va se marier ; c'est un jeune pêcheur qui épouse Giannina, la plus jolie fille de la côte, charmante enfant qui reçoit les félicitations de toutes ses compagnes. On danse ; comment ne pas danser en de telles circonstances, en un tel moment, et sur une côte sicilienne ? Quand tous les groupes se sont bien mêlés, quand une forêt de bras plus ou moins arrondis se sont enlacés en cadence, le fiancé reste seul, et juge qu'il n'a rien de mieux à faire que de jeter son filet dans les belles eaux de la rivière voisine.

Il s'assied, charmé de la beauté du lieu, de la sérénité du temps ; et au moment où il espère ramener quelque proie digne du festin de noce, il voit s'élever lentement, doucement, du sein des eaux, encadrée dans une conque immense et chatoyante de mille feux, une figure et une forme idéale, légère, fantastique ; la mystérieuse Ondine, du fond de ses grottes humides, a reconnu le jeune Mattéo ; éprise de sa beauté, elle exerce sur lui la séduction surnaturelle dont elle possède le prestige. Il résiste ; une force invisible l'entraîne ; son cœur fidèle se révolte contre une fascination qui augmente sans cesse. Attiré par la force magnétique, le jeune pêcheur marche pas à pas vers les rochers qui bordent le rivage. Elle le guide ou plutôt l'entraîne : il gravit avec elle, et malgré lui, la cime de ces rocs, et déjà il en atteint le plus haut sommet, lorsque tout à

2.

coup le corps diaphane de l'Ondine s'affaisse, et lentement, gracieusement, elle tombe et disparaît au sein des

eaux brillantes, faisant signe à Mattéo de la suivre. Il
maudit sa faiblesse et le pouvoir qui l'obsède, mais la ré-

sistance est impossible : il va, il avance toujours, victime
passive d'une force étrangère à sa volonté ; déjà, sur les
lèvres souriantes de l'Ondine prête à s'engloutir, on peut
lire la joie et l'orgueil du triomphe, lorsque les amis de
Mattéo accourent et l'arrachent à cette situation périlleuse
et singulière.

Cette scène, il faut le dire, est charmante et bien com-
posée, pleine de passion et de grâce, favorable au développement mimique ; elle eût suffi à la popularité d'une œuvre dramatique.

Quand le jeune Mattéo rentre dans la chaumière habitée
par Giannina sa fiancée et par sa vieille mère Térésa, il est
sombre, préoccupé, distrait : la vision de la fille des eaux
le harcèle et le poursuit. Quel peut être le sujet de sa rêve-
rie et de sa tristesse, —lui ordinairement si gai, si gracieux
et si doux? Pourquoi ce front qui se penche et ce sourcil
qui s'abaisse? Giannina veut le savoir ; à elle il appartient de sonder d'une main caressante les plaies de ce cœur
aimé ; c'est à elle de consoler le fiancé qu'elle a choisi. Il
ne résiste pas à tant de grâces, et il répond à Giannina par
un aveu complet de ce qui s'est passé la veille, de l'apparition féerique, et de l'invincible charme auquel il a cédé
malgré lui.

La vieille mère traite ce récit d'enfantillage ; Giannina,
moins rassurée, s'effraie encore pour son amour, et les oc-
cupations de la chaumière reprennent leur cours accou-
tumé.

— «Voyons, dit Giannina à son fiancé, qu'on se mette

à genoux ici, devant moi, et que l'on m'aide à dévider cet écheveau de fil ! » L'amant obéit, Térésa fait tourner son rouet, et

la jeune fille arrête sur son jeune époux un regard plein de
tendresse, quand la bise souffle tout à coup, et la fenêtre de la
cabane en s'entr'ouvrant donne passage à l'Ondine.

La légère fille des eaux circule, pareille à ces demoiselles
ailées dont le corselet d'azur bruni, soutenu par une gaze d'or,
glisse sur les tiges des nénufars. La vieille mère, attentive,
prête l'oreille à ce frôlement léger, et ne peut rien apercevoir :
la vision n'est perceptible que pour l'œil jaloux et clairvoyant
de Giannina, qui laisse échapper l'écheveau de ses mains brû-
lantes. La raison et l'usage de ses sens vont lui manquer,
lorsque l'Ondine, touchée de pitié, redevient invisible, et

rend à la chaumière sa paix habituelle, au cœur de Giannina son repos.

Le calme renaît; heureux de leur tendresse mutuelle, les fiancés se rapprochent, et leurs regards se parlent d'amour; ils maudissent l'hallucination passagère qui les a déçus et enivrés; ils sont tout entiers l'un à l'autre. Quel chagrin pour Ondine, et que sa générosité dure peu! Son caractère de taquinerie malicieuse l'emporte alors sur ses généreuses intentions, et elle se venge par mille espiégleries d'un bonheur qui la blesse dans ses plus chers désirs. C'est le fil de la vieille mère qui se casse, le rouet qui se met à tourner à rebours, l'écheveau qui s'embrouille à mesure que la main du fiancé en développe les fils, et l'Ondine vengeresse se réjouit de tous les petits désastres qui signalent son passage et sa puissance. Bientôt elle redevient visible au pauvre Mattéo, que cette beauté magique entraîne encore, et qui, les bras étendus vers la vision céleste, s'abandonne au charme suprême; il va la suivre... la fenêtre entr'ouverte

donne issue à son vol. Mais Giannina vient de reconnaître la présence de sa magique rivale ; elle se précipite, serre son fiancé dans ses bras, l'accable de tendres reproches, lui rappelle ses promesses et le mariage qui aura lieu demain, et le rend au sentiment de lui-même et de son amour.

Les caresses de Giannina et la bénédiction de la mère planent encore sur la tête de Mattéo, dont tant d'agitations violentes ont épuisé la force. Il se laisse aller sur sa couche, vaincu par le sommeil, qui s'empare de lui.

C'est ici que s'ouvrent les portes du monde enchanté habité par les Ondines, le royaume de la reine Hydrola, — nom que nous aurions volontiers échangé pour un autre, — mais qui n'a rien d'extraordinaire et de blessant pour les oreilles britanniques, et qui d'ailleurs, dans un ballet mimique où l'orchestre seul a la parole, offre infiniment peu d'inconvénients.

Toutes les richesses de ces grottes de corail, de nacre et de porphyre, se déploient en songe devant le jeune berger sicilien. Voici les cavernes profondes où germe la perle diaprée ; voici les forêts sous-marines, tapissées de plantes extraordinaires, inconnues à l'œil des mortels ; cette douce et murmurante harmonie, c'est le bruit des eaux qui tombent en cascade, et le frémissement des sources sans nombre qui se répandent au loin dans les veines de la terre. Tout cela c'est un songe ; et, s'il est permis de joindre une critique à notre analyse, nous ne savons vraiment pas pourquoi le jeune Sicilien n'est pas descendu en personne dans ces grottes de féerie, que le décorateur anglais a parées de tant d'opulence. Quoi qu'il en soit, il a plu à l'auteur du ballet que ce fût un rêve, et le rêve est charmant.

Une rose, — telle que Tournefort et Linnée n'en ont pas connu, — s'est épanouie dans les jardins maritimes de la reine Hydrola. Cette dernière, mère de l'Ondine amoureuse, donne à sa fille tous les conseils de la prudence, et lui dit que les passions mortelles l'exposeront au triste sort des mortels. — « Voyez, ma mère! dit la jeune Ondine, je consens à périr comme cette rose, à me flétrir comme elle et avec elle, pourvu que l'amour de Mattéo m'appartienne un jour! »

Mais les visions fuient, s'évanouissent et s'effacent. Quels accents solennels retentissent, et quel cortége imposant s'avance? La procession de la

Madone se dirige lentement vers la statue de la sainte Vierge. Il faut bien confesser ici une vérité dont nos voisins les Anglais sont loin de se douter, c'est que leur représentation de la dévotion catholique et méridionale est

assez incomplète, malgré le soin pris par eux de copier exactement une
belle page de Léopold Robert. Le tableau est agréable et élégant : il commence par une joyeuse tarentelle, interrompue par le tintement d'une cloche
du monastère; mais la grâce, comme la gaucherie du Nord, réussissent mal
à reproduire l'animation ou la simplicité du Midi. Auprès de la statue
bruit une source du sein de laquelle on voit s'élever tout à coup les formes
gracieuses de la fée des eaux. C'est elle que Mattéo revoit, elle qui, lorsque
la danse reprend son essor, échappe à la poursuite du jeune pêcheur, à
travers le labyrinthe animé de tous ces groupes dont l'orchestre dirige les
pas. On l'entrevoit, elle disparaît; elle se montre pour s'évanouir encore,
et, par une audace qui n'eût été permise dans aucun pays catholique, on
l'aperçoit un moment debout à la place de la Madone; mais cette profana-
tion dure peu. Elle disparaît pour la dernière fois; la lune se lève derrière
les montagnes, et baigne son disque blanc dans les eaux du lac. La danse
cesse, tous les villageois se retirent; Mattéo détache sa barque, amarrée

au rivage du lac; il y fait monter sa fiancée, qu'il va reconduire chez sa mère.

La nuit est calme et le lac silencieux ; la rame de Mattéo fait avancer lentement la chaloupe, et Giannina, le regard fixé sur l'eau limpide, aperçoit vaguement sous les ondes des êtres charmants qui l'appellent. Séduite et attirée peu à peu, elle cède à la séduction que nul ne peut vaincre ; elle tend les bras à ces images décevantes, et au moment où les eaux l'engloutissent, Ondine elle-même sort doucement du lac, s'empare de la ressemblance de Giannina, et s'assied à sa place dans la barque conduite par Mattéo. Toute joyeuse et triomphante de son stratagème, elle s'élance de la barque sur le rivage, et voit bondir à côté d'elle l'ombre légère de son corps mortel, apparition qui la fait fuir, pleine de terreur et de surprise.

Dans l'existence d'Ondine, idéale et surnaturelle, aucune ombre n'était projetée par le corps diaphane qui lui avait été donné. Elle a une ombre ! elle est devenue une simple mortelle, elle sera la femme de Mat-

téo ! Quelle joie ! quelle ivresse ! Elle joue avec son ombre, elle danse

avec elle, elle la taquine, elle la harcèle, elle l'agace, elle la fuit
et la poursuit tour à tour.

C'est une idée charmante que cette danse de l'Ombre, qui a fait *fureur* en Angleterre, et où Fanny Cérito déploie une grâce exquise.
L'invention en est heureuse ; c'est un honneur pour M. Perrot
d'avoir emprunté à Lamotte-Fouqué cette création, à la fois poétique et chorégraphique, deux conditions qui ne s'unissent pas
toujours.

Pendant que Mattéo emmène avec lui cette proie mystérieuse, on
voit la malheureuse Giannina, entraînée par les Ondines, suivre
inutilement le sillage de la chaloupe, et tendre ses mains sup-
pliantes vers le fiancé qui fait force de rames vers le rivage.

Voici donc l'Ondine devenue mortelle ; sur elle pèsent toutes

les douleurs de l'humanité : elle souffre, elle craint, elle tremble, elle prie. Sous la forme de Giannina, et reposant dans sa couche, elle voit la reine des Ondines s'approcher du lit où elle est étendue, pleurer sur elle, la supplier de reprendre ses droits à la vie magique, et de répudier le fatal amour qui l'enchaîne aux conditions de la décadence humaine et de l'humaine douleur.

« Cette rose, lui dit sa mère, est à demi flétrie, et vous languissez comme elle ! »

Conseils inutiles ! la fée des eaux, heureuse de son destin, veut le subir tout entier.

Le sceau de la mort s'imprime sur son front : Mattéo s'en aperçoit, il hâte la célébration des noces, cérémonie que le deuil environne, et dont l'idée est heureuse et mélancolique. Cette jeune fille devenue mortelle, qui périt en épousant celui qu'elle aime, création tout à fait aimable que l'auteur allemand peut revendiquer, a été mise en œuvre avec beaucoup de charme et de talent.

On s'avance tristement vers l'autel ; la rose va périr ; toutes les grâces de la jeune fille s'effeuillent ; toute sa beauté pâlit et languit. Mais la souveraine des eaux souffrira-t-elle que sa propre fille périsse ainsi, et que la tombe d'une mortelle contienne la dépouille d'une fée ?

Non ; du fond des grottes souterraines où l'a plongée la jalousie de sa rivale, la vraie Giannina va reparaître au jour ; l'Ondine va reprendre sa forme véritable avec son immortalité. Après avoir savouré, à son dommage et à son préjudice, les passions fugitives de l'humanité, elle rentre dans la plénitude de ses droits surnaturels, laissant à Giannina son bonheur passager, et les joies mêlées de troubles de l'existence mortelle.

Tel est le canevas que M. Perrot vient d'emprunter à Lamotte-

Fouqué, écrivain allemand né de parents français, imagination rêveuse, profondément assimilée aux traditions du moyen âge. Dans un petit roman plein de grâce, le Trilby de l'Allemagne, il résuma la tradition des Ondines.

On connaît à peine son nom chez nous ; et ses ouvrages seraient peu goûtés si l'on osait les traduire tous en français. Rien de plus rêveur, de plus fantastique, de moins réel. La vérité historique devient, sous son pinceau, diaphane et transparente ; elle prend les couleurs et les grâces capricieuses de la chimère. Il aime à se plonger dans les profondeurs du moyen âge, à visiter les régions éloignées, à reproduire les fictions étranges. Ondine devait séduire un talent de cette espèce.

Un style facile, doux et large, une grâce colorée et vague, une imagination imprégnée de la poésie traditionnelle, assurèrent à cette œuvre limpide et charmante une popularité toute germanique, qui ne dépassa point les limites du monde septentrional. Coleridge, Tieck et Goethe admiraient cette goutte des eaux de la Baltique, perle magique qui, sous un autre soleil, en dehors de ce monde spécial, perdait sa couleur et sa beauté.

La traduction de Lamotte-Fouqué eut peu de succès et de retentissement en France, encore moins en Italie. Dramatisée à Londres et à Berlin, Ondine attira la foule et se fit applaudir dans ces deux villes toutes septentrionales ; Paris, Milan et Madrid n'ont pas encore accepté de ballet ou d'opéra emprunté au poëme en prose de Lamotte-Fouqué.

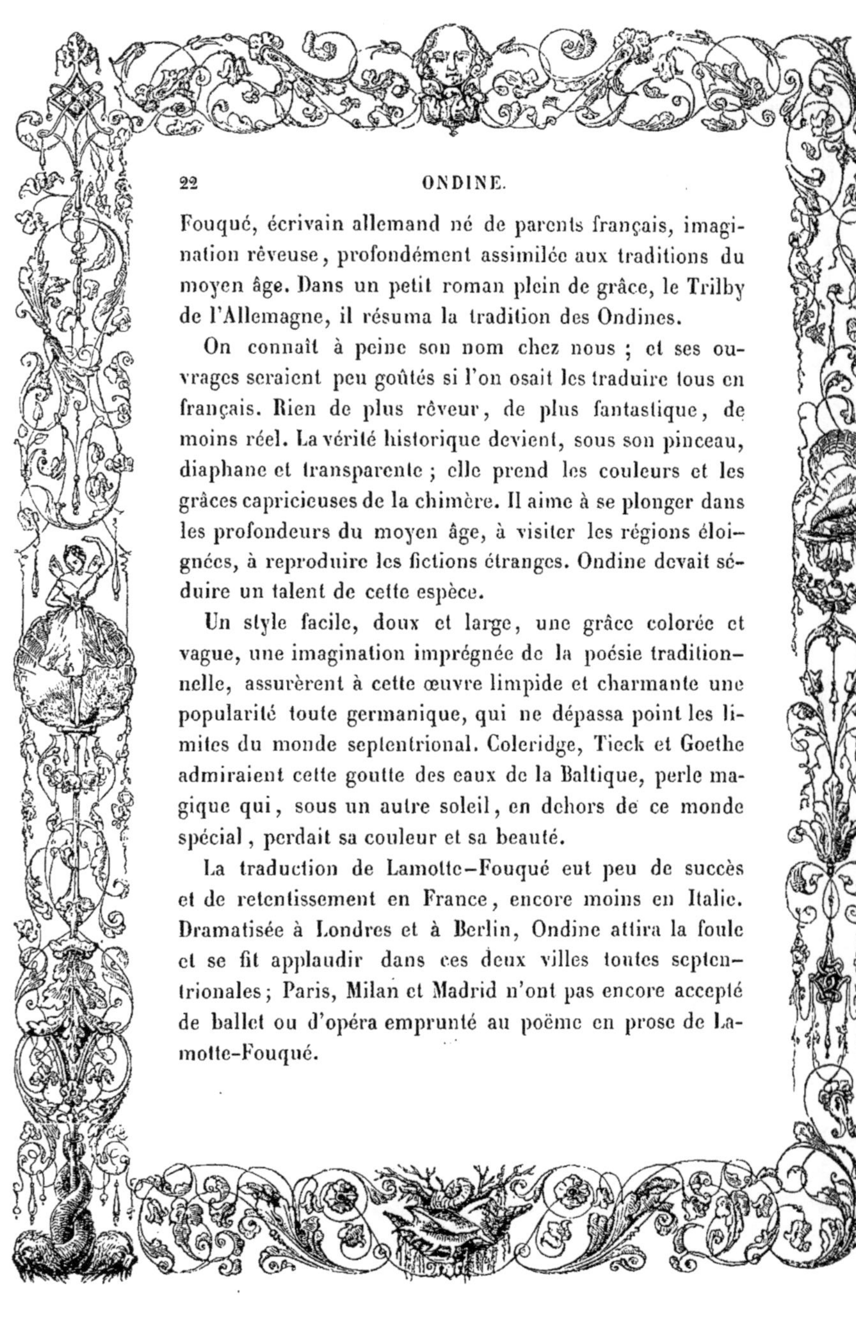

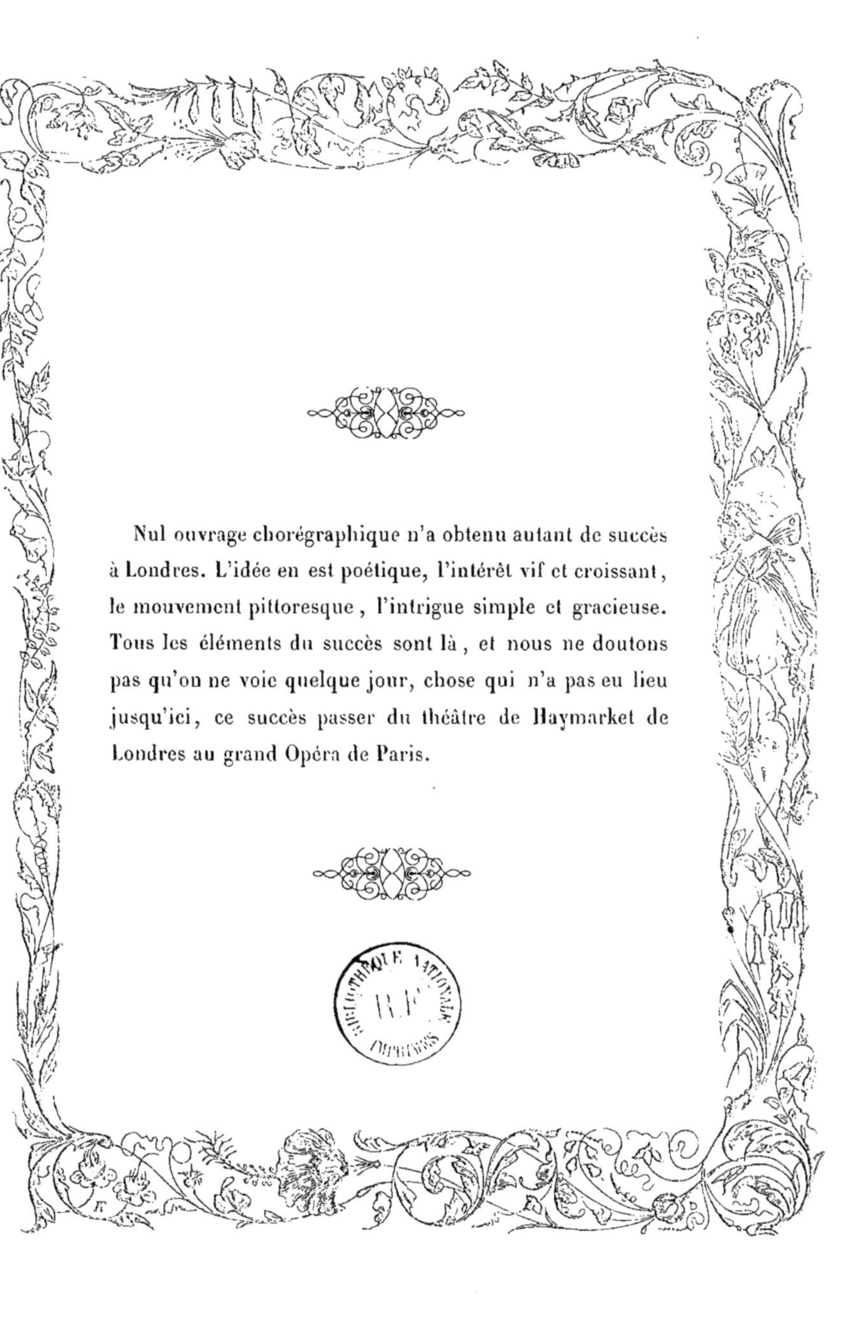

Nul ouvrage chorégraphique n'a obtenu autant de succès
à Londres. L'idée en est poétique, l'intérêt vif et croissant,
le mouvement pittoresque, l'intrigue simple et gracieuse.
Tous les éléments du succès sont là, et nous ne doutons
pas qu'on ne voie quelque jour, chose qui n'a pas eu lieu
jusqu'ici, ce succès passer du théâtre de Haymarket de
Londres au grand Opéra de Paris.

NOTICE

sur

LA JUIVE

Opéra en cinq actes

POÈME DE M. SCRIBE

MUSIQUE DE M. FROMENTHAL HALEVY,.

DIVERTISSEMENT DE M. TAGLIONI.

Venez ! le moyen âge tout entier va se déployer devant vous. Cérémonies ecclésiastiques et féodales, bourgeois fiers de leurs corporations, cardinaux magnifiques, chevaliers bannerets, cimiers reluisants, mitres diamantées, barrettes couleur de sang, sonneurs de trompe, hérauts blasonnés, destriers caparaçonnés et hennissant sous la pourpre, flots de peuple, bouquets de seigneurs, damoiselles aux flottantes robes de damas, moines sous le capuchon noir, vous ne perdrez rien de ce beau spectacle. C'est le moyen âge lui-même avec la variété infinie de son costume et de sa hiérarchie. Notre époque de démocratie sceptique et de régularité administrative se rejette avec plaisir sur les souvenirs d'un temps pittoresque et d'une société aux mille nuances, qui jamais ne renaîtront. Aussi la reproduction animée du concile de Constance, de son appareil et de ses fêtes, eussent-ils attiré la foule quand même l'habile invention de M. Scribe n'eût pas frayé la route au succès.

Au centre de l'œuvre dramatique dont vous aurez le merveilleux plaisir, se place une figure triste et passionnée, pleine de grandeur et de douleur, — la jeune Israélite entourée d'ennemis chrétiens; — la juive maudite avant de naître; — celle que la communion des peuples d'Europe repoussait avec horreur; — la descendante de David et de Thamar, de Judith et des Machabées.

C'était un beau rôle, en vérité, une création tragique, que la muse philosophique de Voltaire n'eût pas dédaignée. Rien ne fait mieux comprendre et ne personnifie plus complétement le moyen âge que ce personnage de la jeune fille maudite, être isolé au milieu d'une population hostile; fille de l'Orient, que les peuples chrétiens frappent d'anathème; victime innocente et prédestinée d'une haine irréfléchie et invincible à laquelle son cœur répond par la haine et le mépris. Déjà Shakspeare, dans le *Marchand de Venise*, avait admirablement développé le sens philosophique et le profond intérêt de cette situation. Mais Shakspeare, à peine échappé au moyen âge, a fait Shylock avare, féroce, inexorable, tel que le moyen âge représentait les Hébreux. Le symbole hébraïque du dix-neuvième siècle a été la *Juive* de M. Scribe, une réhabilitation tragique des iniquités d'autrefois.

Et qui ne sait avec quelle puissance de sensibilité ce rôle a été rempli par mademoiselle Falcon?

Qui ne se rappelle ce beau talent lyrique, — le type de la beauté
hébraïque; — la fille des rochers de Sinaï et de Bethléem?

L'œil d'aigle étincelle de flamme liquide; la taille d'acier est
souple dans sa force; le teint est brun et ardent; la longue cheve-
lure noire flotte au vent. Mais ce n'est pas cette nuance mate et
terne que les climats du Nord prêtent au teint et aux cheveux de
leurs filles; c'est de l'ébène trempé dans le soleil.

Un des hommes les plus habiles de notre temps, M. Scribe, en
voyant mademoiselle Falcon, avait compris que Judith posait devant lui, et attendait son drame; il a fait ce drame. Il a créé pour
elle un monde de terreur et de pompes tragiques, de magnifique
terreur; et le public parisien d'applaudir.

Fragilité de la vie et de la gloire! fragilité plus triste de la vie
artiste et de la gloire de l'acteur!

Un jour cette voix métallique de mademoiselle Falcon s'est
tue; l'instrument sonore et puissant s'est brisé; ces accents vibrants
qui remuaient notre cœur, écho passionné de la Judée antique,
se sont éteints.

Mademoiselle Falcon disparue, on croyait la Juive de l'Opéra
évanouie à jamais. Non; dans ce monde si fugitif et si mobile du
théâtre, toutes les pertes se réparent. Une autre fille de la même
race, madame Treilhet-Nathan, est venue remplacer le modèle,
non sans succès; on a reconnu le même type, adouci et modifié
par une grâce plus occidentale. L'Europe s'était mêlée à la Pa-
lestine; et cette nuance nouvelle, moins tranchée et moins vive,
a paru charmante encore. Grâce à la nouvelle juive, madame
Treilhet-Nathan, l'opéra de M. Scribe n'est point banni de la scène
lyrique.

C'est une histoire douloureusement solennelle, empruntée par
la fiction dramatique aux annales du moyen âge expirant.

C'était en l'an de grâce **1414**, un jour de dimanche ; le peuple se pressait dans l'église de Constance, chef-d'œuvre de l'art gothique, qui déployait alors, dans toute sa magnificence, la fleur épanouie de sa beauté. Les hérétiques venaient d'être vaincus, et le sénat des évêques prêt à s'assembler dans la cité allemande et française, les étrangers accourus sur les bords de ce beau lac qui reflète tant de bizarres édifices répandaient l'orgueil et la joie dans toute la population chrétienne ; les cloches retentissaient à longues volées, et mêlaient leurs solennelles clameurs au murmure éternel et doux des fontaines helvétiques ; le *Te Deum*, chanté par mille voix, s'élevait jusqu'au ciel parmi des flots d'encens : c'était fête pour la ville entière.

Un homme demeurait étranger à tant d'allégresse. Hébreu de race, de nom et de croyance, ancien habitant de Rome, d'où un décret pontifical avait banni tous les siens, Éléazar, comme la plupart des enfants de cette famille orientale, avait conquis la puissance de l'or, égide et défense contre l'anathème chrétien. Sa maison, située sur la grande place, en face de l'église, et sa splendide boutique d'orfévre, étaient des objets d'envie pour les marchands ses voisins. Près de lui, vivait sa jeune et charmante fille, Rachel, qu'il avait amenée de Rome et qui l'avait suivi dans son bannissement. C'était le rayon doux et brillant qui éclairait sa solitude ; — la fleur qui embaumait la retraite de son opulence laborieuse. Il aurait paisiblement continué son commerce et débité sans crainte ces admirables bijoux que personne ne fabriquait mieux que lui s'il n'avait été vindicatif comme un Oriental et entêté comme un vieillard.

Ce même dimanche, au lieu de fermer sa boutique, Éléazar s'avisa de braver ses ennemis et d'insulter à leurs fêtes ; toutes les boutiques étaient fermées, tous les travaux suspendus, toutes les voix s'élevaient au ciel et priaient le Dieu des chrétiens ; la demeure d'Éléazar resta ouverte. Les bourgeois qui se rendaient à la cathédrale entendirent avec indignation le bruit alterné des marteaux qui tombaient en cadence sur l'enclume impie. Quelle audace ! quel crime ! On accourt en tumulte ; la colère populaire éclate : livré au grand prévôt catholique de la ville, à Ruggiero, qui ne sait que punir et ne pardonne jamais, Éléazar va être traîné en prison. En vain Rachel s'interpose ; s'élançant de la maison de l'Hébreu, elle essaie de fléchir les cruels et d'obtenir la grâce de son père. Elle est juive, elle est maudite, elle périra ! le sang de la jeune fille, sacrifice agréable à Dieu, consacrera les fêtes de Constance. Les soldats—bourreaux entraînent le père et la fille, et le peuple d'applaudir.

Les masses sont sublimes ou atroces. Malheur à qui brave le courroux populaire ! Le père et la fille allaient mourir, précipités dans les eaux du lac, quand le cardinal de Brogni suspendit, par sa présence et ses ordres, l'effet de ces redoutables fureurs. Rachel fut sauvée avec son vieux père, grâce aux soins généreux de ce cardinal, ancien magistrat romain, qui jadis avait prononcé contre Éléazar la sentence d'exil.

Brogni, un des hommes de son temps les plus re-

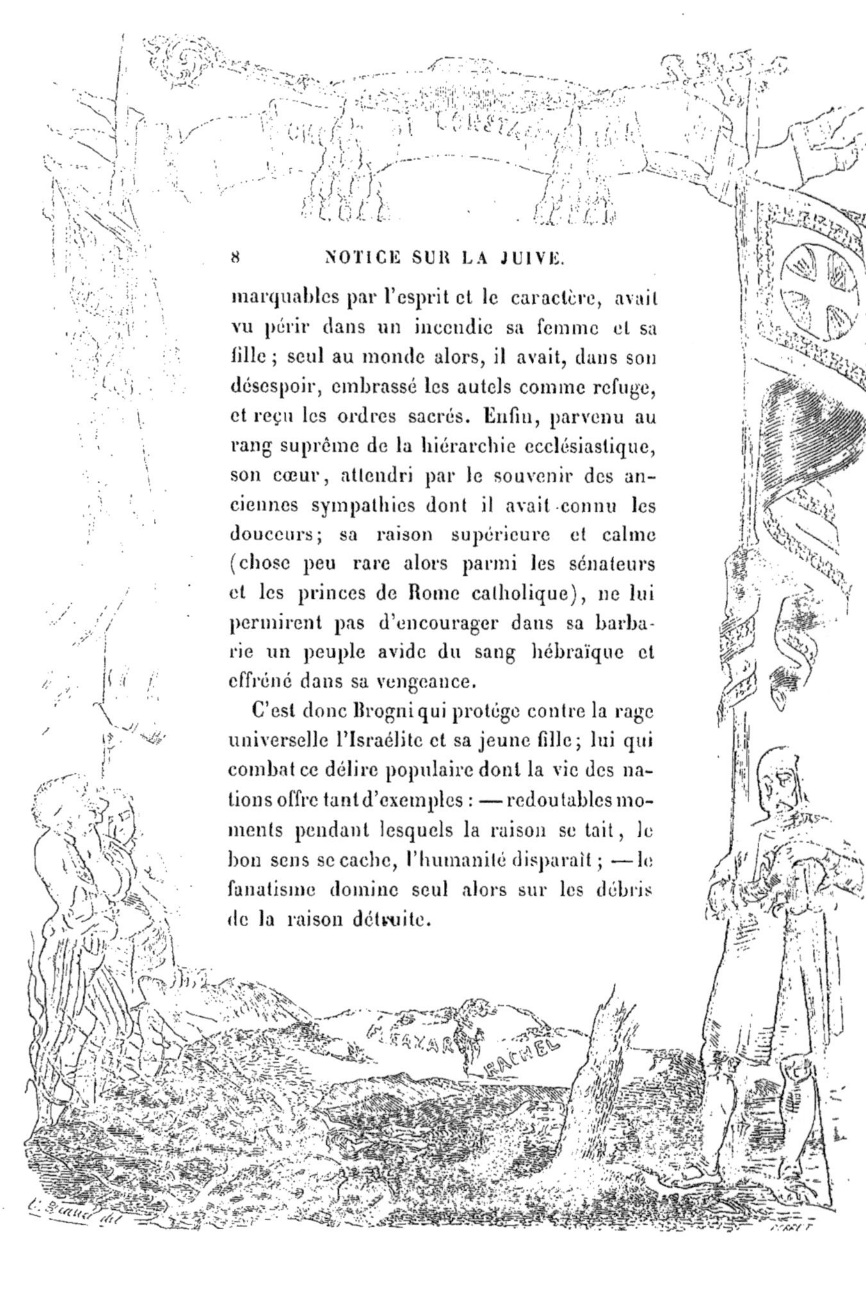

marquables par l'esprit et le caractère, avait
vu périr dans un incendie sa femme et sa
fille ; seul au monde alors, il avait, dans son
désespoir, embrassé les autels comme refuge,
et reçu les ordres sacrés. Enfin, parvenu au
rang suprême de la hiérarchie ecclésiastique,
son cœur, attendri par le souvenir des an-
ciennes sympathies dont il avait connu les
douceurs ; sa raison supérieure et calme
(chose peu rare alors parmi les sénateurs
et les princes de Rome catholique), ne lui
permirent pas d'encourager dans sa barba-
rie un peuple avide du sang hébraïque et
effréné dans sa vengeance.

C'est donc Brogni qui protége contre la rage
universelle l'Israélite et sa jeune fille ; lui qui
combat ce délire populaire dont la vie des nations offre tant d'exemples : — redoutables moments pendant lesquels la raison se tait, le
bon sens se cache, l'humanité disparaît ; — le
fanatisme domine seul alors sur les débris
de la raison détruite.

Un orgueil immense s'était emparé de la
catholicité. Elle triomphait de toutes parts.

L'époux de la princesse Eudoxie, nièce
de l'empereur d'Allemagne, le jeune Léopold, venait de vaincre les Hussites, hérétiques courageux et redoutables, qui
avaient effrayé longtemps l'orthodoxie catholique. La ville de Constance préparait
tout pour le triomphe du vainqueur que
l'allégresse universelle allait accueillir.

Mais quel est ce jeune homme enveloppé
d'un manteau brun, qui, craignant d'être
reconnu, fuyant tous les yeux et surtout
évitant les Allemands, se glisse dans la ville
pendant le tumulte des fêtes, et s'arrête
devant la maison qu'habitent Rachel et
son vieux père?

Son œil est ardent, sa physionomie animée, l'espoir brille sur son front. Pourquoi
tant de mystère? Il jette sur le balcon gothique un long regard où la passion éclate;
c'est l'amant de Rachel!

Rachel a donné son cœur à un jeune

chrétien, et bien des dangers sont contenus dans ce fait unique : un chrétien aime une juive; un noble, et un gentilhomme, aime une maudite. Léopold lui-même, le triomphateur, le champion de la cause catholique, enchaîné par un mariage politique à la nièce de l'empereur, a laissé son cœur se prendre à de si dangereux liens. Il a vu Rachel et s'est fait aimer; l'ardent jeune homme n'est pour elle que le juif Samuel, peintre de vingt-deux ans, de la même race et de la même croyance qu'elle, jeune, beau comme elle, et rempli d'amour. Elle s'est livrée sans défiance à ce doux consolateur, hélas! et la pauvre fille est perdue!

Au pied du balcon de la juive, Samuel attend, comme Roméo, que l'étoile de son âme vienne à briller; la belle Rachel se montre enfin. Avec quel bonheur elle retrouve l'ami de son cœur, le beau et noble Samuel! Avec quelle joie elle invite l'artiste hébreu à venir célébrer la pâque juive dans la maison d'Éléazar! Certes il ne refusera pas de venir la joindre pendant que ces chrétiens, s'abreuvant du vin et de l'hypocras que leur versent les fontaines publiques, déshonorent la sainteté du jour pascal par les clameurs et l'ivresse.

Un chrétien chez des juifs! Pour Léopold, il y va de la mort et du déshonneur. Le neveu de l'empereur cédera-t-il à une séduction si dangereuse? L'amour l'emporte sur les considérations de la prudence : devoir, sûreté, honneur, respect du lien légitime qui l'enchaîne, Rodolphe oublie tout pour Rachel. Il assistera à la pâque juive; heureux à côté de Rachel, il entendra de près sa voix chérie; il partagera avec elle le pain du même

festin. — Un moment il hésite encore; mais la jeunesse et la passion conspirent : — puissances redoutables, — qui pourrait leur résister?

Avant de célébrer la pàque, Eléazar et
sa fille ont rendu visite à leurs amis. Ap-
puyé sur le bras de sa fille, le juif va rentrer dans sa maison, lorsque le cortége
de l'empereur Léopold commence à défiler; des flots de peuple, qui font place
à la procession solennelle, repoussent et
refoulent les deux Israélites jusque sous
les portiques de la cathédrale.

Voyez et admirez! je l'avais dit, c'est
le moyen âge avec sa pompe! les vieilles gravures de Lucas Kranach n'ont
rien de plus bizarre et de plus splendide : sonneurs de trompes, porte-
bannières, arbalétriers de la ville, dé-
filent, suivis des maîtres des divers
métiers, tous portant leurs
drapeaux blasonnés, fiers
de leurs antiques armoi-
ries. Ensuite viennent
échevins, archers, hom-

mes d'armes, hérauts, membres du concile, brillants d'or
et de pierreries, tous faisant partie de cette grande vie symbolique du monde féodal. Qu'elle est belle et grande à
contempler ainsi de loin, pour nous, tranquilles et à l'abri
de ses oppressions et de ses tyrannies! Quelle variété, quelle
poésie! et combien l'uniformité de nos costumes est humi-
liée de la comparaison!

Bientôt vont se montrer, au milieu de cette marche triom-
phale, le cardinal et l'empereur, représentants du pouvoir
civil et du pouvoir religieux. Cependant une rumeur court
dans les flots émus et tremblants de la masse populaire.
Un juif a osé profaner de sa présence le portique de la
maison de Dieu! C'est ce vieillard impie qui, le matin
même, a bravé la colère chrétienne et troublé le repos du
dimanche.

Scandale! Le grand prévôt aperçoit Éléazar et sa fille; il
les signale à la vengeance du peuple :

« Qu'on les emmène, qu'on les entraîne, qu'ils soient
« plongés dans le lac! qu'ils y périssent, les infâmes; que
« le vieillard et sa fille tombent sacrifiés à la vengeance
« chrétienne! »

On se précipite sur les Israélites ; les bâtons sont levés,
mille clameurs retentissent.

Ils vont périr; le tombeau liquide s'ouvre pour les recevoir; la populace effrénée les poursuit de ses cris. Vieillard à cheveux blancs, vierge candide, rien ne les arrête.
Mais un jeune homme s'élance, l'épée à la main ; il repousse
sans peine les flots de la populace furieuse. Devant lui tout
recule ; — c'est l'accent et le geste du suzerain ; — les ma-
nants courbent leurs fronts domptés. Léopold, l'amant

de Rachel, le neveu de l'empereur, c'est lui–même, ordonne, par un signe
à l'un de ses officiers, que l'on mette en sûreté le père et la fille; —

puis, lorsque Sigismond approche, monté sur son destrier noir chargé
de caparaçons brodés d'or et d'argent, le jeune homme s'enveloppe
de son manteau, cherche à se soustraire à la curiosité et se perd dans la
foule.

Rachel, cependant, l'a reconnu; femme qui aime se trompe malaisé-
ment. Elle a vu Samuel commander à ces chrétiens courroucés, et dis-
paraître ensuite. Comment peut–il se faire que, devant cet Israélite, tout
un peuple recule comme un troupeau de brebis dociles? Elle emporte sous
le toit paternel un doute, une crainte, un pressentiment. Elle tremble
pour son amour; elle entrevoit un mystère plein de douleur.

Pénétrez maintenant dans l'intérieur de cette maison juive où la pâque va être célébrée.

Que de solennité, de grandeur et
de mystère! Une majesté sombre
environne ces vieux rites tradition-
nels nés au fond de l'Orient et dans
l'ombre des vieux âges. Certes, le
poëte a bien fait de reproduire à nos
veux toute la poésie de ces rites perdus! Mais leur gravité sera bientôt
troublée; la passion humaine se mêle
à tout : elle jettera sa flamme et
son désordre dans la nuit sacrée du
sanctuaire. Léopold est là, amant
chrétien de la juive; elle tremble,
mais elle aime; elle comprend sa
faute, et la commet. Léopold, plus
coupable mille fois, mais brûlant d'a-

mour, s'assied, lui chrétien, à la table des juifs, il mêle sa
voix à leurs prières. Il ose jusque-là; mais non davantage. On va faire la pâque; il ne peut se résoudre à
devenir sacrilége, à renoncer à la religion chrétienne. Lorsqu'il faut partager avec les juifs le pain sacré, le remords
agite son âme, sa main tremblante hésite, — il rejette le
signe de la communion israélite.

Rachel, dont les yeux ne quittent pas Rodolphe, a
vu ce mouvement du jeune homme; sa crainte a re-
doublé.

« Je vous parlerai tout à l'heure, lui dit-elle tout bas.
« Je pénétrerai!... »

Au moment où elle prononce ces mots, le marteau
de la porte fait retentir la plaque d'airain; — une femme
se présente : — belle, jeune, opulente, elle veut obtenir, à tout prix, du joaillier Éléazar, un de ces bijoux
magnifiques dont le travail est plus précieux encore que la
matière, et dont l'orfévre de Constance connaît seul le secret. C'est à son époux qu'elle destine ce cadeau brillant,
à l'époux dont elle est orgueilleuse, et dont le triomphe
est celui de la catholicité et de l'Europe entière : à Léopold; — cette femme, brillante de beauté, n'est autre
qu'Eudoxie, la nièce de l'empereur, — la chrétienne rivale de la juive.

Et cependant Léopold est là, caché sous le nom de Samuel, témoin de cette preuve d'amour que lui donne
la femme liée à lui par le mariage; — il est là, et va
être surpris par elle en flagrant délit d'inconstance et
d'infidélité conjugale.

Effrayé, il détourne le visage; sa main saisit dans un
coin de la salle son pinceau et sa palette, instruments de

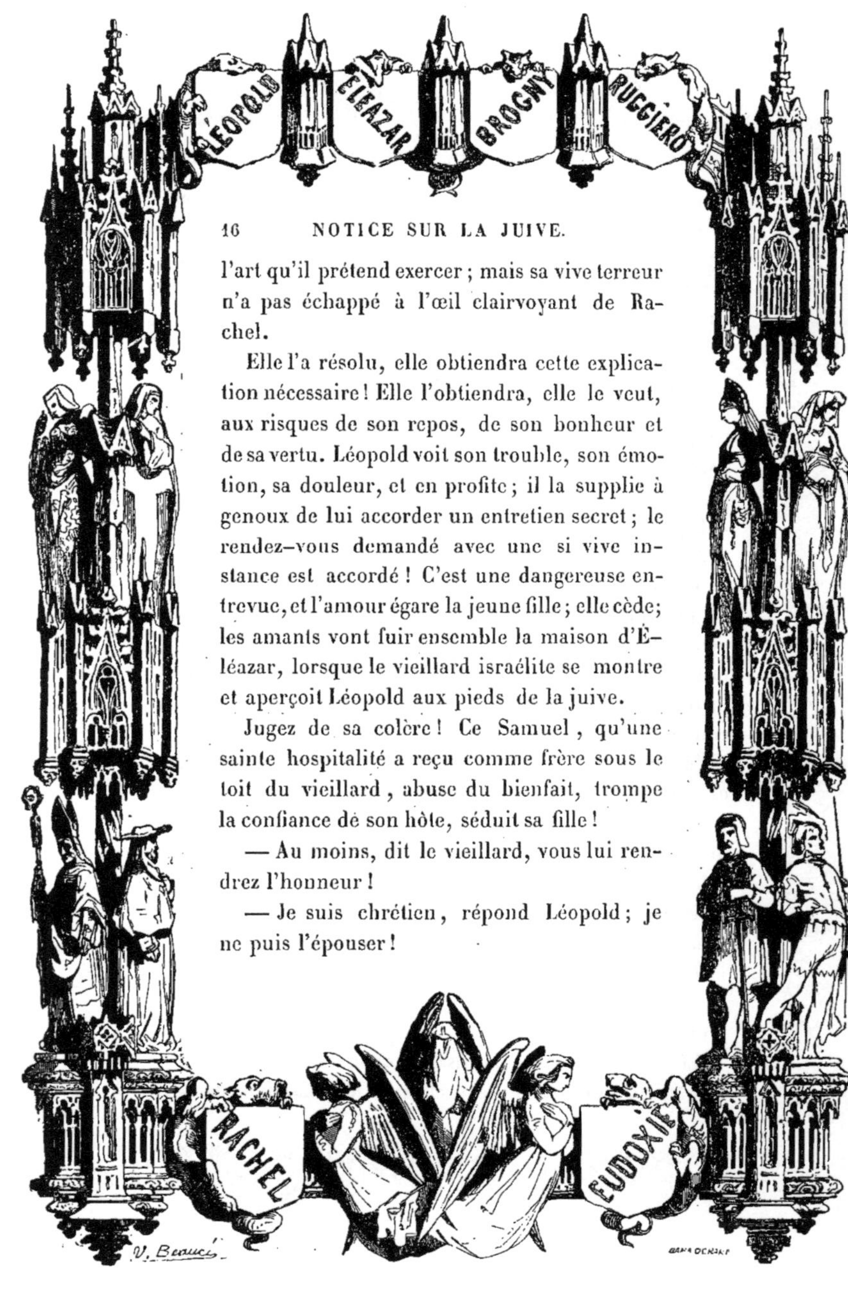

l'art qu'il prétend exercer ; mais sa vive terreur n'a pas échappé à l'œil clairvoyant de Rachel.

Elle l'a résolu, elle obtiendra cette explication nécessaire ! Elle l'obtiendra, elle le veut, aux risques de son repos, de son bonheur et de sa vertu. Léopold voit son trouble, son émotion, sa douleur, et en profite ; il la supplie à genoux de lui accorder un entretien secret ; le rendez-vous demandé avec une si vive instance est accordé ! C'est une dangereuse entrevue, et l'amour égare la jeune fille ; elle cède ; les amants vont fuir ensemble la maison d'Éléazar, lorsque le vieillard israélite se montre et aperçoit Léopold aux pieds de la juive.

Jugez de sa colère ! Ce Samuel, qu'une sainte hospitalité a reçu comme frère sous le toit du vieillard, abuse du bienfait, trompe la confiance de son hôte, séduit sa fille !

— Au moins, dit le vieillard, vous lui rendrez l'honneur !

— Je suis chrétien, répond Léopold ; je ne puis l'épouser !

— Chrétien! Ces maudits qui m'ont tout enlevé, me priveraient encore de ma fille! Anathème! anathème!

Dans cette scène de douleur pour tous, Rachel ne voit qu'un malheur; être privée de ce qu'elle aime! En vain les lois prononcent la mort et la torture contre le chrétien et la juive que le mariage aurait unis; elle l'épousera! — Leur union restera secrète; elle conjure son père de les bénir. Longtemps le vieillard hésite à joindre la main de Rachel à celle d'un chrétien détesté. Mais enfin, vaincu par les larmes de sa fille, Éléazar se laisse fléchir.

Rachel va donc être heureuse, elle le croit du moins.

Hélas! avec quelle douloureuse terreur entend-elle son amant repousser l'union que l'Israélite est prêt à bénir! Le mariage est impossible;

Léopold, époux d'Eudoxie, sent tout le poids de sa faute. Le secret fatal de son mariage erre sur ses lèvres, et la honte le retient; il n'ose pas se flétrir lui-même aux yeux de Rachel qu'il adore; enfin, déchiré de remords et d'amour, le jeune homme s'arrache aux pleurs de celle qu'il adore, aux malédictions du vieillard, et fuit cette maison dans laquelle il a jeté le deuil et le désespoir.

Ainsi se termine le second acte de ce roman pathétique.

Rachel, désespérée, ignore pourtant quelle cause secrète a pu éteindre tant d'amour et éloigner d'elle son Samuel, l'ami de son âme, ce jeune homme si brave, si ardent, si dévoué. Une occasion se présentera bientôt, qui lui révélera toute son infortune.

Les fêtes du triomphe remplissent la ville de Constance de splendeur et de joie. Partout des guirlandes, des tapisseries suspendues aux murailles, et des nuages d'encens. Éléazar, qui n'oublie pas les intérêts de son commerce, fabrique, pour le neveu de l'empereur, le bijou dont la commande lui a été faite; Rachel suit au palais son père, qui va remettre à Eudoxie le collier précieux commandé pour son époux.

C'est alors, qu'en présence des grands et du peuple, Eudoxie suspend au col de Léopold cet insigne chevaleresque; la juive reconnaît avec horreur son fiancé Samuel; — c'est le neveu même de l'empereur! Amour, colère, jalousie, vengeance, bouillonnent dans son cœur : elle est perdue, mais elle sera vengée!

La loi punit de mort tout chrétien qui a eu commerce avec une Israélite; Rachel s'élance, fend les

flots de peuple, déclare qu'elle a été la maîtresse de Léopold, qu'elle est juive, qu'elle mourra, mais qu'il périra
avec elle. Point de pardon pour un tel crime! l'anathème
du cardinal tombe sur Éléazar, sur sa fille et sur Léopold.
Princes, cardinaux et peuple lèvent au ciel des yeux épou-
vantés; Rachel, qui n'a pu être unie à Léopold dans la
vie, sera sa compagne dans la mort. Éléazar est jeté dans
les fers.

Ainsi se précipite le drame, entraîné par le souffle de la
passion.

L'épouse outragée se trouve en face de l'amante vengeresse. Léopold est aimé de ces deux femmes; elles devraient
s'entendre pour le perdre, elles conspirent pour le sauver.
Eudoxie trouve moyen de s'introduire dans la prison de la
juive, à qui elle demande la grâce de son époux. Rachel,

émue et désespérée, ne sera pas vaincue en générosité par
une chrétienne; en donnant sa propre vie, elle sauvera
celui qui l'a trompée.

Cependant le cardinal de Brogni, cet homme éclairé
qui marchait, ainsi que beaucoup de prélats de la même
époque, à la tête de la civilisation chrétienne, tente d'arracher aux flammes et à la vengeance des lois le juif Éléazar, qu'il a déjà protégé. On doit savoir gré à M. Scribe de
cette tolérance et de cette sagacité qui l'ont porté à introduire dans son œuvre ce rôle remarquable et vrai qui rappelle les caractères des Piccolomini, des Bembo, des
Léon X.

Brogni offre donc la vie à Éléazar, s'il veut renoncer à
Israël.

— Moi, renier le dieu de mes pères! Jamais!

— Tu veux donc mourir?

— Je mourrai; — mais serai vengé de toi!

— Vengé?

— Oui, vengé; — et ce bonheur me suffit.

— Quelle vengeance? parle!

— Je sais où est ta fille!

— Ma fille! que je perdis au sein des flammes pendant
l'incendie qui dévora mon palais de Rome?

— Elle-même! Un Israélite, un de mes frères, l'a sauvée, en l'emportant dans ses bras; je l'ai vue, je sais où
elle est, je pourrais te la rendre; je ne te la rendrai pas!

— Tu sais où elle est?

— Je le sais!

— Ah! prends pitié de moi! rends-moi ma fille!

Le cardinal orgueilleux tombe aux pieds de l'Israélite maudit et condamné.

C'est une scène, il faut l'avouer, dont le pathétique est
puissant : un des chefs de la catholicité tombe en suppliant
aux genoux de celui que la catholicité maudit! Mais ce que
dit le juif est-il vrai? Rachel est-elle la fille que le cardinal a
tant pleurée? Nul ne le sait : et par cette seule parole, il tient

entre ses mains le cœur de celui qui l'envoie à la mort. Si Rachel veut abjurer le dogme israélite, elle échappera au supplice ; elle retrouvera un
père chrétien, et Éléazar périra seul.

Cependant, par ordre de l'empereur, Léopold est banni ; le juif et sa fille
vont subir ces épouvantables supplices inventés au moyen âge par le
dernier raffinement de la cruauté. Déjà les préparatifs ont lieu ; une vaste
cuve, remplie d'huile bouillante, s'élève au milieu de la ville. Le peuple
accourt, heureux de se repaître du spectacle de la douleur et de la mort.
Voici la tente immense qui s'élève au milieu de la place de Constance ; voici
le brasier, la cuve d'airain, les bourreaux aux bras nus. Le cardinal de Brogni lui-même préside au supplice, forcé par sa place et par les mœurs du
temps d'assister à l'exécution. Rachel est-elle sa fille? Tous les cœurs tremblent ; il attend son sort de la voix du juif que l'on conduit au supplice
avec Rachel. Cependant le peuple attend une double proie. Pieds nus,

revêtues du linceul, les deux victimes sont traînées vers le brasier, dont les flammes rouges se projettent au loin sur le lac.

— Veux-tu vivre? demande Éléazar à sa fille.

— Sans vous, mon père? Jamais !

— Juif ! demande le cardinal à Éléazar, — je veux savoir où est ma fille; — ta vie est à ce prix.

— La voilà ! répondit le juif.

Rachel a disparu dans les flots d'huile bouillante où son père la suit aussitôt, et qui se referme en frémissant sur les deux victimes. Il est vengé ; . Brogni reste seul, accablé par sa douleur.

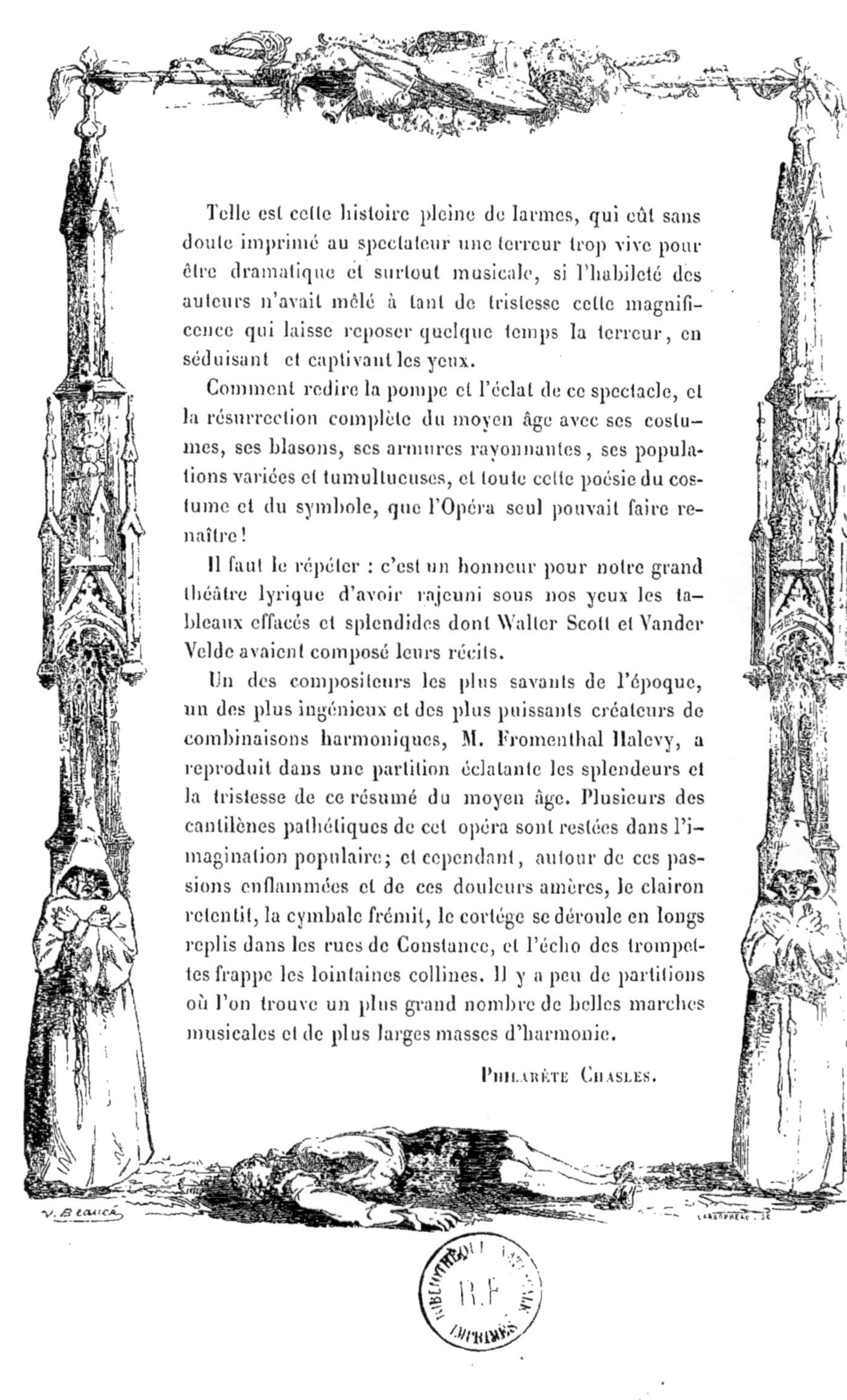

Telle est cette histoire pleine de larmes, qui eût sans doute imprimé au spectateur une terreur trop vive pour être dramatique et surtout musicale, si l'habileté des auteurs n'avait mêlé à tant de tristesse cette magnificence qui laisse reposer quelque temps la terreur, en séduisant et captivant les yeux.

Comment redire la pompe et l'éclat de ce spectacle, et la résurrection complète du moyen âge avec ses costumes, ses blasons, ses armures rayonnantes, ses populations variées et tumultueuses, et toute cette poésie du costume et du symbole, que l'Opéra seul pouvait faire renaître !

Il faut le répéter : c'est un honneur pour notre grand théâtre lyrique d'avoir rajeuni sous nos yeux les tableaux effacés et splendides dont Walter Scott et Vander Velde avaient composé leurs récits.

Un des compositeurs les plus savants de l'époque, un des plus ingénieux et des plus puissants créateurs de combinaisons harmoniques, M. Fromenthal Halevy, a reproduit dans une partition éclatante les splendeurs et la tristesse de ce résumé du moyen âge. Plusieurs des cantilènes pathétiques de cet opéra sont restées dans l'imagination populaire ; et cependant, autour de ces passions enflammées et de ces douleurs amères, le clairon retentit, la cymbale frémit, le cortége se déroule en longs replis dans les rues de Constance, et l'écho des trompettes frappe les lointaines collines. Il y a peu de partitions où l'on trouve un plus grand nombre de belles marches musicales et de plus larges masses d'harmonie.

Philarète Chasles.

TABLE

TABLE

www.ingramcontent.com/pod-product-compliance
Ingram Content Group UK Ltd.
Pitfield, Milton Keynes, MK11 3LW, UK
UKHW020127130726
13696UKWH00001B/246